KLAUS NOUVERTNÉ

THEO WESSEL

CHRISTIAN ZECHERT

(Herausgeber)

Obdachlos und
psychisch krank

D1700087

KLAUS NOUVERTNÉ
THEO WESSEL
CHRISTIAN ZECHERT
(Herausgeber)

Obdachlos und psychisch krank

Psychiatrie-Verlag

Die Deutsche Bibliothek – CIP-Einheitsaufnahme

Obdachlos und psychisch krank / Klaus Nouvertné ... (Hg.).-

Bonn : Psychiatrie-Verl., 2002

ISBN 3-88414-268-2

© Psychiatrie-Verlag gGmbH, Bonn 2002

Umschlaggestaltung: Dorothea Posdiena, Fröndenberg

Umschlagabbildung: TOUMAart, Leipzig

Satz: Marina Broll, Dortmund

Druck: WB-Druck, Rieden im Allgäu

Teil III Besondere Lebenslagen

Teil IV Perspektiven

Vorwort

Als die Vorläuferausgabe dieses Buches 1996 unter dem Titel *Auf die Straße entlassen – obdachlos und psychisch krank* erschien, betraten die Autorinnen und Autoren Neuland. Zwar waren im deutschsprachigen Raum verstreut Fachaufsätze zur Psychopathologie erschienen und insbesondere in den USA gab es erste Forschungen zum Thema, aber viele Beobachtungen blieben noch nah an der schlichten Beschreibung der Lebenslagen Obdachloser mit psychischen Erkrankungen. Es fehlten größere Studien mit generalisierbaren Erkenntnissen. Nicht nur wissenschaftlich allerdings gab es weiße Flecken auf der Versorgungslandkarte. Auch in den psychosozialen Einrichtungen kamen die betroffenen Menschen kaum vor – entweder weil sie statt der Unterordnung die »Freiheit der Straße« bevorzugten oder weil sie wegen chronischen Alkoholmissbrauchs schlicht auf die Straße geworfen wurden. Nicht zuletzt deswegen beginnt das Buch mit einer (Wieder-)Begegnung in einer Tunnelpassage.

Zum Glück aber hat sich in der zweiten Hälfte der neunziger Jahre auf diesem Gebiet einiges getan. Die Neuausgabe dieses Buches kann entsprechend auf neue Erkenntnisse und Entwicklungen zurückgreifen – und so sind auch neue Autorinnen und Autoren hinzugekommen.

Dass das gesellschaftliche Problem der Obdach- und Wohnungslosen trotz einer leichten Entspannung strukturell nicht abgenommen hat, wird vielerorts konstatiert. Im Jahr 2000 lebten nach Angaben der Bundesarbeitsgemeinschaft Wohnungslosenhilfe ca. 500.000 Menschen (einschließlich 110.000 Aussiedler) ohne eigene, gesicherte Wohnung, davon rund 170.000 allein stehende Menschen zwischen Straße und Notunterkunft oder im Hilfesystem sowie 24.000 Menschen auf der Straße.

Wohnsitzlosigkeit ist nicht mehr nur ein Problem obdachloser Männer – oft als »nichtsesshaft« diskriminiert –, auch Frauen und Jugendliche sind in einem bisher unbekannten Maß betroffen. Frauen sind oftmals gezwungen, sich in Abhängigkeitsverhältnisse zu begeben, in denen sie akut oder latent auch von sexueller Gewalt bedroht sind. Und Jugendliche scheinen sich Krisen stärker als früher durch »Weglaufen« zu entziehen und landen dann schon in frühen Jahren in der »Spirale der Perspektivlosigkeit«. Längst müssen uns die offenkundigen Zahlen der Wohnungslosen und deren Lebenssituationen also alarmieren. Und dass der Anteil der psychisch Erkrankten unter den Obdachlosen erheblich ist, das belegt inzwischen eine ganze Reihe von Untersuchungen und Forschungen, die im vorliegenden Buch durch mehrere Beiträge dargestellt werden.

Aus der Krise auf die Straße

Die westlichen Gesellschaften gehen weiterhin einen fundamentalistischen Weg der Ökonomisierung so gut wie aller Lebensbereiche. Gegenwärtig befinden wir uns in einer Phase der verschärften Polarisierung zwischen Reichen und Armen, obwohl wir in einer der reichsten Gesellschaften der Welt leben. Für viele Menschen ist das Leben unter solchen Bedingungen nicht leichter geworden. Sie halten der Belastung an den Arbeitsplätzen nicht mehr stand und werden schließlich arbeitslos oder erwerbsunfähig. Um in einer reichen Gesellschaft nicht als arm angesehen zu werden, werden viele in die Verschuldung getrieben. Die Probleme eskalieren: Ökonomischen Notlagen folgt der soziale Abstieg. Wer in unserer hoch individualisierten Gesellschaft einmal allein dasteht, findet sich schnell in Isolation wieder.

Für psychisch sensible, instabile, beeinträchtigte Menschen führen solche Lebensumstände offenbar nicht selten in die Wohnungs- und Obdachlosigkeit. Wer hier landet, gehört endgültig zu den Verlassenen. Was zunächst vielleicht nur eine psychische Krise war, wächst sich nun zu einer psychosozialen Erkrankung aus und chronifiziert nach Jahren auf der Straße.

Auch im Gesundheitswesen ist der Mensch häufig nichts anderes als ein bloßer Kostenfaktor. Die Kassen seien leer, hören wir allenthalben, und auch die Gesundheitsversorgung müsse ökonomisch effizienter werden – überhaupt scheint sich diese Gesellschaft in nichts lieber als in Krisen zu befinden.

Wer unter solchen Umständen als psychisch Kranker und extrem verhaltensauffällig auf der Straße lebt, für den kann nicht mehr viel getan werden.

Oder?

Die Beobachtungen und Forschungen der vergangenen Dekade haben uns für die Lebenslagen psychisch kranker Obdachloser sensibilisiert. Es hat eine fruchtbare Debatte begonnen zwischen Einrichtungen der Wohnungslosenhilfe, der psychiatrischen Versorgung und der Suchtkrankenhilfe. Deutlich wurde dabei, dass es nicht darum gehen kann, einen neuen Einrichtungstypus zu erfinden, sondern dass den Problemen der Betroffenen am besten durch eine verstärkte Kooperation aller Hilfen geholfen werden kann, und zwar meistens weit unterhalb therapeutischer Ansprüche.

Wer die soziale und gesundheitliche Not wohnungsloser Menschen zum Thema macht, setzt sich schnell dem Verdacht aus, er wolle mit einem nahezu totalitären Versorgungsanspruch diejenigen Menschen überziehen, die sich der Gewalt betreuender Institutionen durch »Wanderschaft« entziehen. Das muss zwar immer kritisch bedacht werden, gerade wenn Obdachlose zum Objekt konkurrierender Wohlfahrtskonzerne werden. Dahinter darf aber kein idealisierendes und romantisierendes Bild des autonomen, wandernden »Tippelbruders« stehen, das längst nicht mehr der Wirklichkeit der hohen Zahl alkohol- oder drogenabhängiger oder verhaltensauffälliger wohnungsloser Menschen entspricht. Das Leben auf der Straße ist elendig und es ist das Ergebnis einer Flucht vor belastenden Lebens- und häufig auch schlechten Betreuungsbedingungen.

Aus der Klinik (und dem Heim) auf die Straße

Obdachlose mit erheblichen psychischen Beeinträchtigungen und Verhaltensauffälligkeiten sind also einerseits vielfach für die Einrichtungen der Wohnungslosenhilfe »nicht tragbar«, während andererseits psychiatrische Dienste und Kliniken mit immer kürzeren Behandlungszeiten zwar die psychischen Erkrankungen erkennen, aber für Wohnungsprobleme nicht »zuständig« sind. Hier tut sich ein neues Dilemma der stationären und der ambulant-komplementären Psychiatrie auf.

Die Aufsplittung der einzelnen Versorgungssysteme führt dazu, dass bei psychisch kranken Obdachlosen am Ende keiner mehr richtig zuständig ist. Psychiatrische Einrichtungen haben nicht nur einen Patientenanteil, der zuvor obdachlos war und der anschließend auch wieder in die Obdachlosigkeit geht, sondern entlassen auch Menschen, deren Wohnsituation während des Klinikaufenthaltes prekär wurde, in ungeklärte Wohnverhältnisse. Die stationäre Psychiatrie als eines der Versorgungselemente für diese Obdachlosen steht also in der Pflicht, ihre Angebote *angemessener* zu gestalten, vielleicht hin und wieder sogar bis zu einer vorübergehenden »Asylfunktion«.

Das steht ganz und gar nicht den Reformansätzen um Enthospitalisierung und Deinstitutionalisierung entgegen. Die Veränderungen des psychiatrischen Versorgungssystems führen nur offenbar für einen sehr kleinen Teil der Patientinnen und Patienten zu Problemen, die nun wiederum angegangen werden müssen – worin sich alle Richtungen der Sozialpsychiatrie einig sein dürften. Dies ist eine Erkenntnis, die auch für die angestrebte Reform der Heimunterbringung nutzbar gemacht werden sollte.

Das vorliegende Buch dokumentiert eine drastische Schieflage in der Versorgung psychisch kranker Menschen. Trotz des Aufbaus und Ausbaus ambulanter und komplementärer psychiatrischer Facheinrichtungen wird ein Großteil der psychisch Kranken von diesen Einrichtungen entweder nur mangelhaft fachlich betreut oder lebt gänzlich ohne jegliche Hilfe auf der Straße bzw. in Notunterkünften.

Es muss also auch hier auf die fehlenden, aber notwendigen Verknüpfungen der zu stark getrennten ambulanten und stationären Hilfebereiche Psychiatrie, Suchtkrankenhilfe und Wohnungslosenhilfe hingewiesen und die »Opfer« der mangelnden Abstimmung der Bereiche untereinander müssen sichtbar gemacht werden.

Die Versorgung dieser Menschen ist weiterhin eine große Aufgabe der Wohnungslosenhilfe, der Suchtkrankenhilfe und erst recht der psychiatrischen Einrichtungen. Stand die Ausgabe des vorliegenden Buches 1996 für den Zeitpunkt, sich der psychisch kranken Obdachlosen anzunehmen und ihre Lebenslagen überhaupt erst einmal zu erkennen, so soll diese Neuausgabe jenen Punkt markieren, die hier und da entstandenen Kooperationsmodelle weiterzuentwickeln und ein solches Versorgungshandeln zum Standard zu machen.

Klaus Nouverné, Theo Wessel, Christian Zechert

Teil I
Einführung

KLAUS NOUVERTNÉ

Tunnelpassagen – eine Einleitung

Es ist ein nasskalter Herbsttag. Seit langer Zeit bin ich mal wieder in der Solinger Innenstadt unterwegs, um Besorgungen zu machen. Trotz des feinen Nieselregens überquere ich, wie immer, die Hauptkreuzung nicht durch die bequeme und beheizte unterirdische Ladenpassage, sondern laufe oberirdisch zwischen den an der Ampel wartenden Autos über die Straße. Auf dem Mittelstreifen muss ich durch Klettern noch die Absperrgitter überwinden. Doch gerade wegen des Regens wird mir diesmal die Absurdität meines Verhaltens deutlich. Warum benutze ich denn eigentlich nicht die Passage, die durchaus nicht den Ruf einer unattraktiven, miefigen Tunnelpassage hat, sondern eher eine mit Leben erfüllte Geschäftsunterwelt ist? Doch für mich ist diese Passage negativ besetzt, sie zu benutzten ist für mich schlimmer, als zwischen fahrenden Autos nassgespritzt über die Kreuzung zu hetzen. Indem mir das bewusst wird, fällt mir auch der Grund für mein Verhalten ein. Ein Teil der Solinger »Pennerszene«, Bettler und Straßenmusikanten halten sich in dieser Passage auf und bitten in für mich erniedrigender Weise um Geld. Das Zusammentreffen mit diesen Menschen berührt mich, ist mir, wie wohl den meisten Menschen, unangenehm, stelle ich beunruhigt fest. Um durch die Passage zu gehen, bin ich wohl zu »sozialsensibel« – eine eigentlich ja positive Eigenschaft, wie ich mir sage. Aber diese »Selbstberuhigung« gelingt mir nicht recht.

Unter den Menschen in dieser Passage habe ich nämlich einmal einen meiner ehemaligen Patienten wiedergetroffen. Er saß auf der Erde vor einem Süßwarengeschäft. Von der Stelle, an der er saß, lief ein dünnes Urinrinnsal bis zum nächsten Gully. Er schien vollkommen betrunken und machte auffallende rhythmische Kopfbewegungen, die eher an eine neurologische als an eine psychiatrische Grunderkrankung denken ließen. Sein Anblick schockte mich, ja mehr noch, er setzte mich innerlich in einen Aufruhr. Gleichzeitig fühlte ich mich wie gelähmt, konnte kaum weitergehen, tat es dann aber dennoch, unsicher, ob ich ihn ansprechen sollte. Er nahm mir diese Unsicherheit ab, indem er mich ansah und laut und deutlich und mit einer Vornehmheit grüßte, die gar nicht zu seinem verwahrlosten Äußeren passen wollte:»Guten Tag und guten Tag, Herr Doktor«, sagte er. Ich weiß noch, dass ich verschämt zurückgrüßte, weitereilte und mich unsicher umblickte, ob andere diesen Gruß wohl gehört hatten und mir, so war meine Befürchtung, eine Art Verantwortung für das Äußere dieses Mannes zuschreiben könnten. Ich schämte mich. Diese Erinnerung wird nun wieder präsent. Es war eine einmalige Begegnung, aber sie ist wohl auch jetzt ausschlaggebend dafür, dass ich diese Passage meide, um einer erneuten Konfrontation zu entgehen.

Zurückgekehrt von den Einkäufen, sitze ich wieder in meinem Büro, ich bin von freundlichen Bewohnern und Patienten der Einrichtung, in der sich mein Büro befindet, begrüßt worden. Angehörige, die mir im Flur begegnen, begrüßen mich respektvoll, eine Krankenschwester ist froh, dass ich wieder da bin, weil es Schwierigkeiten mit einem Patienten auf der Krisenstation gibt. Eine heile, in sich abgeschlossene Welt hat mich wieder aufgenommen.

Und doch bleibt dieser Eindruck von vorhin, die Erkenntnis, dass mich ein Wiedersehen mit diesem Mann so abschreckt, dass ich mich lieber nass regnen lasse und akrobatische Kletterübungen veranstalte. Hinter meinem Schreibtisch sitzend, denke ich an die Zeit, als dieser Mann noch unser Klient und Patient war.

Er war damals, nachdem er eine Zeit lang ambulant betreut worden war, im Wohnheim aufgenommen worden. Er stammte aus einem sozialen Brennpunkt und noch nie in seinem Leben hatte er eine abgeschlossene eigene Privatsphäre gehabt. So bedeutete ein Zimmer im Wohnheim für ihn, meiner Meinung nach, einen enormen Fortschritt. Er wohnte in einem Einzelzimmer, zu dem eine eigene Nasszelle und ein WC gehörten, eine fast luxuriöse Ausstattung, generell damals für eine psychiatrische Einrichtung. Doch statt diesen Zustand zu genießen, machte er schon nach kurzer Zeit dem Personal der Einrichtung Schwierigkeiten. Immer wieder kam er betrunken von Einkäufen zurück. Im Widerspruch zu den Grundsätzen des Betreuungskonzepts der Einrichtung wurde er deswegen schon bald nach jedem Einkauf»gefilzt«, um den Alkohol, den er regelmäßig mitbrachte, sicherzustellen. Arbeits- und beschäftigungstherapeutische Angebote ignorierte er, auch an der Selbstversorgung in der Wohneinheit, die aus acht Bewohnerinnen und Bewohnern bestand, beteiligte er sich kaum. So schien er unfähig zum Kochen, und ihn allein zum Einkaufen zu schicken konnte darin münden, dass er das Einkaufsgeld in Alkohol umsetzte. Beziehungen zu den übrigen Bewohnern waren schwierig. Er war oft auch äußerlich verwahrlost, zum Duschen und zum Kleidungswechsel musste er angehalten werden, roch oft unangenehm und gehörte zu den Bewohnern, zu denen die Mitarbeiter keinen emotionalen Zugang bekamen. Die Abwehr der Mitarbeiter wurde zunehmend größer, zumal er immer häufiger Einkaufsgeld »veruntreute«. Seine eigene Verwahrlosung und die seines Zimmers wuchsen. Das Betreuungspersonal weigerte sich wegen des unangenehmen Geruchs immer öfter, sein Zimmer aufzusuchen. Der Druck wurde stärker, er reagierte mit weiterer Verwahrlosung. In Kontrast zu seinem abstoßenden Äußeren und dem kaum vorhandenen Zugang stand lediglich seine schon fast intellektuelle Ausdrucksweise. Würde man etwa lediglich mit ihm telefonieren, würde man einen vollkommen anderen Eindruck von ihm gewinnen.

Der Gruppendruck der übrigen Mitbewohner führte schließlich dazu, dass die Heimleitung vom Personal förmlich gebeten wurde, eine Entlassung auszusprechen. Die Heimleiterin, eine Krankenschwester, lehnte dies ab, auch um den Druck wissend, dem er in den ambulanten Einrichtungen, die zum selben Träger gehörten, ausgesetzt wäre, wenn diese die Betreuung übernähmen.

Schließlich wurde die Situation jedoch so unbeschreiblich, dass auch sie mit der Bitte um Kündigung an den Vorstand herantrat, der für solch grundsätzliche Fragen zuständig war. Und dieser Vorstand zu jener Zeit und auch jetzt noch, als ich über die Situation nachdenke, war und bin ich. Ich erinnere mich, welche zwiespältigen Gefühle dieses Ansinnen in mir auslöste. Da war die Verpflichtung, die sowohl ich persönlich als auch der Träger übernommen hatte, zur vollständigen Versorgung aller psychisch kranken Bürger der Stadt, zu denen auch dieser Klient gehörte. Da war aber auch das tiefe Unbehagen, das dieser Mensch schon rein äußerlich in mir auslöste. Und ich hatte überhaupt keine Phantasie, mit welchen Konzepten, mit welcher Haltung man ihn hätte »integrieren« können. Normalerweise fiel es mir leicht, einen Kündigungswunsch zurückzuweisen, wenn offensichtlich war, dass Beziehungsprobleme zwischen Bewohner/Klient und Betreuern das Betreuungskonzept konterkarierten. Aber eben bei ihm fehlte auch mir völlig die Phantasie. Er schien veränderungsresistent, seine äußere Unattraktivität ließ noch nicht einmal Mitleid aufkommen. Er löste vielfältige Aversionen aus und demonstrierte letztendlich, dass unser Anspruch auf Vollversorgung einer Stadt mit ihm durchaus an seine Grenzen geriet. Also doch eine klinische Unterbringung? Aber auch diese war zuvor gescheitert, er war nur zwangsweise in der Klinik zu halten. Dort hatte er sich nicht verändert, sondern weiter getrunken. Gehörte er also zu den Menschen, die für einen langen Lebensabschnitt eine feste, sozusagen eine (ab)geschlossene Betreuung brauchten? Diese konzeptionelle Frage stellte sich mir und uns damals. Indirekt aber machte er selbst durch sein Verhalten ein eigenes konzeptionelles Angebot.

Vielleicht war er gar kein psychisch Kranker, vielleicht war die Psychose nur durch Alkoholmissbrauch ausgelöst worden, dann wäre er ja primär Alkoholiker, für den andere Spielregeln galten. Es ist ja bekannt, wie »uneinsichtig« Alkoholiker sind, dass therapeutische Bemühungen nichts nutzen, wenn die Betroffenen nicht selbst Veränderungsbereitschaft und Motivation erkennen ließen.

Diese Brücke war es dann auch, die wir nutzten. Wir vermittelten ihn in eine gemeindepsychiatrische Suchteinrichtung, die zwar regional nicht zuständig war, von der wir aber einen sehr guten Eindruck hatten, und beruhigten uns selbst damit, dass man ihm dort besser helfen könne. Es war also nicht das Eingeständnis unseres eigenen Scheiterns, was uns letztendlich dazu bewegte, die Kündigung auszusprechen und ihn weiterzuvermitteln, sondern ungebremster therapeutischer Optimismus, mit der Erwartung, dass es andere Konzepte und andere Einrichtungen gäbe, die mit dieser Problematik vertrauter seien als wir und adäquatere Hilfe bieten könnten.

Ich hatte ihn schließlich aus den Augen verloren und die Begegnung in der Tunnelpassage war sozusagen die Konfrontation mit einem Stück verdrängter eigener Hilflosigkeit. Allerdings hatte ich mich noch einmal in der anderen Einrichtung nach ihm erkundigt. Am Ende hatte, das brachte ich in Erfahrung, ein Schlafplatz in der Notunterkunft und »die Straße« gestanden und damit eine noch stärkere, unerträgliche äußere Verwahrlosung.

Die zwangsweisen Unterbringungen waren aufgegeben worden, weil sich trotz aller therapeutischen Bemühungen nach seiner Entlassung der alte Zustand sofort wieder einstellte. Ich erfuhr damals auch, dass eine Vormundschaft eingerichtet wurde und wer sie übernommen hatte. Ich rief den Vormund an und erfuhr, dass auch andere Behinderteneinrichtungen in der weiteren Umgebung eine Betreuung abgelehnt hatten. Der Vormund schien resigniert und steckte voller Vorwürfe gegen die psychiatrischen und Suchtbehandlungseinrichtungen.

Jahre später rief mir eine zweite Szene das Schicksal dieses Mannes noch einmal in Erinnerung. Ich hatte mein Tätigkeitsfeld gewechselt, war nicht mehr verantwortlich für ein großes psychiatrisches Versorgungsfeld, für unzählig viele Menschen, sowohl Mitarbeiter als auch psychisch Kranke und deren Familien, sondern war im Bereich der Psychiatrieplanung tätig. Ein Landkreis hatte uns mit der Erstellung eines Psychiatrieplans beauftragt. Getreu unserer Grundprinzipien wollten wir dabei im Rahmen der Ist-Analyse, d.h. der Sichtung der bestehenden Angebote, auch herausfinden, wo die chronisch psychisch Kranken dieses Kreises lebten.

Es ergab sich hinsichtlich der in psychiatrischen Einrichtungen betreuten chronisch Kranken ein deutlicher Widerspruch zwischen unserer Datenlage und den epidemiologischen Daten, die eine Aussage darüber enthielten, wie viele schwerer gestörte psychisch Kranke es in diesem Kreis geben sollte. Wir begannen eine exaktere Recherche und wurden in Heimeinrichtungen auch außerhalb dieses Kreises fündig, aber es ergab sich trotzdem noch kein vollständiges Bild. Es fehlten 80 bis 100 Personen, die es eigentlich geben musste, die aber nicht auffindbar waren. Da es sich nicht nur um theoretische epidemiologische Daten handelte, musste man davon ausgehen, dass wir nicht alle Menschen gefunden hatten. Als wir die Wohneinrichtungen für psychisch Kranke durchforsteten, stießen wir immer wieder auf Berichte von Menschen, die man entlassen musste, weil sie große Schwierigkeiten mit ihren Mitbewohnern hatten, weil sie nicht »vertragsfähig« waren oder weil sie so massive Störungen hatten, dass sie nicht in das gegebene Setting passten.

Wieder fiel mir mein »Präzedenzfall« ein. Wir verändern unsere Suchrichtung und besuchen die Obdachloseneinrichtung des Kreises, sprechen mit den Vormündern von »Pfleglingen« und: werden fündig. Ein Teil der vermissten Personen lebte wirklich schon lange nicht mehr im psychiatrischen Versorgungsbereich, sondern in den Einrichtungen nach § 72 BSHG, etwa Einrichtungen der Wohnungslosenhilfe. Ein weiterer Teil lebte, so erfuhren wir in Einzelinterviews mit den Angehörigen, unter zumeist dramatischen Umständen bei diesen Angehörigen. Hier stießen wir auf dieselben Merkmale, mit denen ich jenen Klienten beschrieben habe.

Mangelhafte psychiatrische Betreuung führt bei vielen Betroffenen in die Obdachlosigkeit mit starker Verwahrlosung oder zu dramatischen Lebenseinschränkungen bei ihnen selbst und ihren Familien.

In meine Heimatstadt zurückgekehrt, besuchte ich dann zum ersten Mal im Leben die Solinger Obdachloseneinrichtung und fand hier jene psychisch Kranken, jene »therapieresistenten Fälle«, die ich während meiner beruflichen Tätigkeit weiterverwiesen und verdrängt hatte; verdrängt auch immer mit der Perspektive, dass es für sie ein angemesseneres, spezialisierteres Angebot geben müsse als das unseres Trägers.

Das alles geht mir durch den Kopf, als ich an diesem regnerischen Herbsttag an meinem Schreibtisch sitze. Ich fühle die Grenzen meiner Arbeit. Ich fühle aber auch diese Grenze in mir arbeiten, eine Unruhe, die sich nicht einfach abfinden will.

HEINRICH HOLTMANNSPÖTTER

Von »Obdachlosen«, »Wohnungslosen« und »Nichtsesshaften«

Zur Geschichte einiger Begriffe

Es gibt keine allgemein gültigen und von allen Fachleuten anerkannten Begriffe und Definitionen zur Beschreibung von Menschen, die über keinen hinreichenden Wohnraum verfügen. Sozialhilferechtlich betrachtet etwa fallen die meisten Betroffenen als ordnungsrechtlich mit Ersatzunterkünften versorgte Haushalte in die Kategorie »Obdachlose« oder »Personen ohne ausreichende Unterkunft« und gehören eben nicht zu den tatsächlichen Obdachlosen, zu jenen, die zum Beispiel ohne jede Unterkunft auf der Straße überleben und als »Nichtsesshafte« gelten. So hat jeder Begriff seinen Kontext und seine Geschichte. Jede Begriffswahl hat damit auch (sozial)politische Implikationen.

Zunächst einmal ist darauf hinzuweisen, dass die Begriffe »Obdachlosigkeit«, »Wohnungslosigkeit«, »Wohnungsnotfall«, »Nichtsesshaftigkeit« usw. Bezeichnungen sind, die von Hilfe- oder anderen Interventionssystemen oder deren Experten vergeben wurden und somit Begriffe sind, die sich nicht »selbstredend« erklären, sondern nur in Verbindung mit ihren spezifischen Definitionen. Dieser banale Hinweis ist für das weiter gehende Verständnis wichtig, da er zeigt, dass die Begriffe weniger objektive, fest begrenzte *Probleme* zu erkennen geben als vielmehr das *Verhältnis*, das die genannten Systeme zu dem Gegenstand ihrer Arbeit einnehmen. Wir dürfen also in den Begriffen kein Tor zu einer anderen Wirklichkeit sehen als zu der des gesellschaftlichen, des (verbands)politischen, ja vielleicht nur des von Experten angestrebten Umgangs mit den so benannten Problemen und den davon betroffenen Menschen.

Darüber hinaus ist zu beobachten und zu beachten, dass in vielen Veröffentlichungen mit der Verwendung der Begriffe keine einheitlichen Definitionen verknüpft sind. Das verweist sowohl auf unterschiedliche Konzepte und Absichten als auch auf die komplexe soziale Problematik selbst mit ihren vielschichtigen Erscheinungs- und Bearbeitungsformen. Vor allem aber ist es zudem ein Hinweis auf den gegenwärtigen Prozess der Neuorientierung der Einrichtungen und damit der Auflösung der alten Kategorien. Um die hinter den Begriffen stehenden Konstruktionen sichtbar werden zu lassen, ist es sinnvoll, sie aus ihrem historischen Kontext heraus nachzuvollziehen.

Vordemokratische, ordnungsrechtliche Konstruktion einiger Begriffe

Bevor ich auf die Begriffe im Einzelnen eingehe, möchte ich auf drei grundsätzliche Strukturelemente hinweisen, die die Begriffsbildung und deren Bedeutung bestimmen.

Das Erste ist das *Disziplinierungsbestreben* von Obrigkeitsstaat, kapitalistischem Wirtschaftssystem und obrigkeitsorientierter Sozialarbeit gegenüber jenen Menschen, die in Armut und ohne Wohnung (über)leben. Armut und Obdachlosigkeit werden als individuelle, selbst verschuldete Probleme angesehen, die Obdachlosigkeit darüber hinaus als »Störung der öffentlichen Sicherheit und Ordnung«. Die ordnungsrechtliche Verpflichtung der Gemeinden zur Beseitigung dieser Störung durch Unterbringung soll deshalb abschrecken und gleichzeitig bestrafen, auf jeden Fall nicht noch als Belohnung empfunden werden. Wie elementar dieser Disziplinierungsansatz die öffentliche Intervention bei Armut und Obdachlosigkeit nach wie vor prägt, zeigen die wiederkehrende Debatte über das Lohnabstandsgebot der Sozialhilfe sowie die immer noch dominierende Rechtsauffassung, dass bei Obdachlosigkeit die einfachste, vor der Witterung schützende Unterkunft ausreiche. Die Unterbringung in Schlichtunterkünften außerhalb der bürgerlichen Wohnbereiche – der betroffenen Familien vorwiegend in den so genannten Obdachlosensiedlungen, der allein stehenden Personen fast ausschließlich in Gemeinschaftsunterkünften, den Obdachlosenasylen – verleiht dem Begriff der »Obdachlosigkeit« die Bedeutung des öffentlich statuierten Exempels für selbst verschuldete Armut und asoziales Verhalten.

Das zweite grundsätzliche Konstruktionselement ist das Grundbedürfnis Wohnen, das *Nicht-Nicht-Wohnen-Können*, selbst wenn keine Wohnung oder feste Unterkunft vorhanden ist. Dieses macht zusammen mit Armut, Ohnmacht und Obdachlosigkeit aus den Betroffenen die Bewohner dessen, was ihnen die öffentliche Intervention zur Verfügung stellt. Sie werden Heimbewohner, Unterkunftsbewohner, Bewohner der Straße, wie auch immer, sie werden die Bewohner des Interventionssystems. Und das Interventionssystem wird damit zur Lebenswelt, die zusammen mit der Armut, der Ohnmacht, dem Grundbedürfnis Wohnen, der Selbstbehauptung und der Lebensbewältigung die Interaktions- und Erscheinungsform hervorbringt, nach der die jeweilige wohnungslose Armut ihren eigenen Namen bekommt: Obdachlose, Stadtstreicher, Wanderarme, Nichtsesshafte, Bettler, Slumbewohner, Penner usw.

Armen wurde immer geholfen, und immer wurde versucht, aus der Hilfe ein System zu entwickeln. Ohne auf die grundlegenden ethischen, normativen und moralischen Grundlagen einer solchen Systembildung einzugehen, genügt es in diesem Zusammenhang schon, die obrigkeitsstaatliche Erziehungsabsicht als die Zwillingsschwester der Disziplinierung herauszustellen. Das Erziehungssystem übernahm die Zucht- und Arbeitshäusler, die potenziell gefährdeten Kandidatinnen und Kandidaten der straf- und ordnungsrechtlichen Intervention bei unsittlicher oder arbeitsscheuer Lebensführung, also die so genannten Gefährdeten, und versuchte sie zu »ordentlichen« Mitgliedern der Gesellschaft zu machen. Diesem Erziehungsansatz können sich die Ärmsten nicht entziehen, solange sie von der materiellen Substanz dieser Hilfe abhängig, auf das ihnen gereichte Brot und Bett angewiesen sind.

Das *Heim* mit den Hauseltern und dem integrierten Arbeitsangebot mit Pflichtcharakter bildet diesen Ansatz ab und erklärt mit seiner Reichweite als drittes Konstruktionselement die Differenzierung der wohnungslosen Armen nach Geschlecht und Haushaltsstruktur auch in der Begriffsbildung. Damit leuchtet unmittelbar ein, dass dieser Erziehungsansatz wohl Alleinstehende, entmündigte Einzelpersonen, bei allein stehenden Frauen auch deren Kinder, aufnehmen kann, aber keine Familien – eine »Familienanstalt« ist nicht erdacht worden! Aber es gibt sie in gewissem Sinn doch als die von der Gesellschaft segregierte Obdachlosensiedlung in der Regie der Kommune unter Aufsicht der Ämter (Ordnungs-, Sozial-, Pflege-, Familienamt), und zwar mit einem Bewährungsaufstieg von unten, den schlechtesten Unterkünften, nach oben zu den besseren, bis hin zum Umzug in eine »normale« Wohnung.

Zusammenfassend und als Quintessenz ergibt sich, dass mit diesen Elementen gerade *keine* gesellschafts- und wohnungspolitische Begriffsbildung entsteht, ja mehr noch, dass ein solcher Ansatz ihnen eher verhindert wird, da sie die Verknüpfung mit den Konzepten der individuellen Verschuldung, des persönlichen Defizits und Fehlverhaltens sowie deren unterschiedliche, auch geschlechtsspezifische institutionelle und pädagogische Behandlung unausgesprochen enthalten.

Mit diesen übergeordneten gesellschaftlichen Konstruktionselementen im Blick fällt die Betrachtungen zentraler Begriffe etwas anders als üblich aus.

In der Fachliteratur wird der Begriff der »Obdachlosigkeit« als ordnungsrechtliche Kategorie verwandt und meint alle Personen und Haushalte, die unter die Bestimmungen der Unterbringungsverpflichtung der Gemeinden bei drohender oder eingetretener Obdachlosigkeit fallen und entsprechend untergebracht sind. Nach den Ordnungsbehördengesetzen der Länder sind von der Unterbringungsverpflichtung die Personen und Haushalte ausgenommen, die eine nicht sesshafte Lebensweise führen (wollen). Die der *Rechtskategorie* folgende Begriffsbildung »Obdachlose« ist also nicht mit der *Lebenslage* »obdachlos« identisch, sondern der konventionellen Anwendung nach mit dem ordnungsrechtlichen Status eines Benutzers des von der Kommune nach diesem Gesetz zur Verfügung gestellten Wohnraums. Das entscheidende Kriterium ist, dass die Betroffenen keinen nach dem bürgerlichen Recht geschützten Wohnraumbesitz haben, sondern lediglich ein Nutzungsrecht an dem zugewiesenen Wohnraum, der jederzeit auch wieder entzogen und durch andere ersetzt werden kann. Die Bandbreite der ordnungsrechtlichen Intervention reicht von Beschlagnahmung der ursprünglichen Wohnung und Wiedereinweisung – in diesem Fall wohnen die »Obdachlosen« in der alten, nun in der Verfügung der Kommune befindlichen Wohnung weiter – bis zur Unterbringung in den von den Kommunen eigens für die Obdachlosen vorgehaltenen Schlichtunterkünften für Familien und den Gemeinschaftsunterkünften für Einpersonenhaushalte.

Von »Nichtsesshaften« und »Gefährdeten«

Wirklich obdachlos im Sinn des Wortes sind dagegen die so genannten *Nichtsesshaften*, schon deshalb, weil sie nicht ordnungsrechtlich versorgt werden müssen. An diesem »Phänomen« der Nichtsesshaftigkeit aber ist lediglich der Begriff selbst »phänomenal«: Das eigentliche Phänomen wird hingegen besser mit den ursprünglichen Bezeichnungen »Wanderarbeiter«, arbeits- und mittellose sowie Arbeit mit Unterkunft suchende Saison- und Gelegenheitsarbeiter, Tagelöhner, mittellose Personen ohne gesicherte Unterkunft und Existenzgrundlage enträtselt. Die auf diesen Personenkreis ausgerichtete Hilfe – die Wanderarmenhilfe des 19. Jahrhunderts, die spätere Nichtsesshaftenhilfe – versteht sich als private Arbeitslosenhilfe und als Beherbergungsbetrieb mit dem Ziel, ein geordnetes Wandern auf der Suche nach Arbeit zu ermöglichen und die Betroffenen vor dem Betteln und den »schlechten Einflüssen der Straße« zu bewahren. Sie fordert aus erzieherischen Gründen Arbeitsleistungen für Unterkunft und Verpflegung, um die »Arbeitsscheuen«, die sittenlosen, das Bettlerleben vorziehenden Vagabunden von den »unschuldig Not leidenden Armen« zu trennen und so die Gerechtigkeit des väterlichen, guten Obrigkeitsstaates wieder herzustellen: den einen das Zucht- und Korrektionshaus, den anderen die Barmherzigkeit.

Mit dem Aufbau staatlicher Arbeitsvermittlung und Arbeitslosenunterstützung verliert diese Hilfe ihre ursprüngliche Funktion, nicht aber jenen Teil ihrer Klientel, der nach wie vor bei Arbeitslosigkeit oder Erwerbsunfähigkeit obdachlos, allein stehend und ohne gesicherten Lebensunterhalt auf Unterstützung angewiesen ist, und zwar direkt auf die Unterstützung dieses Hilfesystems, weil die Betroffenen von den Kommunen systematisch an diese Hilfe verwiesen werden. Dies geschieht zum einen aktiv etwa durch Übernahme der Fahrtkosten in die nächste Einrichtung, zum anderen aber mehr noch passiv durch Unterlassung der Unterbringung und zeitliche Befristung der Sozialhilfe für ortsfremde Hilfesuchende (»vertreibende Hilfe«). Die »Wanderarmenhilfe« wird zum Ersatzhilfesystem für alle allein stehenden Männer, auf die das Schema »obdachlos« nicht zutrifft, weil sie keinen festen Wohnsitz haben, nicht ortsansässig oder auch nur Einpersonenhaushalte sind, deren Wohnungsverlust oder Obdachlosigkeit – so eine praxisübliche Interpretation des Ordnungsrechtes – keine Gefährdung der Sicherheit und Ordnung bedeutet, da die Betroffenen, vor allem wenn sie Männer sind, sich selbst helfen können/sollen. Das bedeutet, dass sich in diesem Hilfesystem eine erhebliche Anzahl unterschiedlichster Personen und Probleme ansammelt:

- aus Haft und anderen geschlossenen Einrichtungen (z.B. Psychiatrieeinrichtungen) und häufig während der Zeit des Aufenthaltes ihre Wohnung verlierende, obdachlos entlassene Personen,
- autonom agierende und orientierte Personen auf der Suche nach Gelegenheits- oder Saisonarbeit als temporäre Benutzer des Hilfesystems sowie
- alle, die aus disziplinarischen Gründen aus institutionellen Unterkünften entlassen wurden oder diese selbst (»eigenmächtig«) verlassen haben.

Gerade für die Letzten wird das Hilfesystem zum »Ersatzersatz«, d.h., die Hilfeangebote dieses Anstalts- und Heimhilfesystems ersetzen sich untereinander: »Mann« geht in eine andere Einrichtung und der besondere Blick des Erziehers und Pädagogen stellt fest: örtlich und personal bindungslos, ja bindungsunfähig, Anforderungen und Konflikten aus dem Weg gehend, typisch »nichtsesshaft«. Aus den »Wanderarmen«, den mittellosen

Personen ohne festen Wohnsitz, vom Hilfesystem zum geordneten Wandern oder – bei Arbeits- und Erwerbsunfähigkeit – zum Bleiben angehalten, werden dann während der nationalsozialistischen Diktatur – als auch die »Gemeinschaftsschädlichen«, die »Asozialen« systematisch erfasst und »ausgemerzt« werden sollen – die »Nichtsesshaften«. Dies geschieht auch hier, wie bei jeder hilfeabhängigen Anstaltsklientel, mit besonderer Unterstützung und unter Federführung der etablierten Anstaltspsychiatrie, die mit der »Erkenntnis« der (abartigen) »Persönlichkeit des Nichtsesshaften« dem Vorhaben einen Schein der wissenschaftlich belegten Objektivität verleiht. Die Wanderarmenfürsorge greift gerne zu, gibt ihr doch diese Begriffsbildung eine neue, scheinbar objektive Legitimation, nachdem der Staat die Straßen von den »ungeordneten Elementen« gesäubert hat.

Mit dem Wiederaufbau des Hilfesystems in der Nachkriegszeit setzt sich der Begriff »Nichtsesshafte« und »Nichtsesshaftenhilfe« offiziell durch und die Theoriebildung der »nichtsesshaften Persönlichkeit« wird ungebrochen fortgeführt. Sozusagen in einem Pol-Sprung ist, ohne Änderung des tradierten Hilfeansatzes und -konzeptes, aus der Wandererfürsorge die Hilfe zur »Sesshaftmachung« geworden, und zwar mit dem Anspruch auf eine spezifische, eigenständige, in der »nichtsesshaften Persönlichkeit« begründete Hilfe- und Behandlungsbedürftigkeit.

Die mit dem Begriff verknüpften Defizittheorien sollen hier nicht weiter verfolgt werden, wichtig in diesem Zusammenhang ist die sich selbst deklassierende Konstruktion, dass als »nichtsesshaft« gilt, wer in einer Einrichtung der Nichtsesshaftenhilfe Aufnahme findet. Das ist kostenrechtlich bedeutsam, denn dann ist nach den fürsorgerechtlichen und unverändert nach dem späteren Bundessozialhilfegesetz in Verbindung mit den meisten Landesausführungsgesetzen der überörtliche Träger der Sozialhilfe sachlich zuständig. So erhalten auch obdachlos gewordene – zumeist: männliche – Erwachsene (Einpersonenhaushalte), die nie ihre Stadt verlassen haben, dadurch, dass die Stadt sich ihrer und der Kosten durch Unterbringung in einer Einrichtung der Nichtsesshaftenhilfe (am Ort) »entledigt«, den Status und das »Ansehen« des Nichtsesshaften. Obdachlose, die sich nicht nur dem Schema »obdachlos« mit der Folge des Lebens in einer städtischen Gemeinschaftsunterkunft für Alleinstehende entziehen wollen und können, sondern auch dem Schema »nichtsesshaft« mit der Folge der Heimunterbringung mit Pflichtarbeit (ohne Entlohnung) und Hausordnung, bleibt nur die Straße, die »Platte« in Verbindung mit Gelegenheitsarbeit oder Bettelei, d.h. die Illegalität eines Lebens ohne Unterkunft – das im Übrigen noch bis 1974 bestraft werden konnte. Ihr sozialhilferechtlicher Status ist nach geltender Rechtsauffassung, auch wenn sie ihre Stadt nie verlassen haben, dennoch der von »Nichtsesshaften«, weil sie (innerhalb einer Stadt) ohne feste Unterkunft »umherziehen«.

Parallel zu der auf Männer ausgerichteten Nichtsesshaftenhilfe hat sich für mittel- und obdachlose, »Stellung« suchende allein stehende Frauen ein eigenes Hilfesystem für die so genannten »weiblichen Gefährdeten« entwickelt, ebenfalls Heime und Anstalten für Frauen, Mutter-Kind-Heime u. ä. Frauen werden im Prinzip – wir befinden uns noch im vordemokratischen, paternalistischen Kontext der Begriffsbildung – als Haushaltsangehörige angesehen. Sozial auffällig in besonderem Maß sind allein stehende Frauen schon deshalb, weil sie allein stehend sind, erst recht aber, wenn sie aus der Rolle der Ehefrau, Mutter, Witwe, mithelfenden Familienangehörigen, der in »ehrbarer Stellung« arbeitenden Hausangestellten gefallen sind, wenn sie arbeits- und mittellos werden, ihre »Stellung« eben verlieren und nicht mehr zu ihrer Familie zurückkehren wollen/können, der (Armuts-, Gelegenheits-)Prostitution nachgehen (müssen), suchtabhängig werden und schließlich obdachlos »verwahrlosen«. Sie werden (wegen ihrer Kinder) über die Familien- und Pflegeämter schnell entmündigt und psychiatrisiert und/oder in den Einrichtungen der »weiblichen Gefährdetenhilfe« untergebracht und sind jetzt die »Haushaltsangehörigen« des Staates und seiner Wohlfahrtspflege.

Frauen, die sich dieser Rolle entziehen wollen und können, gehen für Unterkunft und Verpflegung von »Stellung« zu »Stellung«, beispielsweise im Hotelgewerbe, oder von »Männerhaushalt« zu »Männerhaushalt«, häufig verbunden mit der doppelten Ausbeutung ihres Körpers und ihrer Arbeitskraft durch die »Haushaltsvorstände«.

So »verschwinden« die Frauen in den Lebenswelten der »Männerhaushalte«, der Obdachlosensiedlungen, der staatlichen Institutionen, der privaten Haushalte – was die geringe Aufmerksamkeit und Auffälligkeit bei obdachlosen Frauen erklärt.

Die »Fürsorge« für Obdachlose, Nichtsesshafte, Straffällige, »Trinker«, Prostituierte, »Verwahrloste« steht unter dem Leit- und Sammelbegriff der »Gefährdetenhilfe«. Unter »Gefährdete« versteht man Personen, die »aus Mangel an innerer Festigkeit ein geordnetes Leben in der Gemeinschaft nicht führen können«. Sie sollen bewogen werden, sich in die Obhut einer Einrichtung zu begeben, so die Definition und – sinngemäß – die Empfehlung des § 72 a.F. (bis 1974) des Bundessozialhilfegesetzes (BSHG). Sie ist die sozialhilferechtliche Grundlage dieser Hilfe. Die Konstruktion und Differenzierung der Begrifflichkeit für die Betroffenen als »Obdachlose«, »Nichtsesshafte« oder »Gefährdete« gründet – wie gesehen – in dem

Konzept und Selbstverständnis der unterschiedlichen Interventionssysteme und in den mit ihnen verbundenen unterschiedlichen Interessenlagen, nicht in der mit diesen Begriffen hypostasierten Unterschiedlichkeit der Klienten.

Umorientierung und neue Begriffe

In den sechziger und siebziger Jahren kommen mit der zunehmend sozialwissenschaftlich argumentierenden »Randgruppendiskussion«, dem so genannten Etikettierungsansatz, der Kritik an Heimerziehung (vor allem in der Jugendhilfe) und der »totalen Institution« andere Interpretations- und auch Handlungsmuster auf, die mit den Begriffen »soziale Benachteiligung« und »soziale Gerechtigkeit« verbunden sind. In deren Folge werden vor allem die Behindertenhilfe und die Gefährdetenhilfe mit der BSHG-Novelle von 1974 neu konzipiert. Die »Hilfe zur Überwindung besonderer sozialer Schwierigkeiten« (§ 72 BSHG n.F.) löst den aus der Denktradition der »Fürsorge« stammenden Begriff »Gefährdetenhilfe« ab und definiert die anspruchsberechtigten Personen nun als diejenigen, »bei denen besondere Lebensverhältnisse der Teilnahme am Leben in der Gemeinschaft entgegenstehen«. Die 1976 erlassene Durchführungsverordnung zu § 72 BSHG definiert den in Frage kommenden Personenkreis und fällt dabei allerdings in das alte Schema der »Gefährdetenhilfe« zurück: Als »Personen ohne ausreichende Unterkunft« werden die ordnungsrechtlich mit Wohnunterkünften versorgten »Obdachlosen« in das BSHG eingeführt; »Personen, die ohne gesicherte wirtschaftliche Lebensgrundlage umherziehen oder die sich zur Vorbereitung auf die Teilnahme am Leben in der Gemeinschaft oder zur dauernden persönlichen Betreuung in einer Einrichtung für Nichtsesshafte aufhalten« sind »Nichtsesshafte«.

Diese Definition, unter Mitwirkung der Nichtsesshaftenhilfe und im Hinblick auf deren finanzielle Absicherung durch das Gesetz entstanden, beschreibt – ungewollt – die Wirklichkeit: Die Nichtsesshaftenhilfe erzeugt die Nichtsesshaftigkeit. Dieser sowohl definitorisch als auch praktisch unbefriedigende Zustand, der in der organisierten Nichtsesshaftenhilfe selbst am stärksten kritisch reflektiert wird, führt in Orientierung an der allen Betroffenen gemeinsamen Lebenslage zu der Begriffsbildung »allein stehende Wohnungslose« oder auch »Wohnungslose«. Inhaltlich und konzeptionell verbindet sich mit diesen Begriffen eine Resozialisierung und Rekommunalisierung der Nichtsesshaftenhilfe selbst, die Entwicklung einer an Lebenslagen orientierten Sozialarbeit in den Kommunen in Form ambulanter, existenzsichernder und wohnungsbeschaffender Hilfen für eine Klientel, die durch Armut und Nicht- bzw. Unterversorgung mit Wohnung, Arbeit, rechtmäßiger Sozialhilfe, Gesundheitshilfen usw. gezeichnet ist.

Die organisierte Nichtsesshaftenhilfe hat inzwischen in allen Bereichen ihren Namen in »Wohnungslosenhilfe« geändert.

Wohnungsnotfälle, Obdachlose oder Wohnungslose

Mehr oder weniger zeitlich parallel, also nach wie vor getrennt, hat sich in den Kommunen unter denselben sozialkritischen und gesellschaftspolitischen Anstößen die Sozialarbeit in kommunaler Regie für die Obdachlosen entwickelt. Obdachlosenhilfepläne einschließlich der Sanierung ihrer Wohnquartiere (»sozialer Brennpunkt«) werden entwickelt und umgesetzt. Die Vielfältigkeit der für Obdachlose und ihre Wohnungsversorgung und -sicherung zuständigen Ämter wird bald als das wesentliche strukturelle Hindernis einer effektiven, vor allem präventiven Hilfe erkannt. Der verwaltungsspezifische, neutrale Aspekt der Wohnungsbeschaffung in Verbindung mit der kommunalen Unterbringungsverpflichtung rückt außerdem weitere »Obdachlose« ins Blickfeld: Aus- und Übersiedler, Asylsuchende, Asylberechtigte, all jene, die zwar faktisch obdachlos, aber nicht *die* Obdachlosen sind. Das Verwaltungshandeln braucht aber eine einheitliche Sprachregelung für eine gemeinsame funktionale Ausrichtung der unterschiedlichen Zuständigkeiten und Befugnisse. Zusätzlich erweist sich der Begriff »Obdachlose« – analog zur »Nichtsesshaftigkeit« – als Hindernis, da mit ihm das traditionelle Verständnis transportiert wird, dass die »asozialen« Betroffenen nicht »richtig« wohnen können und deshalb kein Wohnungsversorgungsprogramm brauchen, sondern erst einmal die »richtige« Pädagogik. Vor diesem Hintergrund wird in einer Empfehlung des Deutschen Städtetages der terminus technicus »Wohnungsnotfall« vorgeschlagen, der allgemein übernommen worden ist (Deutscher Städtetag 1987).

Gemäß diesen Empfehlungen sind Wohnungsnotfälle diejenigen Personen und Haushalte,

- die unmittelbar von ersatzlosem Wohnungsverlust, etwa durch Räumungsklage, bedroht sind,
- die akut vom Wohnungsverlust betroffen sind, faktisch ohne Wohnung und Unterkunft oder ordnungsrechtlich mit einer Wohnung oder Unterkunft versorgt sind,
- die aus sonstigen Gründen in unzumutbaren Wohnverhältnissen leben.

In einer weitergehenden Ausführung und Anleitung zu diesen Empfehlungen durch die *Kommunale Gemeinschaftsstelle für Verwaltungsvereinfachung* (KGSt) wird klargestellt, dass »Nichtsesshafte« und Asylsuchende nicht unter die kommunale Wohnungsnotfalldefinition fallen (KGSt 1989). Damit wird in den Ausführungsgesetzen der Länder die begriffliche Vereinheitlichung der Obdachlosigkeit und Wohnungslosigkeit auf der Ebene der Zuständigkeit wieder zurückgenommen.

In der wissenschaftlichen und fachpolitischen Diskussion ist dagegen diese Vereinheitlichung sowohl in der Orientierung an der zentralen Frage nach dem angemessenen privaten Wohnraumbesitz als auch unter Anwendung und weiterer Ausdifferenzierung der Wohnungsnotfälle bereits vollzogen. Die Begriffe »Obdachlosigkeit« im Sinne der Wohnungsnotfalldefinition und »Wohnungslosigkeit« werden synonym verwendet und die unter diese Begriffe subsumierten Lebenswelten differenziert beschrieben und sortiert, dabei aber nicht verselbstständigt und nicht der besonderen Eigenart der Betroffenen zugeschrieben. Einen wesentlichen Anteil an dieser Entwicklung hat die in den achtziger Jahren einsetzende Wohnungsnot und seither stark ansteigende Armut und Sozialhilfebedürftigkeit, die nicht mehr nur die klassischen Risikogruppen erfasst. Die auf das menschenwürdige und angemessene Wohnen gerichtete Aufmerksamkeit gibt nun den Blick frei auf die sozial- und wohnungspolitische Dimension einer der Quantität und der Qualität nach wohnungsbedürftigen Wohnungslosigkeit, die mit der Begrifflichkeit und dem traditionellen Verständnis von »Nichtsesshaftigkeit« und »Obdachlosigkeit« zersplittert und verschleiert wurde, ebenso wie die Betroffenen selbst als »normale« Bürgerinnen und Bürger.

Letztlich ist der Begriff »Wohnungslosigkeit« Ausdruck einer zivilen, republikanischen, den Grund- und Menschenrechten verpflichteten Gesellschaft und Sozialarbeit, ein *res publika* beanspruchender Begriff für die Verletzung des Grundrechts auf Wohnen, auf Teilhabe und soziale Gerechtigkeit. Erst als solcher konnte er – so scheint es zumindest – »andocken« an das gesellschaftspolitische Problem der Wohnungsnot und wachsenden Obdachlosigkeit und in die Politik übernommen werden. Mit der Reform des Wohnungsbaugesetzes in 2001 wird der soziale (Miet-)Wohnungsbau gezielt auf Haushalte umgestellt, die sich nicht selbst mit ausreichendem Wohnraum versorgen können, unter anderem auf »Wohnungslose«. Im Bundessozialhilfegesetz wird mit der Reform der DVO zu § 72 Ende 2000 die Orientierung der Hilfe an den traditionellen Zielgruppen der vordemokratischen Gefährdetenhilfe aufgehoben und damit auch die Rechtskategorie »Nichtsesshafte«. Bei der Bestimmung der anspruchsberechtigten

Personen wird nun auf die Definition ihrer »besonderen Lebensverhält-nisse« unter anderem des Lebens »ohne oder ohne ausreichende Wohnung« abgestellt. Damit ist gleichzeitig auch die sozialhilferechtliche Aufspaltung von »Obdachlosigkeit« und »Nichtsesshaftigkeit« aufgegeben worden. Sie wirkt jedoch noch fort in den meisten Landesausführungsgesetzen zum BSHG. Der Bundestag hat sich auf Beschlussempfehlung des Bauaus-schusses für ein Wohnungsnotfallstatistikgesetz ausgesprochen. Diese feh-lende und seit langem geforderte gesetzliche Informationsbasis zum Aus-maß und zur Entwicklung des Problems ist als »Wohnungslosenstatistik« (ohne Erfassung der »drohenden Wohnungslosigkeit«) »machbar«, so je-denfalls das in 2001 vorgestellte Ergebnis der im Auftrag des Bundes in NRW durchgeführten Modellstudie.

Zum Abschluss möchte ich bei allem Klärungsbedürfnis davor warnen, die Begriffe und ihre Verwendung allzu dogmatisch zu sehen und zu mei-nen, mit ihnen die Vorurteile der alten gebannt zu haben. Häufig verbirgt sich hinter einer liberal klingenden Begrifflichkeit nichts als eine *political correctness*, die die alten Vorurteile lediglich verschleiert, ihnen ein neues Gewand verleiht. Selbst Ausdrücke wie »Penner« oder »Verrückte« kann man so und so verwenden. Jeder neue Begriff muss darauf hin überprüft wer-den, welche Vorstellungen, Konstrukte, Abwertungen, ja Bemächtigungen er transportiert.

HANS JOACHIM SALIZE, CORNELIA DILLMANN-LANGE,
BEATE KENTNER-FIGURA

Versorgungsbedarf psychisch kranker Wohnungsloser – Sind wir in der Lage, ihn zu erkennen?

Datenlage

Es dürfte sehr schwierig sein, eine stärker benachteiligte Bevölkerungsgruppe als psychisch kranke Wohnungslose ausfindig zu machen. Am tiefsten Ende der sozialen Stufenleiter angesiedelt, sind diese Personen bis in die jüngste Zeit hinein gleichermaßen vom psychiatrischen Versorgungsnetz wie auch von der psychiatrischen Versorgungsforschung vernachlässigt. Dabei muss in Deutschland nach Zahlen der Bundesarbeitsgemeinschaft Wohnungslosenhilfe (BAG 2001) in den vergangenen zehn Jahren von einer relativ konstanten Zahl von ca. 200.000 allein stehenden und weiteren ca. 300.000-350.000 in (mehr oder weniger unvollständigen) Familienverbänden lebenden Wohnungslosen ausgegangen werden. Dies sind ca. 0,65 Prozent der Gesamtbevölkerung.

Die psychischen Risikofaktoren einer Lebensweise ohne Wohnung sind evident. Die wenigen Untersuchungen, die hierzulande in dem Problemfeld durchgeführt wurden, haben ganz unterschiedliche, aber durchweg hohe psychiatrische Prävalenzen zutage gefördert (DUFEU u.a. 1996; EICKELMANN u.a. 1992; FICHTER u.a. 1996; GREIFENHAGEN/FICHTER 1997; KELLINGHAUS u.a. 1999; LEDER u.a. 1999; LEIDEL u.a. 1998; TRABERT 1997; WESSEL u.a. 1997). Unterschiede in den Ergebnissen dieser Studien sind zu großen Teilen durch abweichende Methoden (Stichprobenauswahl, Untersuchungstechniken usw.) verursacht (SALIZE 1998). Generell dominieren in Deutschland vor allem Suchterkrankungen, Persönlichkeitsstörungen, affektive Störungen, Angst- und Belastungsstörungen, während Schizophrenien im Vergleich zu US-amerikanischen Verhältnissen in geringerem Ausmaß zu finden sind. Dies ist vermutlich auf den kontrollierter verlaufenden Enthospitalisierungsprozess und den parallelen Ausbau gemeindepsychiatrischer Strukturen in Deutschland zurückzuführen, was – anders als in den USA – vielen enthospitalisierten Langzeitpatienten die Entlassung direkt auf die Straße erspart hat.

Trotz dieser und ähnlich gelagerter Erkenntnisse liefern die meisten bundesdeutschen Untersuchungen kein Datenmaterial, das für die konkrete Planung der psychiatrischen Versorgung von Wohnungslosen herangezogen werden könnte. Der klassische, rein epidemiologische Forschungsansatz, den fast alle bisherigen deutschen Studien verfolgen, erbringt selten mehr als Diagnoseübersichten, die – so differenziert sie auch sein mögen – angesichts der heterogenen Verlaufsformen psychischer Störungen ungeeignet sind, um Art und Umfang der zu leistenden klinisch-psychiatrischen und/oder rehabilitativen Versorgungsmaßnahmen zu bestimmen.

Für umsetzungsfähige Planungsdaten sind daher genauere Verfahren notwendig. Diese müssen differenziert und detailliert die jeweiligen psychiatrischen Problem- und Bedarfsbereiche identifizieren sowie auf der Einzelfallebene beurteilen, ob jeweils Bedarf vorliegt und inwieweit dieser fachadäquat gedeckt oder nicht gedeckt ist (MARSHALL 1992; PHELAN u.a. 1995). Geeignete Verfahren und Instrumente für diese Vorgehensweise liegen in der psychiatrischen Versorgungsforschung seit mehr als einem Jahrzehnt vor. Sie wurden und werden bei psychisch kranken Wohnungslosen in Deutschland jedoch bisher kaum eingesetzt. In dem Mangel an solchen differenzierten Versorgungs- und Bedarfsdaten ist das größte Defizit der bundesdeutschen psychiatrischen Wohnungslosenforschung zu sehen.

Angesichts der unzulänglichen Datenlage wurde von uns in Mannheim (Baden-Württemberg) zwischen März 1997 und September 1999 eine von der DFG geförderte Querschnittsuntersuchung durchgeführt, deren Ziel es war, an einer möglichst repräsentativen Stichprobe allein stehender Wohnungsloser im Rahmen eines fachübergreifenden Mehrebenenansatzes mittels standardisierter Messverfahren psychiatrische, somatische, psychologische und soziale Informationen sowie Daten über den psychiatrischen und körpermedizinischen Versorgungsbedarf der Personen zu erfassen.

Die Studie wurde im Stadtkreis Mannheim durchgeführt und war auf diese Region begrenzt. Die Zielpopulation wurde auf allein stehende Wohnungslose eingegrenzt. Somit schieden mehrköpfige obdachlose oder wohnungslose Familien, Aussiedler, Asylsuchende oder Angehörige ähnlicher Gruppierungen aus. Um eine möglichst große Annäherung an die tatsächliche Zusammensetzung der Gesamtpopulation aller allein stehenden Wohnungslosen in Mannheim zu erhalten, wurde auf Erkenntnisse und Statistiken der Mannheimer Wohnungslosenhilfe sowie der »Planungsgruppe

Alleinstehende Wohnungslose«, die dem Sozialamt der Stadt untersteht, zurückgegriffen (Planungsgruppe Alleinstehende Wohnungslose 1996) und durch eigene, im Laufe der Vorbereitungen der Studie gewonnene Erkenntnisse ergänzt. Danach waren in den Jahren 1997 bis 1999 im Mannheimer Stadtgebiet zu jedem Zeitpunkt ca. 650-700 Wohnungslose anzutreffen. Dies waren ca. 0,2 Prozent der Bevölkerung (ca. 330.000 Einwohner), was in etwa dem Bundesdurchschnitt allein stehender Wohnungsloser entsprach. Bezüglich der Aufenthalts- bzw. Nächtigungsorte der Wohnungslosen wurden drei Kategorien gebildet, nach denen die Personen gemäß der jeweiligen Gruppengröße in der Grundgesamtheit zusammengestellt wurden. Insgesamt wurden 102 Personen in die Studie einbezogen, was einem Anteil von ca. 15 Prozent der im Stadtgebiet befindlichen Wohnungslosen entspricht.

Entsprechend den vielschichtigen Zielen der Studie kam ein umfangreiches Instrumentarium zum Einsatz. Alle Untersuchungen und Interviews wurden von forschungserfahrenen klinischen Psychologinnen und einer Psychiaterin durchgeführt. Die psychiatrische Diagnose wurde mittels des Strukturierten Klinischen Interviews für DSM-IV und ICD-10 (SKID) (WITTCHEN u.a. 1997) gestellt. Der psychiatrische und sozial-rehabilitative Versorgungsbedarf wurde mit dem »Needs for Care Assessment« (NCA) erhoben (BREWIN u.a. 1987), analog dazu wurde eine Bedarfsselbsteinschätzung durch die Personen selbst vorgenommen. Lebensgeschichtliche Daten wurden mit einem selbst strukturierten einleitenden Interview erfragt. Die prämorbide Anpassung wurde mit der »Premorbid Adjustment Scale« (PAS) (CANNON-SPOOR u.a. 1982) ermittelt. Um kritische Lebensereignisse zu erfassen, wurde die »Münchner Ereignisliste« (MEL) (MAIER-DIEWALD u.a. 1983) eingesetzt, während die Lebensqualität mittels der »Münchener Lebensqualitäts-Dimensionen-Liste« (MLDL) (HEINISCH u.a. 1991) erfragt wurde. Der körperliche Gesundheitszustand wurde durch eine internistisch-neurologische Untersuchung bewertet, zu der ein Drogenscreening und die Bestimmung des Blutalkoholspiegels gehörten.

Psychische Störungen dominant

Die soziodemographischen Daten sahen zunächst einmal wie folgt aus: Das Durchschnittsalter der untersuchten Personen lag bei 40 Jahren, die jüngste Person war 18 und die älteste 69 Jahre alt. Das Durchschnittsalter bei Beginn der Wohnungslosigkeit betrug 32 Jahre (jüngstes Eintrittsalter in die Wohnungslosigkeit war 13 Jahre, ältestes 56). Die Dauer der letzten ununterbrochenen Periode ohne Wohnung betrug zum Zeitpunkt der Befragung bei allen Personen im Durchschnitt 9,3 Jahre. Die überwiegende Mehrheit der Personen (94,1 Prozent) besaß die deutsche Staatsangehörigkeit. Rund zwei Drittel der Personen (63,7 Prozent) waren nie verheiratet, weitere 30,4 Prozent geschieden. Eine Ehe bestand zum Zeitpunkt der Befragung bei lediglich 4,9 Prozent, allerdings lebten 14,7 Prozent mit einem (ebenfalls wohnungslosen) Partner zusammen, und fast die Hälfte (45,1 Prozent) gab an, Kinder zu haben. Kontakte zu einem oder mehreren Angehörigen bestanden noch bei 54,9 Prozent der Personen. Zumeist waren diese Kontakte jedoch nicht sehr intensiv. 86,4 Prozent der Personen hatten einen abgeschlossenen Schulausbildung (11,8 Prozent Sonderschulabschluss, 54,9 Prozent Hauptschulabschluss, 19,7 Prozent höheren Schulabschluss). Mehr als zwei Drittel (67,3 Prozent) der Personen hatten jedoch keine abgeschlossene Berufsausbildung und zum Zeitpunkt der Untersuchung war ein gleich hoher Anteil (67,3 Prozent) ohne jegliche Arbeit. Die mittlere Dauer der Erwerbslosigkeit lag bei 8,2 Jahren. Zum Zeitpunkt der Untersuchung bezogen 72,5 Prozent der Personen Sozialhilfe und 20,6 Prozent Arbeitslosenhilfe. 25,5 Prozent gingen Schwarz- und Gelegenheitsarbeiten nach. Die Höhe der monatlich zur Verfügung stehenden Finanzmittel lag bei 71,1 Prozent der Befragten unter 1000 DM.

Insgesamt wurden bei 70 der untersuchten Personen (68,6 Prozent), also bei mehr als zwei Dritteln, aktuell behandlungsbedürftige psychische Störungen festgestellt. Bei einer Unterteilung in grobe Erkrankungsgruppen zeigten 35 Personen (34,3 Prozent) mindestens eine Störung aus dem Suchtbereich (ICD-10 F 1) ohne weitere psychiatrische Erkrankung. Bei 22 Personen (21,6 Prozent) wurde eine Abhängigkeitserkrankung mit zusätzlich einer oder mehreren anderen psychischen Störungen (ICD-10 F 2 bis F 7) diagnostiziert. Bei weiteren 13 Personen (12,7 Prozent) war mindestens eine Störung aus den Bereichen F 2 bis F 7 ohne zusätzliche Abhängigkeitserkrankung festzustellen (siehe Abbildung 1).

Erweitert man die Befunde um zurückliegende psychische Störungen, dann verändern sich die Raten wie folgt: Die psychiatrische Lebenszeit- oder Gesamtprävalenz lag bei 82,4 Prozent, wobei 41 Personen (40,1 Prozent) eine oder mehrere Störungen aus dem Bereich der Abhängigkeitserkrankungen ohne zusätzliche andere psychische Störung aufwiesen. 34 Personen (33,3 Prozent) hatten Störungen aus dem Abhängigkeitsbereich plus einer oder mehrerer anderer psychischer Störungen, und 9 Personen (8,8 Prozent) zeigten Störungen aus anderen Bereichen als dem der Abhängigkeitserkrankungen.

Unterteilt man nach einstelligen ICD-10-Diagnosegruppen, ergibt sich für die aktuellen (zum Zeitpunkt der Untersuchung vorliegenden) psychiatrischen Störungsbilder die in Abbildung 2 dargestellte Verteilung.

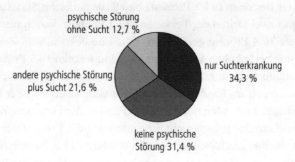

Abbildung 1: Psychiatrische Prävalenz, Krankheitsgruppen (aktuelle Störungen, n = 102)

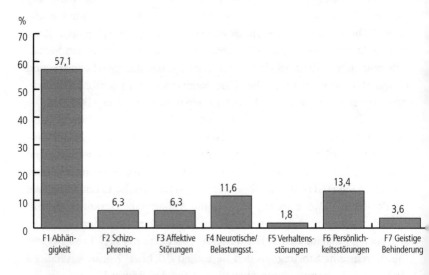

Abbildung 2: Verteilung aktueller psychiatrischer Diagnosen, ICD-10 einstellige F-Gruppen (n = 112)

Bei häufiger Multimorbidität wurden insgesamt 112 aktuelle psychiatrische Diagnosen gestellt. Davon entfielen 57,1 Prozent auf den Sucht- bzw. Abhängigkeitsbereich (F 1: psychische und Verhaltensstörungen durch psychotrope Substanzen). Weitere 13,4 Prozent betrafen Persönlichkeitsstörungen, andauernde Persönlichkeitsveränderungen oder Störungen der Impulskontrolle. Neurotische, Belastungs- und somatoforme Störungen

(F 4) machten 11,6 Prozent aus. Der Anteil der schizophrenen (F 2) und affektiven Störungen (F 3) war mit je 6,3 Prozent gleich hoch. 3,6 Prozent der Diagnosen betrafen Intelligenzminderungen (F 7), und 1,8 Prozent bezogen sich auf Verhaltensauffälligkeiten (F 5).

Zum Untersuchungszeitpunkt waren bei 63 Personen (61,7 Prozent) somatische Erkrankungen festzustellen; insgesamt wurden 135 somatische Diagnosen gestellt. Am häufigsten traten Alkohol-Polyneuropathien (ICD-10 G 62.1) auf, die bei 27 Personen diagnostiziert wurden (26,5 Prozent aller Personen bzw. 20 Prozent aller somatischen Diagnosen). Ebenfalls 27-mal wurde die Diagnose einer toxischen Lebererkrankung bzw. -zirrhose (K 70 bzw. K 70.3) gestellt. Die nächsthäufigste Diagnose war die zerebrale Degeneration (G 31.2), die mit 14 Fällen allerdings nur rund halb so viele Personen betraf (13,7 bzw. 10,4 Prozent aller somatischen Störungen). Alle weiteren somatischen Störungen traten in weitaus geringerem Ausmaß auf (SALIZE u.a. 2002).

Ähnlich der psychiatrischen Prävalenz war auch hier Komorbidität häufig: Nur 29 (46 Prozent) der 63 entsprechend diagnostizierten Personen hatten lediglich eine somatische Diagnose, die verbleibenden 54 Prozent litten unter zwei, drei oder mehr körperlichen Erkrankungen gleichzeitig. Die häufigste Kombination war dabei das gemeinsame Auftreten von zerebraler Degeneration, toxischer Hepatopathie (K 70) und toxischer Polyneuropathie (G 62.1), die bei 11 Personen zu verzeichnen war. Weitere 9 Personen wiesen zwei dieser drei Erkrankungen gleichzeitig auf. Beim Vergleich der Häufigkeit des Auftretens somatischer Störungen zwischen Personen ohne lebenszeitliche oder aktuelle Alkoholabhängigkeit bzw. schädlichem Alkoholgebrauch und Personen mit einer solchen Vorbelastung hatten Letztere signifikant häufiger körperliche Erkrankungen (Chi-Quadrat-Test, p = 0,001).

Überraschenderweise wiesen die Laborbefunde auf einen zufrieden stellenden allgemeinen Ernährungszustand der Personen hin. Dieser ist vermutlich als Folge einer guten Versorgungslage bezüglich der Grundbedürfnisse wie Essen und Kleidung durch die Mannheimer Wohnungslosenhilfe zu sehen! Eine nicht feststellbare Avitaminose der Personen unterstützt die These einer alkoholbedingten Genese der zahlreichen Polyneuropathien (SALIZE u.a. 2002).

Psychiatrischer Versorgungsbedarf

Die detaillierte Identifikation und Quantifizierung des Bedarfes nach fachpsychiatrischer Versorgung der an der Studie beteiligten Personen war eines der Hauptziele der Untersuchung. Dieses Untersuchungsziel wurde gewählt auf Grund der diesbezüglich nur mangelhaften Aussagekraft der bisher in Deutschland durchgeführten Studien. Versorgungsbezogene Schlussfolgerungen werden, wie erwähnt, in deutschen Untersuchungen in der Regel nur auf der Basis von Prävalenzraten oder Diagnoseübersichten der untersuchten Stichproben getroffen. Bei der Vielschichtigkeit psychiatrischer Krankheitsbilder und -verläufe greift es jedoch zu kurz, aus Diagnosespektren diejenigen fachpsychiatrischen Maßnahmen abzuleiten, die zur adäquaten Versorgung einer Patientengruppe notwendig sind – und seien die Diagnosen auch noch so differenziert gestellt. Aber auch international sind standardisierte Bedarfs- und Inanspruchnahmemessungen bei psychisch kranken Wohnungslosen wegen der methodischen Schwierigkeiten sehr selten (KOVESS/LAZARUS 1999).

Insgesamt wurde bei 77 Personen mit verifizierter oder psychiatrischer Verdachtsdiagnose der psychiatrische Versorgungsbedarf ermittelt. Dieser wurde gemäß des NCA-Instruments in 23 verschiedene Bedarfs- oder Problembereiche unterteilt, die zwei größeren Bedarfssektionen – dem klinisch-psychiatrischen Problem- oder Bedarfsbereich sowie dem sozialrehabilitativen Problem- oder Bedarfsbereich – zugeordnet werden können (SALIZE u.a. 2001a).

Versorgungsstruktur teilweise inadäquat

Die Items des klinisch-psychiatrischen Problembereichs beziehen sich vor allem auf die unmittelbare Krankheitssymptomatik sowie auf Störungen des Verhaltens, die von zugrunde liegenden psychischen Störungen hervorgerufen werden. Der häufigste Versorgungsbedarf wurde mit 53,9 Prozent aller Personen (oder 71,4 Prozent aller derjenigen, an denen die Bedarfsmessung vorgenommen wurde) im Bereich Alkoholgefährdung/ Alkoholabhängigkeit gefunden. Lediglich bei 7,8 Prozent der Personen konnte dieser Bedarf als gedeckt bezeichnet werden (siehe Tabelle 1).

Das zweitstärkste Bedarfsaufkommen im klinisch-psychiatrischen Problembereich betraf die körperlichen Erkrankungen. Im Gegensatz zu der oben dargestellten somatischen Gesamtprävalenz wurden hier nur diejenigen körperlichen Störungen einbezogen, bei denen ein direkter Bezug zu einer vorhandenen psychischen Störung zugrunde lag oder zu vermu-

Tabelle 1: Fachpsychiatrischer Versorgungsbedarf der Personen (n = 102, in die Bedarfsmessung einbezogene Wohnungslose n = 77, Prozentangaben beziehen sich auf n = 102)

Klinisch-psychiatrischer Bedarf	Personen mit Bedarf	Bedarf gedeckt	Bedarf ungedeckt	Bedarf nicht gedeckt
Positivsymptomatik	12 (11,8 %)	5 (4,9 %)	7 (6,8 %)	0
Negativsymptomatik	4 (3,9 %)	3 (2,9 %)	1 (1,0 %)	0
Dyskinesien, Nebenwirkungen	3 (2,9 %)	2 (2,0 %)	0	1 (1,0 %)
Neurotische Symptome	18 (17,6 %)	4 (3,9 %)	14 (13,8 %)	0
Demenz, organische Psychosen	4 (3,9 %)	0	4 (3,9 %)	0
Körperliche Erkrankungen	39 (38,2 %)	6 (5,9 %)	32 (31,4 %)	1 (1,0 %)
Selbst-, Fremdgefährdung	16 (15,7 %)	3 (2,9 %)	12 (11,8 %)	0
Unangepasstes Verhalten	0	0	0	0
Psychosozialer Stress	24 (23,5 %)	6 (5,9 %)	16 (15,6 %)	1 (1,0 %)
Alkohol	55 (53,9 %)	8 (7,8 %)	45 (44,1 %)	2 (2,0 %)
Drogen	19 (18,6 %)	6 (5,9 %)	12 (11,8 %)	1 (1,0 %)
Persönlichkeitsstörungen	24 (23,5 %)	2 (2,0 %)	21 (20,6 %)	1 (1,0 %)
Sozial-rehabilitativer Bedarf				
Körperpflege	8 (7,8 %)	2 (2,0 %)	6 (5,8 %)	0
Einkaufen	3 (2,9 %)	1 (1,0 %)	2 (2,0 %)	0
Nahrungsaufnahme	5 (4,9 %)	2 (2,0 %)	3 (2,9 %)	0
Sauberhalten Wohnraum	13 (12,7 %)	4 (3,9 %)	9 (8,7 %)	0
Verkehrsmittel	2 (2,0 %)	1 (1,0 %)	1 (1,0 %)	0
Freizeitangebote	8 (7,8 %)	2 (2,0 %)	6 (5,8 %)	0
Bildungsangebote	6 (5,9 %)	1 (1,0 %)	4 (3,9 %)	1 (1,0 %)
Arbeit	19 (18,6 %)	2 (2,0 %)	17 (16,7 %)	0
Kommunikation	1 (1,0 %)	0	1 (1,0 %)	0
Geldwirtschaft	17 (16,7 %)	9 (8,8 %)	6 (5,8 %)	0
Behördengänge	19 (18,6 %)	11 (10,8 %)	8 (7,8 %)	0

ten war. Die weitere Rangfolge des klinisch-psychiatrischen Versorgungs-
bedarfs sowie das Ausmaß der jeweiligen Deckung lassen sich ebenfalls
der Tabelle 1 entnehmen. Als ungedeckter Bedarf wurden solche Problembereiche gewertet, bei denen prinzipiell fachpsychiatrische Maßnahmen
zur Verfügung stehen, diese jedoch die jeweiligen Personen nicht erreich-
ten. In den allermeisten Fällen ist dies auf eine nicht adäquate Angebotsstruktur zurückzuführen! Als nicht deckbar wurde der Versorgungsbedarf
nur dann bezeichnet, wenn die Person ein verfügbares Angebot verweigerte
(so genannte Non-Compliance).

In den soziotherapeutisch-rehabilitativen Problembereichen traten zahlenmäßig geringere Bedarfsausprägungen als in der klinisch-psychiatrischen
Sektion auf (siehe Tabelle 1). Allerdings handelte es sich bei dem Bedarf
in dieser Sektion meist um solchen, der intensive und langfristige sozio-
therapeutische Betreuungs- und Versorgungsmaßnahmen erforderlich
macht. Die Problemintensität und der tatsächlich notwendige Versorgungs-
aufwand dürften sich deshalb nur wenig von der klinisch-psychiatrischen
Sektion unterscheiden.

Auch in den soziotherapeutisch-rehabilitativen Items wurden – analog
den körperlichen Symptomen im klinisch-psychiatrischen Bereich – nur
solche Probleme erfasst, die einer vorhandenen psychischen Erkrankung
zugeschrieben werden konnten. Bei den ermittelten hohen Anteilen von
Personen mit Problemen etwa im Bereich Arbeit, Finanzen oder Behördengänge (in denen der meiste Bedarf anfiel) handelt es sich somit nur um
solche, bei denen qualifizierte fachpsychiatrisch-rehabilitative Versorgungsmaßnahmen notwendig waren, um die (durch die jeweilige psychische
Grunderkrankung) beeinträchtigte Arbeitsfähigkeit oder die Fähigkeit zum
Management der eigenen Finanzen usw. zu stärken oder wiederherzu-
stellen.

Die angesichts der hohen Arbeitslosigkeit in der Stichprobe vermeint-
lich geringe Anzahl von Personen mit Versorgungsbedarf im Bereich Arbeit (18,6 Prozent) geht auf den spezifischen Ansatz des Bedarfsmessungs-
verfahrens zurück. Die Kategorie gibt nicht einfach nur Personen ohne
Arbeit wieder, sondern erfasst lediglich diejenigen, bei denen konkrete
psychiatrisch-arbeitsrehabilitative Maßnahmen notwendig waren. Bei den
Personen mit Bedarf im Problembereich »Sauberhalten des Wohnraumes«
(der bei Wohnungslosen auf den ersten Blick als paradoxe Problematik
erscheinen könnte) handelt es sich um Personen, die – durchaus auch
mittel- oder längerfristig – in Heimen oder Zimmern der Wohnungslosenhilfe untergebracht waren und bei denen die Fähigkeiten zur angemessenen Haushaltsführung beeinträchtigt waren.

Bedarfsdeckung oft unkoordiniert

Alle untersuchten 77 Personen hatten zumindest in einem der 23 Problembereiche einen fachpsychiatrischen Versorgungsbedarf. Die meisten wiesen multiplen Bedarf auf. Bei 43 Personen (55,8 Prozent derjenigen mit Bedarf) war der gesamte Bedarf ungedeckt, bei 31 Personen (40,3 Prozent) war er teilweise gedeckt und lediglich bei 3 Personen (3,9 Prozent) war vollständige Bedarfsdeckung festzustellen.

Die ermittelten (Miss-)Verhältnisse zwischen Bedarf und Bedarfsdeckung müssen insgesamt als »konservativ« gewertet werden, da das benutzte Instrument vergleichsweise niedrige Schwellenwerte zur Bewertung eines gedeckten Bedarfs vorsieht. Dies wird etwa daran deutlich, dass die am häufigsten erbrachte Versorgungsleistung mit »Problembestimmung« umschrieben wurde, also eine professionelle Maßnahme darstellt, die zwar eine notwendige Voraussetzung zur Erbringung einer Versorgungsleistung, aber noch keine Behandlungs- oder Versorgungsintervention im eigentlichen Sinne ist. Eine solche Problembestimmung lag im klinisch-psychiatrischen Problembereich in 41 und im soziotherapeutisch-rehabilitativen Bereich in 35 Fällen vor. Es handelte sich dabei nicht um die diagnostischen Prozeduren, die im Rahmen der hier beschriebenen Studie vorgenommen wurden, sondern um die in der Versorgungsroutine von (dazu ausgebildetem) Personal durchgeführten fachlichen Maßnahmen, um in den einzelnen Problembereichen Art und Umfang der jeweiligen Problematik zu bestimmen. Die nächsthäufige Versorgungsmaßnahme war »Coping-Beratung«, die in 28 Fällen zur Bewertung eines gedeckten Bedarfs im jeweiligen Problembereich führte (SALIZE u.a. 2001a).

Im soziotherapeutisch-rehabilitativen Bereich waren die häufigsten Maßnahmen als »Supervision/teilweise Übernahme von Aufgaben«, »geschützte Umgebung«, »externe Finanzkontrolle oder -verwaltung« und »Hilfe und Vertretung bei Behörden« umschrieben. Dabei handelt es sich fast vollständig um Leistungen, die von der Wohnungslosenhilfe erbracht worden waren, einschließlich der Maßnahmen hinsichtlich »geschützter Umgebung«, die weitestgehend die Unterbringung und Betreuung in Zimmern und Heimen der Wohnungslosenhilfe bedeuteten. Ebenfalls typische sozialarbeiterische Tätigkeiten wie »externe Finanzkontrolle oder -verwaltung« und »Hilfe und Vertretung bei Behördengängen«, die die Mitarbeiter der Wohnungslosenhilfe vor allem in den Bereichen »Geldwirtschaft« und »Behördengänge« leisteten, führten zu den vergleichsweise höchsten Bedarfsdeckungsraten aller Bedarfsbereiche (SALIZE u.a. 2001a).

Alles in allem zeigt die Analyse der erbrachten Versorgungsleistungen, dass ein erheblicher Anteil der Maßnahmen, die eigentlich fachpsychiatrisch spezifiziert sein müssten, da sie auf psychiatrisch verursachte oder zumindest deutlich davon beeinflusste Problematiken zielen, nicht von Einrichtungen oder Mitarbeitern des medizinischen oder psychiatrischen Hilfesystems erbracht worden waren, sondern von Einrichtungen und Mitarbeitern der lokalen Wohnungslosenhilfe. Mitarbeiter der Wohnungslosenhilfe sind jedoch zunächst einmal zur Erbringung solcher Leistungen in den wenigsten Fällen weder ausgebildet noch gehört dies zu ihrem Auftrag. Auch die soziotherapeutisch-rehabilitativen Problematiken (die in noch stärkerem Maße als der klinisch-psychiatrische Bedarf von der Wohnungslosenhilfe versorgt wurden) erfordern spezifisches fachpsychiatrisches Hintergrundwissen und entsprechende Versorgungsleistungen, und zwar von der Art, wie sie in der gemeindepsychiatrischen Versorgung in Deutschland mittlerweile zum Standard gehören.

Selbst wenn diese Versorgungsleistungen aus infrastrukturellen Gründen von der Wohnungslosenhilfe geleistet werden, müssten sie zumindest von fachpsychiatrischer Seite supervidiert oder koordiniert werden. Aber auch dies war nur in seltenen Ausnahmen der Fall (Salize u.a. 2001a).

Charakteristisches Beispiel für die mangelnde Vernetzung der Mannheimer Wohnungslosenhilfe mit der lokalen gemeindepsychiatrischen Versorgung ist der Umstand, dass die Betroffenen bei der Notwendigkeit fachpsychiatrischer Interventionen in der Regel einen rund 30 km langen Weg zum Psychiatrischen Zentrum Nordbaden in Kauf nehmen, anstatt die stationären und ambulanten gemeindepsychiatrischen Einrichtungen in der Mannheimer Innenstadt zu kontaktieren. Dies geschieht durchaus auch bei Notfällen. Es handelt sich dabei um ein traditionell gewachsenes Hilfesuch- und Inanspruchnahmeverhalten, das die Mitarbeiter der Wohnungslosenhilfe auf Grund entsprechender Erfahrungen nicht aktiv verändern. Die Gründung des *Zentralinstituts für Seelische Gesundheit* und der Ausbau der gemeindepsychiatrischen Dienste, die ab Mitte der siebziger Jahre in den Mannheimer Problemvierteln unter dem expliziten Anspruch erfolgten, die psychiatrische Versorgung habe dorthin zu gehen, wo die Klientel sich befindet, hat an den Inanspruchnahmemustern der Wohnungslosen offenbar wenig geändert. Bis in die jüngste Zeit hinein wurde das asymmetrische Hilfesuchverhalten der Wohnungslosen von den psychiatrischen Einrichtungen in Mannheim kaum aktiv hinterfragt.

Schnittstellen definieren, Vernetzung umsetzen!

Die Ergebnisse belegen eine hohe psychosoziale Belastung der untersuchten Stichprobe allein stehender Wohnungsloser. Diese Belastung ist vielschichtig und betrifft fast alle Lebensbereiche. Hinzu kommt ein hohes Defizit an qualifizierten fachpsychiatrischen Versorgungs- und Rehabilitationsmaßnahmen, und dies in einem Versorgungsgebiet, das hinsichtlich des gemeindepsychiatrischen Ausbaus als modellhaft für Deutschland gilt. Die im vorliegenden Fall ermittelten Defizite dürften in ihrer Struktur bundesweit anzutreffen sein, obwohl bei solchen Analysen regionale Aspekte und Einflussfaktoren nicht außer Acht gelassen werden dürfen.

Die Bedarfszahlen wie auch die Raten ungedeckten Bedarfs sind dabei verfahrensbedingt als niedrig zu werten und unterschätzen die tatsächlichen Verhältnisse! Zudem wurde deutlich, dass zahlreiche auf die psychiatrische Problematik der Personen zielende Versorgungsmaßnahmen von Mitarbeitern der Wohnungslosenhilfe erbracht wurden, obwohl dies nicht zu deren Auftrag und Aufgabenbereich gehört und den Mitarbeitern in der Mehrzahl der Fälle die fachliche Ausbildung fehlen dürfte.

In weiteren, zielgerichteteren Untersuchungen sollte herausgefunden werden, durch welche Faktoren die hier festgestellte Unterversorgung durch das psychiatrische Hilfesystem und die Übernahme von psychiatrischen Versorgungsaufgaben durch die Wohnungslosenhilfe verursacht oder begünstigt werden. Nach den vorliegenden Erkenntnissen bieten sich folgende Faktoren an, die vor dem Hintergrund der regionalen Verhältnisse analysiert werden müssen:

- die Art und Menge der zur Verfügung stehenden fachpsychiatrischen Hilfeangebote und deren Zugangsschwellen für psychisch kranke Wohnungslose,
- das Hilfesuch- und Inanspruchnahmeverhalten psychisch kranker Wohnungsloser,
- der Koordinationsgrad und die Schnittstellen zwischen Wohnungslosenhilfe und psychiatrischer Versorgung.

Da sich an der administrativen und finanzierungstechnischen Trennung des psychiatrischen Versorgungsnetzes und der Wohnungslosenhilfe mittelfristig nur wenig ändern wird, dürfte eine grundsätzliche Forderung die nach koordinierenden Maßnahmen sein, die geeignete Schnittstellen zwischen beiden Systemen herstellen. Diese Schnittstellen sollten auf administrativer Ebene (z.B. gemeinsame Arbeitskreise, Planungsgremien, Fortbildungsveranstaltungen usw.) und auf versorgungspraktischer Ebene (z.B. psychiatrische Liaisondienste in Einrichtungen der Wohnungslosenhilfe,

Case-Management, Schwerpunktpraxen für psychisch und/oder somatisch erkrankte Wohnungslose usw.) installiert werden.

Bei der fachgerechten Versorgung von psychisch kranken Wohnungslosen scheinen objektive (die Angebotsstruktur und Zugangswege betreffende) und subjektive (das Hilfesuchverhalten der Personen betreffende) Faktoren in noch weit stärkerem Maße zusammenzuwirken, als dies bei nicht wohnungslosen psychisch Kranken der Fall ist. Die Interaktionsmechanismen sind noch weitgehend unbekannt, sind aber wahrscheinlich entscheidend für den Erfolg entsprechender Versorgungsmodelle (SALIZE u.a. 2001b).

Der differenzierten Ermittlung des fachpsychiatrischen Versorgungsbedarfes von Wohnungslosen kommt bei der Entwicklung solcher Versorgungsmodelle zentrale Bedeutung zu. Dabei ist eine Unterscheidung zwischen psychopathologisch verursachter und »bloßer« Verwahrlosungssymptomatik unumgänglich, sollen einerseits Wohnungslose mit reiner sozialer Verwahrlosungsproblematik nicht fälschlicherweise psychiatrisiert und soll andererseits – wenn eine psychiatrischen Grunderkrankung besteht – die Notwendigkeit fachpsychiatrischer Versorgungsmaßnahmen nicht ignoriert werden. Diese fachgerechte Differenzierung ist die Schlüsselstelle, an der sich die Überforderung der Wohnungslosenhilfe mit der psychiatrischen Problematik ihrer Klientel entscheidet. Bei der Realisierung eines solchen Programms würde die epidemiologische bzw. psychiatrische Versorgungsforschung entscheidende, weil unmittelbar praxisrelevante Beiträge für die Verbesserung der Hilfeangebote für Wohnungslose liefern.

Indem sie die entsprechenden Problemzusammenhänge empirisch belegen konnten, haben die hier beschriebenen Forschungsarbeiten gemeinsam mit anderen versorgungspolitischen Aktivitäten dazu beigetragen, dass in Mannheim mittlerweile mehrere fachlich-interdisziplinäre Modellangebote an der Schnittstelle zwischen psychiatrischer Versorgung, Suchthilfe und Wohnungslosenhilfe implementiert wurden, die konkret auf psychisch erkrankte und abhängigkeitskranke Wohnungslose zielen.

Teil II
Zentrale Aspekte

BERND EIKELMANN, THOMAS REKER, BARBARA ZACHARIAS

Wohnungslose psychisch Kranke –
Zahlen und Fakten

Einleitung

Wohnungslosigkeit ist ein stetes und auch wachsendes soziales Problem
in den reichen Industrienationen. Das geht auch die Psychiatrie an. In
Deutschland schätzte die Bundesarbeitsgemeinschaft für Wohnungslosenhilfe im Jahr 1996 930.000 Bürger als »Wohnungsnotfälle« ein, von denen
etwa 200.000 Einpersonenhaushalte waren und 35.000 direkt auf der Straße lebten (BAG 1996). Das Thema gerät mit einer gewissen Selbstläufigkeit
sowohl in den populären als auch in wissenschaftlichen Medien immer
wieder in die Debatte, wenngleich der Vielschichtigkeit selten ausreichend
Rechnung getragen wird.

In den USA wird die Diskussion um die zunehmende Zahl von Wohnungslosen seit Beginn der achtziger Jahre und bis in die jüngste Gegenwart geführt, wobei anfangs die Paradigmenänderung der psychiatrischen
Versorgung (Deinstitutionalisierung) als wesentliche Teilursache angesehen wurde (BACHRACH 1984). Später wurde durch epidemiologische Studien die Frage nach der Prävalenz psychischer Störungen unter Wohnungslosen analysiert. Gegenwärtig bemüht sich die Forschung darum, Fragen
der Lebensqualität, der Ätiologie, der Viktimisierung und Gewalt gegen
Wohnungslose, der optimalen Versorgung sowie die Probleme bestimmter Subgruppen zu klären (EIKELMANN 1998). Parallel dazu wurden und
werden erste und jetzt zahlreiche Hilfeangebote für (psychisch kranke)
Wohnungslose eingerichtet, deren Evaluation und Weiterentwicklung nun
die wissenschaftliche Diskussion mit bestimmen.

In Deutschland fand diese Problematik in der sozialpolitischen und
wissenschaftlichen Diskussion bisher zu wenig Beachtung. Die bis Mitte
der neunziger Jahre vorliegenden Daten stammen fast alle aus informel-
len sozialepidemiologischen Erhebungen und sind widersprüchlich oder

wenig aussagekräftig (RÖSSLER u.a. 1994). Erst in jüngster Zeit wurden wissenschaftliche Untersuchungen zur Situation psychisch kranker Wohnungsloser publiziert, die fundierte Aussagen über Epidemiologie und Versorgung erlauben (FICHTER u.a. 1996; REKER u.a. 1997; KELLINGHAUS u.a. 1999; LOWENS u.a. 1998).

Wohnungslosigkeit stellt das untere Ende eines Kontinuums von unterschiedlichen und nach unten immer schlechter werdenden Wohnmöglichkeiten und Lebensarten dar. Entscheidend für die Definition von Wohnungslosigkeit sind jeweils die sozialen und materiellen Ressourcen, die den Betroffenen zur Verfügung stehen (MILBURN/WATTS 1986; ARGERIOU u.a. 1995; BACHRACH 1992; SCOTT 1993). Meist werden drei Gruppen unterschieden:

1. Menschen, die auf der Straße leben und übernachten;
2. Menschen in Notunterkünften und sonstigen Einrichtungen für Wohnungslose;
3. Menschen, die vorübergehend bei Freunden, Verwandten etc. übernachten.

Die ersten beiden Gruppen werden zumeist als »Wohnungslose« bezeichnet, für die dritte Gruppe hat sich der Begriff der »von Wohnungslosigkeit Bedrohten« eingebürgert (zur Begrifflichkeit siehe auch den Beitrag von H. Holtmannspötter).

Als ein zweites Kriterium für die Definition hat sich die Dauer der Wohnungslosigkeit durchgesetzt. Menschen, die nur vorübergehend und kurzfristig wohnungslos waren, unterscheiden sich in wichtigen Charakteristika von längerfristig und dauerhaft Wohnungslosen (ARCE u.a. 1983; ARGERIOU u.a. 1995). Deshalb enthalten die meisten Definitionen auch eine zeitliche Komponente, die allerdings sehr unterschiedlich gefasst wird: andauernde Wohnungslosigkeit seit mindestens 90 Tagen (z.b. LIPTON u.a. 1988), eine bestimmte Dauer von Wohnungslosigkeit innerhalb eines definierten Zeitabschnitts (z.b. LEHMAN u.a. 1997) oder Wohnungslosigkeit lediglich zum Befragungszeitpunkt (GELBERG u.a. 1988).

Für die Ursachenbeschreibung von Wohnungslosigkeit vertreten die meisten Autoren ein mehrdimensionales Konzept, bei dem individuelle biografische Risikofaktoren, die psychische Vulnerabilität sowie soziale Bedingungen (allgemeine und besondere Wohnungsnot, bestimmte Formen der Sozialpolitik und Besonderheiten der psychiatrischen Versorgung etc.) zusammenwirken müssen (GROHALL 1987; JOHN 1988; JENCKS 1994; BREAKEY/FISCHER 1995; MCNAUGHT/BHUGRA 1996; ROSENHECK 2000). Selbst im Einzelfall ist eine Rückführung der Wohnungslosigkeit auf *bestimmte* Vorbedingungen, Situationen und Strukturen nicht sicher möglich.

Soziodemographische und biografische Charakteristika

Die soziologischen Daten der Gruppe wohnungsloser Menschen ist in umfangreichen Studien vielfach untersucht worden. Einen Überblick liefert Tabelle 1. In den USA schwankt der Anteil farbiger, spanischsprachiger oder indianischer Personen an den Wohnungslosen entsprechend der regionalen Bevölkerungszusammensetzung, liegt aber meist deutlich über dem Anteil in der jeweiligen Allgemeinbevölkerung (SHLAY/ROSSI 1992; JAHIEL 1992b). Dagegen stellen in Deutschland wie auch in anderen europäischen Ländern (MARSHALL 1989; FERNANDEZ 1996: VAZQUEZ u.a. 1997) und Australien (HERRMAN u.a. 1989) ethnische Minderheiten keinen nennenswerten Anteil innerhalb der Wohnungslosen. Der Anteil von Frauen liegt zwischen 5 und 25 Prozent, wobei die jüngeren Studien eher höhere Zahlen fanden (BURT/COHEN 1989; SHLAY/ROSSI 1992; MFAGS 1993, MARSHALL 1996).

Die Schul- und Berufsbildung der Wohnungslosen ist durchschnittlich schlechter als in der Allgemeinbevölkerung, allerdings haben in Deutschland fast 90 Prozent der Wohnungslosen zumindest einen Hauptschulabschluss und mehr als die Hälfte auch eine abgeschlossene Berufsausbildung (RUHSTRAT u.a. 1991; FICHTER u.a. 1996). Anders sieht es bei der Integration Wohnungsloser in Arbeitszusammenhänge aus. Der Anteil von regulär Beschäftigten liegt in Deutschland unter 10 Prozent und ist in anderen Ländern ähnlich niedrig.

In Deutschland erhalten verhältnismäßig viele Wohnungslose Sozialhilfe. In Gemeinden, die sich zudem gezielt durch finanzielle oder andere sozialpolitische Maßnahmen um wohnungslose Mitbürger kümmern, nimmt die Lebensqualität der Betroffenen zu (ROSENHECK u.a. 2000). Lebensqualität als subjektive Einschätzung der Gesundheit und Unterstützung durch andere wird im Übrigen in diesem Maße durch psychiatrische Behandlung nachhaltig gebessert oder gestützt (SALIZE u.a. 2001b; SHERN u.a. 2000; LOWENS u.a. 1998) und hängt maßgeblich von der individuellen Psychopathologie ab (OPLER u.a. 2001). In der größten bisher bekannten Studie aus den USA (»Access-Studie«) besagte die Baseline: bessere Lebensqualität verbunden mit geringerer depressiver Symptomatik und psychotischen Symptomen, weniger Alkohol- und Drogenkonsum sowie gleichzeitig bessere soziale Unterstützung. Nach zwölf Monaten bedeutete dies: weniger psychotische und depressive Symptome, weniger Missbrauch, weniger Tage in der Wohnungslosigkeit, bessere soziale Unterstützung und war zudem mit Einkommen, Arbeit und der Nutzung von Diensten assoziiert (LAM/ROSENHECK 2000). Eine Reduktion der

Tabelle 1: Soziodemographische Daten Wohnungsloser in Deutschland, Spanien und den USA

Studie	Fichter u.a. (1996)	Ruhstrat u.a. (1991)	Vazquez u.a. (1997)	Shlay/Rossi (1992)
Ort	München	Niedersachsen	Madrid	USA
Stichprobengröße	146	1781	261	(1)
Anteil Frauen	–	6 %	21 %	26 %
Ethnische Minderheiten	–	–	–	62 %
Alter (Mittel)	43 Jahre	k.A.	42 Jahre	37 Jahre
18 25 Jahre	1 %	10%[2]	24 %[3]	k.A.
26 45 Jahre	57 %	47 %[2]	38%[3]	k.A.
46 65 Jahre	40 %	41 %[2]	28%[3]	k.A.
> 65 Jahre	1%	2%[2]	10%[3]	k.A.
abgeschl. Schulbildung	87 %	84,5 %[4]	k.A.	k.A.
abgeschl. Berufsausbildung	k.A.	54,5 %[4]	k.A.	k.A.
zurzeit regulär berufstätig	1 %	7 %	3 %	19 %
jetziger Lebensunterhalt Sozialhilfe	43 %	41,2 %[5]	k.A.	38 %[7]
wohnungslos seit (Mittel)	9 Jahren	58,5 % seit über 5 Jahren	41 % seit über 5 Jahren	2 Jahren
vorherige psychiatrische Hospitalisierung	27 %	k.A.	25 %	24 %

(1): Mittelwerte einer Auswertung von 60 Studien.

2; 3: Die Alterskategorien sind hier: 18-24 J.; 25-44 J.; 45-64 J.; über 65 J. (2) bzw. 18-30 J.; 31-45 J.; 46-60 J.; über 60 J. (3).

4; 5; 6: Diese Daten wurden aus einer kleineren Stichprobe von 149 (4), 723 (5) und 340 (6) Personen gewonnen.

7: »General Assistance« und »Supplemental Security Income«.

depressiven Symptomatik ist erheblich für die Lebensqualität (SULLIVAN u.a. 2000), aber vor allem sind eine Wohnung, gesicherte Mahlzeiten, allgemeinmedizinische Versorgung und die Finanzen von Bedeutung.

Wohnungslose Menschen seien charakterlich unstet und zögen deshalb wurzellos umher, ist ein gerade in Deutschland verbreitetes Vorurteil, das auf Untersuchungen zu Beginn des Jahrhunderts zurückgeht. Jüngere empirische Studien bestätigen dagegen eindrucksvoll die regionale Verwurzelung wohnungsloser Menschen (RUHSTRAT u.a. 1991; EIKELMANN u.a. 1992; FICHTER u.a. 1996). Kennzeichnend für wohnungslose Menschen ist gleichwohl ihre Isolation. Darin unterscheiden sie sich von anderen in Armut lebenden Menschen. Nur sehr wenige Wohnungslose sind verheiratet bzw. leben mit einem festen Partner zusammen (das zeigten schon ROTH/BEAN 1986). Im Vergleich zur Normalbevölkerung fand man bei Unterkunftsbewohnern deutlich seltener regelmäßige Angehörigenkontakte und feste Freunde (FISCHER u.a. 1986). DUFEU u.a. (1996) verglichen eine Gruppe wohnungsloser mit einer Gruppe nichtwohnungsloser Alkoholabhängiger und fanden bei der wohnungslosen Gruppe deutlich häufiger Störungen in der Entwicklung partnerschaftlicher Beziehungen.

Körperliche Erkrankungen sind bei Wohnungslosen deutlich häufiger als in der Normalbevölkerung (JAHIEL 1992c; TRABERT 1995). Bei Unterkunftsbewohnern in Baltimore fand man pro Person durchschnittlich neun Gesundheitsprobleme, die zumindest hausärztliche Betreuung erfordern hätten (BREAKEY u.a. 1989). Es überwiegen Krankheiten, die durch die Lebensbedingungen in Wohnungslosigkeit gefördert werden, wie Hauterkrankungen, Atemwegserkrankungen oder alkoholbedingte Lebererkrankungen. Dazu kommt eine vergleichsweise hohe Prävalenz an Infektionskrankheiten, insbesondere Tuberkulose und HIV (SUSSER u.a. 1993). Gleichzeitig nimmt nur ein Teil derjenigen Wohnungslosen, die objektiv und subjektiv unter körperlichen Erkrankungen leiden, das medizinische Versorgungssystem in Anspruch.

WENZEL u.a. (2001) untersuchten eine Stichprobe von 974 wohnungslosen Frauen. Zwei Drittel gaben an, in den letzten zwölf Monaten somatische Symptome gehabt zu haben; 71 Prozent erhielten ärztliche Hilfe bei gynäkologischen Störungen. Schwangerschaft, Drogenmissbrauch und überhaupt Gesundheitsbeschwerden waren mit gynäkologischen Erkrankungen verbunden. Frauen, die Drogen konsumierten oder vergewaltigt worden waren, erhielten am wenigsten Hilfe. Die Autoren schließen, dass wohnungslose Frauen besondere Betreuungsprogramme während der Schwangerschaft und bei Drogenkonsum benötigen. Freilich wird ihre Zahl auch in großen Städten kaum reichen, um eigene Dienste zu installieren.

CUMELLA u.a. (1998) fanden, dass Kinder von Wohnungslosen ein hohes Krankheitsrisiko aufweisen. Diese Studie schloss 113 wohnungslose Familien ein und untersuchte sie innerhalb von zwei Wochen nach Einweisung in ein Wohnungslosencenter in Birmingham, England, und verglich sie mit 29 Unterschichtsfamilien. Als Instrumente bzw. Maße wurden die »Child Behaviour Checklist« (CBCL), die »Communication Domain of the Vineland Adaptive Behaviour Scales« (VABS), der »General Health Questionnaire« (GHQ), das »Interview Schedule for Social Interaction« (ISSI) sowie die Körpergröße und das Gewicht genutzt. Die Ergebnisse lauteten: 85 Prozent der Familien wurden wohnungslos wegen häuslicher oder nachbarschaftlicher Gewalt, in 54 Prozent der Fälle hatten sich die Eltern getrennt und 49 Prozent der Mütter waren psychisch krank. Kinder aus wohnungslosen Familien wiesen eine verzögerte Kommunikation auf und zeigten höhere Mittelwerte bei den Scores für psychische Gestörtheit als die Vergleichsgruppe. Missbrauchserfahrung, aber auch Störungen wie Schulschwänzen waren signifikant häufiger (siehe dazu auch den Beitrag von U. Britten). Die Familien waren nur mit den Primärdiensten in Kontakt, aber nicht mit den Spezialdiensten.

Wohnungslosigkeit und psychische Krankheit

Studien mit repräsentativ ausgewählten Stichproben, mit mehr als 100 Untersuchten und standardisierten Interviews, liefern ein relativ einheitliches Bild (Tabelle 2): Bei 70 bis 95 Prozent der Befragten finden sich Auffälligkeiten für mindestens eine psychiatrische Diagnose. Dabei überwiegen Störungen durch Alkoholmissbrauch mit Lebenszeitprävalenzen von 44 bis 90 Prozent und depressive Störungen mit Lebenszeitprävalenzen von 20 bis 27 Prozent. Störungen durch Drogen rangieren zwischen 13 und 31 Prozent. Schizophrene Störungen sind mit 4 bis 14 Prozent in geringerem Umfang vorhanden als frühere Untersuchungen vermuten ließen. Hirnorganische bzw. demenzielle Störungen wurden bei 4 bis 9 Prozent der Untersuchten gefunden. Im Vergleich zur Allgemeinbevölkerung lag die Häufigkeit aller psychischen Störungen um ein Mehrfaches höher (FICHTER u.a. 1996; VAZQUEZ u.a. 1997). Zeitpunkt- oder Streckenprävalenzraten waren gegenüber den genannten Lebenszeitprävalenzen erwartungsgemäß niedriger, die Verteilung der Diagnosegruppen unterschied sich jedoch nicht wesentlich.

Tabelle 2: Prävalenzraten psychischer Erkrankungen nach DSM-IIIR bei Wohnungslosen im engeren Sinn, ermittelt an repräsentativen Stichproben

Studie	Koegel u.a. (1988)		Hermann u.a. (1989)		Vazquez u.a. (1997)		Fichter u.a. (1996)	
Ort	Los Angeles (USA)		Melbourne (Australien)		Madrid (Spanien)		München (BRD)	
Instrument	DIS/MMSE		DIS		CIDI		DIS/MMSE	
Stichprobengröße	328		382		261		146	
Männer (%)	95		82		79		100	
Prävalenzstrecke*	L	6 M	L	1 M	L	12 M	L	6 M
Schizophrenie (%)	14	12	13	12	4	2	12	10
Major Depression (%)	18	16	20	7	20	14	19	16
Dysthymia (%)	9	k.A.	0	4	17	13	6	6
Alkoholmissbrauch oder -abhängigkeit (%)	63	27	46	22	44	28	91	71
Drogenmissbrauch oder -abhängigkeit (%)	31	10	20	10	13	10	18	10
Kognitive Beeinträchtigung (%)	k.A.	3,4	k.A.	k.A.	k.A.	5	k.A.	9
Mindestens eine Diagnose DSM-IIIR/Axis-I (%)	69	k.A.	72	47	67	51	95	81

DIS = Diagnostic Interview Schedule; MMSE = Mini Mental State Examination; CIDI = Composite International Diagnostic Interview, enthält die vollständigen DIS und MMSE
*: L = Lebenszeit; M = Monate

Psychiatrische Komorbidität, vor allem das gleichzeitige Vorhandensein einer Psychose und einer Störung durch psychotrope Substanzen, liegt nach bisherigen Untersuchungen bei Wohnungslosen häufig vor. In München stellten M. FICHTER u.a. (1996) bei 34 Prozent der wohnungslosen Männer Störungen aus zwei oder mehr Bereichen fest. Unter wohnungslosen Alkoholabhängigen in Los Angeles war die Häufigkeit der Schizophrenie neunmal höher als unter Alkoholabhängigen mit festem Wohnsitz (KOEGEL/ BURNAM 1988). Verschiedene Studien identifizierten die Wohnungslosen mit psychiatrischer Komorbidität als besonders beeinträchtigte und gefährdete Subgruppe, die schwierig zu behandeln sei (DRAKE u.a. 1991). In einer repräsentativen Gruppe in Deutschland waren 30 Prozent der Wohnungslosen in ihrem Leben schon einmal in stationärer psychiatrischer Behandlung gewesen (FICHTER u.a. 1996). In Betracht der hohen Prävalenz psychischer Erkrankungen scheinen aber nur relativ wenige Wohnungslose stationär-psychiatrisch behandelt worden zu sein.

Die *Wohnungslosigkeit bei Frauen* wird in großstädtischen Ballungsräumen anteilig an der Gesamtgruppe auf etwa 15 bis 20 Prozent geschätzt. Das würde für Deutschland eine Gesamtzahl von 30.000-40.000 wohnungslose Frauen bedeuten. Es leben also schätzungsweise 3.000-4.000 Frauen ohne jede Unterkunft auf der Straße (BAG 1996). In den USA und Großbritannien wird der Frauenanteil mit 10-25 Prozent ähnlich hoch angegeben. Vermutlich ist ihre Zahl im Zunehmen begriffen, durch bestimmte Umstände ist die Dunkelziffer besonders hoch. Wohnungslosigkeit bei Frauen ist oft »verdeckt« und damit von anderen Lebensformen nicht genau abgrenzbar (siehe auch den Beitrag von H. Hesse-Lorenz). Um dem Aufenthalt auf der Straße und den damit verbundenen Gefahren aus dem Weg zu gehen, sind die betroffenen Frauen häufig gezwungen, prostitutionsähnliche Verhältnisse einzugehen. Niedrigschwellige Unterkünfte für wohnungslose Frauen sind nach wie vor selten und Frauenhäuser fühlen sich häufig nicht zuständig (ROSENKE 1996).

Auch bei allein stehenden wohnungslosen Frauen besteht ebenfalls eine gegenüber der Allgemeinbevölkerung deutlich erhöhte psychiatrische Morbidität (NORTH/SMITH 1993; GREIFENHAGEN/FICHTER 1997; VAZQUEZ u.a. 1997). Die Befunde zu geschlechtsspezifischen Unterschieden in der Diagnoseverteilung sind widersprüchlich und spiegeln nur zum Teil die bekannten Unterschiede in der Gesamtbevölkerung wider. Störungen durch Alkohol oder Drogen sind seltener als bei Männern (HERRMAN u.a. 1989; NORTH/SMITH 1993; VAZQUEZ u.a. 1997), Schizophrenie und affektive Störungen werden dagegen häufiger diagnostiziert (BREAKEY u.a. 1989; HERRMAN u.a. 1989; GREIFENHAGEN/FICHTER 1997).

Wohnungslose Patienten in psychiatrischer Behandlung

Über die tatsächliche Inanspruchnahme psychiatrischer Hilfen durch Wohnungslose ist wenig bekannt. Th. WESSEL u.a. (1997) fanden bei der Durchsicht aller stationären Aufnahmen eines psychiatrischen Versorgungskrankenhauses, dass in einem Jahr 5 Prozent der Patienten »von der Straße« und weitere 6 Prozent aus Notunterkünften aufgenommen worden waren. Vergleichbare Untersuchungen aus den USA und Dänemark ergaben Raten zwischen 9 und 20 Prozent. Bei den Klinikstichproben handelt es sich um eine Subgruppe von Wohnungslosen, deren Zusammensetzung von individuellen (Schwere der Erkrankung, Leidensdruck) und strukturellen (Quantität und Struktur der Versorgungseinrichtungen) Faktoren abhängig ist (LIPTON u.a. 1988; AHRENSBURG u.a. 1990; SUSSER u.a. 1991a). Die wohnungslosen Psychiatriepatienten unterscheiden sich hinsichtlich der wichtigsten soziodemographischen Variablen (Alter, ethnische Zusammensetzung, Schul- und Berufsbildung, Einkommen, Arbeitstätigkeit, Dauer der Wohnungslosigkeit, regionale Herkunft) nicht von repräsentativen Stichproben Wohnungsloser. Allerdings sind in Klinikstichproben Drogenabhängige über-, Alkoholabhängige und Patienten mit affektiven Störungen oder Persönlichkeitsstörungen unterrepräsentiert. Der Anteil von Personen mit psychiatrischer Hospitalisierung in der Anamnese liegt unabhängig von der Diagnoseverteilung zwischen 70 und 90 Prozent (FERNANDEZ 1984; HERZBERG 1987; MOWBRAY u.a. 1987; ARANA 1990; NARDACCI u.a. 1992; NORDENTOFT u.a. 1997) und damit deutlich höher als in repräsentativen Stichproben.

Auf der *individuellen Ebene* scheinen negative Vorerfahrungen mit psychiatrischen Einrichtungen von deren Nutzung abzuschrecken (UNGERLEIDER u.a. 1992). Außerdem haben die akuten Sorgen um den Schlafplatz, die Nahrung und die persönliche Sicherheit vielfach höhere Priorität als gesundheitliche Probleme (HOLLAND 1996). Die Differenz zwischen objektiver und subjektiv empfundener psychischer Beeinträchtigung, d.h. die eingeschränkte Krankheitseinsicht, erklärt zumindest zu einem Teil die geringe Behandlungsmotivation. Sie kann als Folge der krankheitsgebundenen Symptomatik angesehen werden. Doch deuten verschiedene Untersuchungen darauf hin, dass die Lebensbedingungen in der Wohnungslosigkeit nicht nur den Krankheitsverlauf, sondern indirekt auch die Krankheitseinsicht negativ beeinflussen. Der Wohnungsverlust wird als »psychologisches Trauma« erlebt (GOODMAN u.a. 1991), das im Kern die reale und subjektiv empfundene Ausgrenzung und Entwurzelung ist. Bei länger dauernder Wohnungslosigkeit werden oft die Bewältigungsmechanismen überfordert. Alkohol- und Drogenkonsum fördern zwar die Integration ins neue Lebensumfeld, zerstören aber gleichzeitig die körperlichen und psychischen Ressourcen der Betroffenen. Nach KUHLMANN (1994) sind die Betroffenen bei längerer Wohnungslosigkeit gezwungen, ihre Persönlichkeit um eine neue, »wohnungslose Identität« zu organisieren, wenn sie unter den extremen Lebensbedingungen von Bedrohung, mangelnder Privatheit und materieller Not überleben wollen. Dazu treten Effekte der gesellschaftlichen Stigmatisierung.

Neben den individuellen Faktoren sind die *versorgungsstrukturellen Hindernisse* nicht zu unterschätzen. Die fehlende Meldeadresse sowie ungeklärte Kostenträgerschaft verleiten insbesondere Institutionen ohne Versorgungsverpflichtung, Aufnahmen Wohnungsloser abzulehnen oder zu erschweren (HOPPER u.a. 1997). Bei geringer Behandlungsmotivation der Betroffenen werden die therapeutischen Bemühungen allzu schnell auf das Notwendigste beschränkt. Dabei wird die Compliance des Patienten häufig unterschätzt (ARANA 1990). Negative Erwartungen und Enttäuschung der Therapeuten sowie Autonomiebestreben und Hoffnungslosigkeit des Betroffenen verstärken sich bei jeder missglückten Interaktion (EIKELMANN u.a. 1992). So wird eine ambulante Weiterbehandlung für wohnungslose Patienten selten geplant und eingeleitet (CATON u.a. 1994; LOWENS u.a. 1998). Entsprechend ist die Inanspruchnahme ambulanter psychiatrischer Einrichtungen im Vergleich zu nichtwohnungslosen Patienten erschreckend gering (PADGETT u.a. 1990; NORTH/SMITH 1993; ABDUL-HAMID/CONNEY 1996; KELLINGHAUS u.a. 1999). Umgekehrt scheint eine intensivere Nutzung psychiatrischer Dienste mit einer größeren Wohnsitzstabilität assoziiert zu sein (POLLIO u.a. 1997).

Darüber hinaus stimmen die Prioritäten der Betroffenen und der Anbieter von Hilfeleistungen oft nicht überein (MORISSEY/LEVINE 1987). Diese Differenz ist besonders groß hinsichtlich möglicher Wohnsituationen (GOLDFINGER/SCHUTT 1996), aber auch hinsichtlich der Therapieziele (K. NOUVERTNÉ 1996). Ergebnisse empirischer Studien unterstreichen jedoch die Notwendigkeit, die Wünsche und Ziele der Klienten angemessen zu berücksichtigen. LIPTON u.a. (1988) folgerten aus einer Verlaufsuntersuchung, dass ein Hilfeangebot von den Betroffenen als sinnvoll und relevant angesehen werden muss, um erfolgreich zu sein. Bei der Auswertung von fünf Programmen aufsuchender psychiatrischer Hilfe stellten BARROW u.a. (1991) und auch CATON u.a. (1993) fest, dass die Unzufriedenheit der Klienten mit der für sie geplanten Wohnmöglichkeit die Wahrscheinlichkeit erneuter Wohnungslosigkeit deutlich erhöhte. Möglicherweise ist die soziale Isolation, die ehemals wohnungslose Patienten bei einem Wechsel ihres Lebensumfeldes treffen kann, dabei ein wichtiger Faktor (KOEGEL 1992).

Das größte Problem auf institutioneller Ebene scheint jedoch die Abhängigkeit psychisch kranker Wohnungsloser von zwei unterschiedlich gewachsenen Hilfesystemen zu sein, die nur über wenige Berührungspunkte verfügen. GROHALL (1996) beschreibt, wie sich die Hilfesysteme und die in ihrem Schatten gewachsenen subkulturellen Lebenssysteme der jeweiligen Klienten entkoppelt haben, sodass die Zuständigkeit an der Tür des jeweils anderen Systems endet und die psychisch kranken Wohnungslosen zwischen den Systemen hin- und herwechseln, ohne effektive Hilfe zu erlangen. Wie stark die fehlende Gesamt-Fallverantwortung die Versorgung behindert, zeigen nicht zuletzt die Erfolge von Maßnahmen, die versuchen für diese beiden Systeme übergreifende Zuständigkeiten und Hilfen zu schaffen.

Psychiatrische Hilfen und ihre Effektivität

Bisher ist die Versorgung psychisch kranker Wohnungsloser zumindest in Deutschland vorwiegend eine Aufgabe der psychiatrischen Kliniken der Regelversorgung, wo sie oft »ungeliebt« sind und als schwierige Patientengruppe gelten. Resignation und Behandlungseinschränkung sind jedoch nicht gerechtfertigt. Im Rahmen der oben bereits erwähnten eigenen Studie untersuchten wir die Effekte einer konventionellen stationär-psychiatrischen Behandlung wohnungsloser Patienten (siehe LOWENS u.a. 1998). Ein Ergebnis war: Bei Entlassung hatte sich die Belastung durch die psychische Symptomatik (BPRS) signifikant reduziert. Darüber hinaus schätzten die Patienten aber auch subjektiv ihre psychische und körperliche Gesundheit im Vergleich zum Aufnahmezeitpunkt als gebessert ein. In einer vierjährigen Verlaufsuntersuchung von psychisch kranken Bewohnern einer Notunterkunft fand sich ein Zusammenhang von längerfristigen stationären Behandlungen und dem Umzug in Wohnverhältnisse außerhalb der Notunterkunft (REKER u.a. 1997).

Neben der klinischen Behandlung sind jedoch vor allem ambulante Hilfen für psychisch kranke Wohnungslose entwickelt worden. Mittlerweile liegt in den USA nach den ersten eher deskriptiven Veröffentlichungen eine Anzahl methodisch anspruchsvoller Studien vor, die sich mit solchen Programmen befassen (LIPTON u.a. 1988; CATON u.a. 1990 und 1993; MORSE u.a. 1994; DIXON u.a. 1995). Dabei kristallisieren sich folgende Ansätze heraus:

Aufsuchende Arbeit: Da wohnungslose Patienten die herkömmlichen Nachsorge- und Behandlungsmöglichkeiten mit ihren Komm-Strukturen nur ungenügend in Anspruch nehmen, muss sich das psychiatrische Fachpersonal dahin begeben, wo sich die Patienten aufhalten: in die Einrichtungen der Wohnungslosenhilfe und auf die Straße. Durch dieses *on site treatment* können beachtliche Erfolge erzielt werden (CATON u.a. 1990 und

1993). Der Zeitpunkt, wann eine weiterführende (evtl. stationäre) Behandlung bzw. eine Unterbringung in Wohneinrichtungen angeboten wird, scheint für den Erfolg eine wichtige Rolle zu spielen (SUSSER u.a. 1997).

Integrierte Hilfen: Schon auf der Ebene der klinisch-stationären Behandlung scheint die Integration von medizinischen, psychotherapeutischen und sozialen Interventionen entscheidend für den Behandlungserfolg. Diese Zusammenführung unterschiedlicher Angebote ist außerhalb der Klinik von noch größerer Bedeutung. Das in viele unabhängig voneinander operierende und unterschiedlich finanzierte Einheiten zersplitterte Hilfeangebot hat in den USA zur Etablierung des Case-Managements geführt, das auch für wohnungslose Patienten adaptiert wurde (BREAKEY 1992; SWAYZE 1992). Verbreitet ist auch das *broker case management*. Hier hat der Case-Manager etwa 80 bis 100 Klienten, die ihn in seinem Büro aufsuchen und für die er die verschiedenen Hilfen vermittelt (SCHWARTZ u.a. 1982). Die Effektivität ist allerdings durch die große Fallzahl und fehlende Ressourcen limitiert, eine Überlegenheit gegenüber anderen Versorgungsformen nicht gesichert (SOLOMON 1992).

»Assertive Community Treatment« (ACT): Dieses Modell von STEIN und TEST (1980) wurde für die Bedürfnisse psychisch kranker Wohnungsloser übernommen (DIXON u.a. 1995). Es umfasst unter anderem gemeindenahe Dienste, ein multidisziplinäres Team, kontinuierliche Verantwortung des Teams für die Klienten (erreichbar über 24 Stunden), Kontinuität des Teams bei niedriger Fallzahl und Fokus auf soziale und berufliche Aktivitäten der Klienten (TAUBE u.a. 1990). Die Effektivität von ACT wurde mittlerweile recht gut belegt.

In Deutschland hat Case-Management bisher nur vereinzelt im Bereich der Bewährungshilfe Eingang gefunden (WESSEL u.a. 1996). Allerdings wird in jüngster Zeit der Gedanke der »Gesamtfall-Verantwortlichkeit« in der Wohnungslosenhilfe diskutiert. Ein erster Schritt ist die Etablierung von gemeinsamen Konferenzen von Vertretern der Kommunen, der psychiatrischen Versorgungseinrichtungen sowie der Wohnungslosenhilfe, in denen Maßnahmen für wohnungslose psychisch Kranke abgestimmt und auch koordiniert werden (MÜLBRECHT 1996; REKER/EIKELMANN 1997; ZIETHEN u.a. 1995).

Psychiatrisch betreute Wohnformen: Hauptfaktor des Erfolges in der Betreuung psychisch kranker Wohnungsloser ist die Erlangung und Sicherung eines festen Wohnsitzes außerhalb von Notunterkünften (BAXTER/HOPPER 1984; CHAFETZ/GOLDFINGER 1984; SUSSER u.a. 1992), allerdings scheint es zumindest für einen Teil der Betroffenen wichtig, auch nach der Entlassung eine kontinuierliche psychiatrische Betreuung zu erhalten

(LIPTON u.a. 1988; LAMB u.a. 1990). Das trifft insbesondere für Klienten mit Suchterkrankungen zu. BEBOUT u.a. (1997) fanden heraus, dass bei Patienten mit Doppeldiagnose eine zu frühe Platzierung in »normale« Apartments den Substanzmissbrauch und dadurch einen Rückfall in die Wohnungslosigkeit zu fördern schien. Ein dauerhaft stabiler Wohnsitz war fast nur möglich, wenn die Betreffenden zumindest kurze Zeit in betreuten Wohnformen verbracht hatten.

Den am therapeutischen Anspruch orientierten Strukturen der Wohneinrichtungen steht allerdings oft der ausgeprägte Wunsch vieler Betroffener nach Selbstbestimmung gegenüber sowie die durch Krankheit und Lebensbedingungen herabgesetzten sozialen Fähigkeiten (SMOOT u.a. 1992). Die hohe soziale Dichte und die Anforderungen an sprachliche und soziale Kompetenz innerhalb der bestehenden komplementären Angebote können gerade diese Patienten überfordern und dadurch faktisch aus dem Versorgungssystem ausgrenzen (K. NOUVERTNÉ 1996). Darüber hinaus erfordern viele komplementäre Versorgungseinrichtungen die überwachende und stützende Funktion eines sozialen Netzes (CHAFETZ/GOLD-FINGER 1984), auf das Wohnungslose nur sehr eingeschränkt zurückgreifen können. Eine Alternative könnten »niedrigschwellige« betreute Wohnformen bieten, die geringere Anforderungen an Therapiemotivation und Mitarbeit stellen, informelle Kontakte zu psychiatrischen Fachkräften erlauben und lebenspraktische Hilfen gewähren. Die Bedeutung dieser Komponente für die längerfristige Prognose psychisch kranker Wohnungsloser ist inzwischen empirisch gesichert worden (WARE u.a. 1992; MORSE u.a. 1994).

Effektivität und Kosten: ROSENHECK (2000) stellte in seiner Übersicht heraus, dass in den meisten Studien spezialisierte Interventionen mit signifikant verbesserten Ergebnissen verbunden sind als andere, und zwar am deutlichsten beim Wohnen, genauso aber bei der seelischen Gesundheit und der Lebensqualität. Diese Dienste bewirken die bessere Nutzung der Gesundheitsangebote und häuslichen Betreuung, was allerdings zu höheren Kosten führt. Er folgert, dass innovative Dienste für schwer und chronisch psychisch Kranke effektiv sind, aber die Kosten steigern. Ihr Wert hängt ultimativ von der Einstellung und der politischen Bedeutung ab, die die Gesellschaft für die Fürsorge ihrer Mitglieder mit der schlechtesten Gesundheit zur Verfügung stellt.

Gemeinsame Planung und Versorgung

Nach den bisher vorliegenden Untersuchungen leiden ein bis zwei Drittel der Wohnungslosen in den Industrieländern an schweren psychischen Störungen. Dabei überwiegen Suchterkrankungen, gefolgt von zu selten diagnostizierten affektiven Störungen. Die Prävalenz von schizophrenen Psychosen liegt zwischen 5 und 15 Prozent, damit um den Faktor 10 bis 15 über der Allgemeinbevölkerung. Insgesamt weist die im Vergleich signifikant erhöhte Prävalenz psychischer Störungen sowohl auf die Anfälligkeit psychisch Kranker für den Verlust der Wohnung als auch auf die große psychische Belastung durch die besonderen Lebensbedingungen in der Wohnungslosigkeit hin. Wohnungslose Menschen und damit auch die psychisch Kranken unter ihnen leiden gehäuft an körperlichen Erkrankungen, das ist selbst und gerade für junge Frauen und auch Kinder nachgewiesen. Außerdem sind sie in der Regel sozial isoliert und arbeitslos. Ihre wirtschaftliche Lage ist desolat. Die Lebensbedingungen fördern Alkohol- und Drogenkonsum und induzieren psychodynamische Prozesse, die die Krankheitseinsicht und Behandlungsmotivation herabsetzen.

Die spontane Inanspruchnahme ambulanter psychiatrischer Dienste der Betroffenen fällt gering aus. Kommt es zu einer stationären Aufnahme, so sind die Voraussetzungen denkbar ungünstig. In der Folge wird die Behandlung oft vor Erreichen des Therapieziels abgebrochen, ohne dass Versuche einer Rehabilitation beginnen können. Die Entlassung erfolgt meist wieder in die Wohnungslosigkeit. Die Einrichtungen der Wohnungslosenhilfe sind zu einem Sammelbecken für chronisch psychisch kranke Menschen geworden, zu deren adäquater Betreuung sie weder finanziell noch fachlich in der Lage sein können. Multimodal ausgerichtete klinische Behandlungsprogramme, aufsuchende Arbeit in Einrichtungen der Wohnungslosenhilfe sowie die Integration verschiedener ambulanter Angebote können sowohl den objektiven Gesundheitszustand als auch die subjektiv empfundene Lebensqualität wohnungsloser psychisch Kranker verbessern.

Bisher sind in Deutschland das Hilfesystem für Wohnungslose und das psychiatrische Versorgungssystem kaum oder nur unzureichend miteinander verknüpft (GROHALL 1996; EIKELMANN 1998; siehe auch den Beitrag von H.J. Salize u.a.). Bei jeweiligen Mitarbeitern herrscht gegenseitige Skepsis und Unkenntnis über Situation und Arbeit im jeweils anderen System vor. Erster Schritt zur Vernetzung (und Überwindung emotionaler Hürden) könnte die Zusammenarbeit in gemeinsamen Arbeitskreisen sein. Mittelfristig muss jedoch die Wohnungslosenhilfe in die Planung der kommunalen psychiatrischen Versorgungsstrukturen einbezogen werden (REKER/EIKELMANN 1997). Bei der Bedarfsermittlung sind die psychisch Kranken innerhalb der Wohnungslosenhilfe entsprechend ihrer besonderen Benachteiligung zu berücksichtigen.

Psychiatrische Fragestellungen sind nur ein Teilaspekt des sozialen Problems Wohnungslosigkeit. Die Gefahr einer »Psychiatrisierung« eines sozialen Problems stellt sich in der gegenwärtigen Situation noch nicht. In der Praxis geht es um die Versorgung einer Patientengruppe, die durch eine ausgeprägte und meist chronifizierte Symptomatik, extreme Lebensbedingungen und subjektive Ablehnung psychiatrischer Behandlung gekennzeichnet ist. Die Kombination dieser drei Merkmale begründet aus psychiatrischer Sicht die Besonderheit dieser Patientengruppe und legt nahe, dass auch eine engagiert durchgeführte und an realistischen Behandlungszielen orientierte Therapie lediglich eine von mehreren Interventionen sein kann. Die Problematik psychisch kranker Wohnungsloser muss besser in die Aus- und Weiterbildung der in der Psychiatrie tätigen Berufsgruppen integriert werden; grundlegende Kenntnisse über psychosoziale und biologische Aspekte dieser sozial desintegrierten Personengruppe zählen zum Basiswissen auch des Arztes (EIKELMANN 1998).

THEO WESSEL, CHRISTIAN ZECHERT

Wohnungslose Patienten in der psychiatrischen Klinik
Ergebnisse einer 12-Monatserhebung anhand der Wohnungskriterien des Deutschen Städtetages

Psychiatrische Abteilungen und Kliniken stehen auch denjenigen behandlungsbedürftigen Patientinnen und Patienten zur Verfügung, die über keinen privaten Wohnsitz verfügen oder von Wohnungslosigkeit unmittelbar bedroht sind. Der Anteil wohnungsloser Patienten ist im Vergleich zur sonstigen Bevölkerung überdurchschnittlich hoch. Wie sich die Aufnahmen dieser Patienten ohne privaten Wohnsitz über fast 15 Jahre entwickelte, wird anhand der Daten der Psychiatrischen Basisdokumentation 1986-1999 gezeigt. Bei Anwendung der Kriterien des Deutschen Städtetages für die vier wichtigsten nichtprivaten Wohnsituationen zeigt sich, dass bis zu einem Drittel der Patienten einer psychiatrischen Klinik über keinen privaten Wohnsitz verfügt.

Trend gewendet?

Anfang der neunziger Jahre wurde in Koordination des Amtes für Wohnbauförderung und Wohnungshilfen der Arbeitskreis »Wohnungslosigkeit von psychisch und suchtkranken Personen in Bielefeld« eingerichtet. Der Arbeitskreis hatte die Aufgabe, für wohnungslose und von Wohnungslosigkeit bedrohte Bielefelder die Wohnraumversorgung einrichtungs-, ämter- und verwaltungsübergreifend zu analysieren sowie den Umgang damit zu planen und zu koordinieren. Die Teilnahme der psychiatrischen Klinik an diesem Arbeitskreis beruhte auf der Erfahrung, dass der Anteil wohnungsloser psychisch kranker bzw. abhängigkeitskranker Menschen in der psychiatrischen Klinik in den neunziger Jahren deutlich zunahm und ein enger Zusammenhang zwischen der Wohnsituation sowie Erkrankungshäufigkeit und Erkrankungsdauer vorliegt.

Auch in der Psychosozialen Arbeitsgemeinschaft wurde die Wohnungsversorgung mit dem Hinweis zum Thema gemacht, dass die Raumord-
nungsregion Ostwestfalen einschließlich des Oberzentrums Bielefeld zu
den am wenigsten versorgten Regionen in Deutschland gehöre. So stan-
den noch Anfang der neunziger Jahre für 100 neu zugezogene Haushalte
der Region tatsächlich nur 60 neue Wohnungen zur Verfügung, mit der
Folge einer hohen Wohnraumverknappung (WÜSTENROT 1994).

Die beiden im Folgenden dargestellten Dokumentationen (siehe Tabel-
len 1 bis 5) wurden durch den Arbeitskreis »Wohnungslosigkeit von psychisch und suchtkranken Personen in Bielefeld« angeregt.

**Tabelle 1: Wohnungslose Patienten (Aufnahmen) in der psychiatrischen
Klinik. Ergebnisse der psychiatrischen Basisdokumentation 1986–1999**

Jahr	Aufnahmen Woh-nungsloser	Abteilung Allg. Psychiatrie	Abteilung Abhängig-keitserkrankungen	Abteilung Geronto-psychiatrie
1986	3,5 % (81)	1,5 %	7,9 %	0,5 %
1987	5,2 % (123)	3,4 %	9,4 %	0,5 %
1988	7,0 % (162)	2,5 %	13,2 %	2,1 %
1989	8,1 % (194)	4,8 %	14,1 %	0,9 %
1990	9,6 % (231)	5,5 %	16,2 %	1,4 %
1991	9,8 % (245)	4,0 %	18,1 %	1,0 %
1992	10,2 % (289)	2,7 %	16,1 %	2,9 %
1993	10,6 % (329)	3,9 %	19,0 %	0,0 %
1994	10,6 % (341)	5,4 %	17,9 %	0,5 %
1995	10,7 % (373)	6,9 %	16,8 %	0,6 %
1996	10,6 % (364)	5,6 %	17,8 %	0,9 %
1997	10,8 % (348)	4,9 %	18,1 %	1,0 %
1998	9,0 % (388)	4,0 %	17,1 %	0,8 %
1999	9,1 % (375)	3,8 %	13,5 %	0,2 %

Anhand der Ergebnisse der psychiatrischen Basisdokumentation (BADO) lässt sich feststellen, dass mit der 1984 eingeführten Regionalversorgung der Anteil der Aufnahmen von Patienten ohne festen Wohnsitz – wohnungslose oder in Obdachlosenunterkunft lebend – von 3,5 Prozent in 1986 bis auf 10,8 Prozent in 1997 kontinuierlich zunahm (siehe Tabelle 1), danach jedoch wieder sank. In absoluten Zahlen ausgedrückt: Bei dieser Patientengruppe vervierfachten sich die Aufnahmen von 81 auf 348. Der Anteil Wohnungsloser in der Abteilung Allgemeine Psychiatrie stieg ebenfalls kontinuierlich an und lag zwischen 4 und 6 Prozent, der Anteil in der Abteilung Abhängigkeitskranke nahm drastisch zu und lag 1993 bei 19 Prozent, sank aber bis 1999 wieder auf 13,5 Prozent.

Diese Zahlen sind allerdings nur mit Vorbehalt aussagekräftig. Die Verweildauer aller Patienten hat sich wie in allen anderen psychiatrischen Abteilungen und Kliniken erheblich reduziert und damit generell eine höhere Wiederaufnahmerate insbesondere chronisch Kranker zur Folge gehabt. Dies führte insgesamt zu mehr Wiederaufnahmen. Darüber hinaus kam es bei einzelnen Patienten phasenweise oder auch dauerhaft zu häufigen, teilweise nur 3-5 Tage dauernden Aufnahmen zur Krisenintervention, die sich jeweils als neue Aufnahme in der Statistik niederschlagen. Somit können in Extremfällen durch einen Patienten allein bis zu 40 Aufnahmen in einem Jahr zustande kommen. Im Durchschnitt hatten wohnungslose Patienten 5 Aufnahmen pro Jahr. Sie liegen damit deutlich höher als andere Patienten mit ca. 2 Aufnahmen pro Jahr.

Trotz der Einschränkungen vermittelt diese Auswertung einen relativ guten Eindruck vom Gesamttrend. Er korreliert offensichtlich mit der Entwicklung der Anteile Wohnungsloser in der Gesamtstatistik der Wohnungslosenhilfe, die seit Ende der neunziger Jahre ein deutliches Abflachen der Quote Wohnungsloser verzeichnet. So sank in Bielefeld innerhalb nur eines Jahres zwischen 1999 und 2000 die Zahl der Obdachlosen um 23,2 Prozent (MINISTERIUM FÜR ARBEIT UND SOZIALES 2000).

In einem zweiten Schritt wurde entsprechend den Kriterien des Deutschen Städtetages (1987) für zwölf Monate (1.7.1993 – 30.6.1994) eine Differenzierung der Zahlen in vier Wohnsituationen vorgenommen:

- Obdachlos: Ohne jegliche Unterkunft, von der Straße aufgenommen.
- Wohnungslos: Untergebracht in zur öffentlichen Hand gehörenden Unterkünften ohne Miet-, Untermiet- oder Nutzungsvertrag nach dem Ordnungsbehördengesetz (OBG).
- Heimunterbringung: Eingliederungshilfe nach § 39 BSHG, stationäre Hilfe nach § 72 BSHG, Hilfe zur Pflege nach § 68 BSHG, Nutzungsvertrag im Rahmen des Betreuten Wohnens.

- Wohnungsnotfall: Verlust der ständigen oder vorübergehenden Wohnung durch Räumungsklage unmittelbar bevorstehend oder völlig unzureichende Wohnung, deren Benutzung mit Gefahr verbunden ist.

Die Dokumentation erfolgte in den Fachabteilungen Allgemeine Psychiatrie, Abhängigkeitskranke und Gerontopsychiatrie durch die Mitarbeiter des Psychosozialen Dienstes.

Bei jedem der innerhalb von zwölf Monaten entlassenen 3.174 Patienten (Aufnahmen) der psychiatrischen Klinik wurde mittels eines Kurzfragebogens die Wohnsituation bei Aufnahme und bei Entlassung mit den Kriterien des Deutschen Städtetages erhoben:

- Patient ist obdachlos (auf der Straße lebend).
- Patient ist wohnungslos.
- Patient ist wohnungslos auf Grund Heimunterbringung.
- Es liegt ein Wohnungsnotfall vor.
- Patient verfügt über eine eigene Privatwohnung.

Neben den Fragen zur Wohnsituation wurden wenige Grunddaten wie Geschlecht, Geburtsjahr, Aufnahme- und Entlassdatum, Station bzw. Fachabteilung innerhalb der Klinik und die Frage, ob Erstaufnahme im Erhebungsjahr, erfasst. Auf Grund dieser wenigen, jedoch sehr gezielten Angaben konnten eine hohe Praktikabilität und Akzeptanz des Fragebogens erreicht werden. Ausgefüllt wurde der Bogen von den Mitarbeiterinnen und Mitarbeitern des Psychosozialen Dienstes der Klinik gemäß den persönlichen Angaben des Patienten und ggf. gemäß eigenem Wissen um die Wohnsituation.

Die »Schwierigen« kehren zurück – Ergebnisse

Der Anteil der Patienten ohne privaten Wohnsitz ist mit 38,4 % in der Abteilung Abhängigkeitskranke am stärksten ausgeprägt. In der Abteilung für Allgemeine Psychiatrie liegt der Anteil fast bei einem Drittel mit 31,4 %. In der gerontopsychiatrischen Abteilung haben immerhin noch 96,1 % der Patienten einen privaten Wohnsitz. Patienten mit Suchterkrankungen tragen das größte Risiko der Obdach- und Wohnungslosigkeit.

Tabelle 2: Privater und nichtprivater Wohnsitz vor Aufnahme in die Klinik, n = 3.174

	Allgemeine Psychiatrie n = 1.102	Abhängigkeits- erkrankungen n = 1.509	Geronto-Klinik n = 563	Gesamt n = 3.174
a) obdachlos	24	123	1	148 (4,7 %)
b) wohnungslos	58	125	2	185 (5,8 %)
c) Heim/Institution	226	171	18	415 (13,1%)
d) Wohnungsnotfall	38	160	–	198 (6,2 %)
ohne priv. Wohnsitz	346	579	21	946
in Prozent	31,4 %	38,4 %	3,9 %	29,8 %
mit privatem Wohnsitz	756	930	542	2228
in Prozent	68,6 %	61,6 %	96,1 %	70,2 %

Tabelle 3: Wenn ohne privaten Wohnsitz, dann welches Geschlecht?

	Allgemeine Psychiatrie n = 357	Abhängigkeits- erkrankungen n = 586	Gerontopsychiatrie n = 32	Klinik gesamt n = 974
Männer	53,5 %	84,5 %	43,7 %	71,8%
Frauen	46,5 %	14,5 %	56,3 %	28,2%

Vor allem stationär behandelte abhängigkeitskranke Männer tragen ein hohes Risiko, keinen privaten Wohnsitz zu haben. Dabei haben psychisch kranke Frauen ein höheres Risiko, über keinen Wohnsitz zu verfügen. Frauen sind stärker betroffen von Wohnungsnotfall-Situationen (siehe Kategorie d) und Wohnungslosigkeit (b), verbunden mit einer Unterbringung in Unterkünften. Männer sind insgesamt stärker betroffen von Obdachlosigkeit (a). Der Anteil der Frauen und der Männer, die ohne privaten Wohnsitz in einem Heim leben (c), ist bei beiden Geschlechtern gleich. Frauen ohne privaten Wohnsitz, die auf Grund einer Abhängigkeitserkrankung behandelt werden, sind besonders stark von Wohnungsnotfall-Situationen und in einem etwas geringeren Ausmaß von Wohnungslosigkeit betroffen und nur in einem sehr geringen Maß von Heimunterbringung.

Frauen ohne privaten Wohnsitz, die auf Grund einer psychiatrischen Erkrankung behandelt werden, sind allerdings erheblich von Heimunterbringungen betroffen, hingegen nur in einem geringen Ausmaß von Wohnungsnotfall-Situationen und von Wohnungslosigkeit. Der Anteil von obdachlosen Frauen ist bei Abhängigkeitserkrankungen und psychiatrischen Erkrankungen gleich und beträgt rund 8 Prozent.

Männer ohne privaten Wohnsitz, die auf Grund einer Abhängigkeitserkrankung behandelt werden, sind besonders stark von Obdachlosigkeit und Wohnungsnotfall-Situationen betroffen, in einem eher geringen Ausmaß von Heimunterbringungen. Jene Männer, die wegen einer psychischen Erkrankung behandelt werden, sind erheblich von Heimunterbringungen betroffen, weniger von Obdachlosigkeit und Wohnungsnotfall-Situationen. Der Anteil der abhängigkeitskranken Männer mit Obdachlosigkeit beträgt ca. 25 Prozent, der Anteil psychisch erkrankter Männer mit Obdachlosigkeit liegt bei 8 Prozent.

Das Durchschnittsalter bei Frauen ohne privaten Wohnsitz liegt bei 36 Jahren, bei Männern beträgt es 34 Jahre.

Männer hatten durchschnittlich 4,4 und Frauen 6,6 Behandlungsepisoden im Untersuchungszeitraum und diese somit ein höheres Risiko der Wiederaufnahmen. Frauen haben durchschnittlich 20 Tage Verweildauer, Männer 18 Tage. Damit liegen die Verweildauern der wohnungslosen Patienten und Patientinnen unterhalb der durchschnittlichen Verweildauer von 26,6 Tagen aller Patienten in 1993. Das heißt: Wohnungslose Patienten kompensieren ihre Wohnungslosigkeit nicht durch einen längeren Klinikaufenthalt.

Der mehrjährige Trend bezogen auf die Zahlen der Basisdokumentation der Klinik zeigt, dass der Anteil der Frauen mit Obdach- und Wohnungslosigkeit langsam ansteigt, vor allem psychisch erkrankte Frauen tragen dabei ein zunehmend hohes Risiko.

Alle Altersgruppen sind betroffen, das geringere Durchschnittsalter der Teiluntersuchungsgruppe im Bereich Abhängigkeitserkrankungen im Vergleich zur Gesamtabteilung weist darauf hin, dass hier ein hoher Anteil von jungen Konsumenten illegaler Drogen zu finden ist.

Die durchschnittliche Verweildauer je Behandlungsepisode liegt bei 19 Tagen mit einer Spanne von 1 bis zu 453 Tagen. Insgesamt entstanden bei 453 Personen 986 Behandlungsepisoden mit 18.468 Behandlungstagen. 38,5 Prozent der Behandlungsepisoden dauerten länger als 14 Tage. Davon 13,1 Prozent länger als 28 Tage. 5,1 Prozent der Episoden dauerten lediglich einen Tag.

Im Zeitraum vom 1. Januar 1993 bis 30. Juni 1994 hatten 174 Personen aus der untersuchten Gruppe jeweils eine Behandlungsepisode. 279 Personen hatten insgesamt 1.438 Behandlungsepisoden, und zwar durchschnittlich fünf Behandlungsepisoden pro Jahr mit einer Spanne von 2 bis 37 Episoden.

Tabelle 4: Veränderungen der Wohnsituation während des Klinikaufenthaltes

	Aufnahme	Entlassung	Veränderung
a) Obdachlos	148	116	-32
b) Wohnungslos	186	185	-1
c) Heim/Institution	419	477	+58
d) Wohnungsnotfall	200	195	-5
e) Sonstige *	32	12	-20

* »Wechsler« aus privater Wohnsituation in Institution und umgekehrt.

Bei den meisten Patientinnen und Patienten mit Wohnungsproblemen lässt sich eine Veränderung der Wohnsituation zwischen Aufnahme und Entlassung nicht erreichen. Bei 116 aus Obdachlosigkeit aufgenommenen Patienten bleibt auch nach der Entlassung die Obdachlosigkeit bestehen.

Die geringfügigen Veränderungen zeigen drei Trends:

- In 12 Fällen gelang es bei tatsächlichem oder drohendem Wohnungsverlust, eine private Wohnung mit dem Patienten anzumieten.
- In 58 Fällen kam es bei aus Obdach- und Wohnungslosigkeit in die Klinik aufgenommenen Patienten zu einem Wechsel der Wohnform bzw. zur Aufnahme in ein Heim.
- In 13 Fällen trat der Verlust des privaten Wohnsitzes während des Klinikaufenthaltes ein.

Zwei Frauen und vier Männer waren zum Zeitpunkt der Aufnahme in einer Obdachlosenunterkunft untergebracht, entschieden sich bei der Entlassung dafür, nicht dorthin zurückzukehren und obdachlos zu sein. Diese vier Personen kamen aus der örtlichen »Drogenszene«. Vier Männer waren zum Zeitpunkt in einem Heim für Wohnungslose oder für psychisch Langzeitkranke bzw. für chronisch Abhängigkeitskranke untergebracht und entschieden sich zum Zeitpunkt der Entlassung dafür, nicht in diese Heime zurückzukehren und »wichen auf die Straße aus«. Hintergrund war die

Unzufriedenheit mit der Lebenssituation im Heim. Eine Frau und zwei Männer waren zum Zeitpunkt der Aufnahme in einer Wohnungsnotfall-Situation, lebten bei Angehörigen, die im Verlauf des Klinikaufenthaltes von einer weiteren Zur-Verfügung-Stellung des Wohnraumes absahen. Diese Patienten wurden in die Obdachlosigkeit entlassen. Acht Personen, die erst während des Klinikaufenthaltes zu Obdachlosen wurden, kamen aus dem Bereich der örtlichen Drogenszene, drei Personen aus dem Bereich der stationären Wohnungslosenhilfe, zwei Personen aus dem Langzeitwohnbereich der Psychiatrie. Es handelt sich um relativ junge Menschen im Alter zwischen 25 und 35 Jahren. Von den 13 Behandlungsepisoden, die in Obdachlosigkeit endeten, erfolgten elf in der Abteilung Abhängigkeitserkrankungen. Die durchschnittliche Behandlungsdauer betrug 18 Tage, mit einer Spanne von 4 bis 90 Tagen, und liegt somit nicht höher als die für die Gesamtheit der Behandlungsfälle der Klinik.

Tabelle 5: Behandlungsepisoden von Patienten ohne privaten Wohnsitz, die nicht in Heimen untergebracht waren (n = 153 Personen mit 528 Episoden)

	Allgemeine Psychiatrie	Abhängigkeits-erkrankungen	Klinik gesamt
a) obdachlos	24	123	147
b) wohnungslos in städtischer Unterkunft	58	125	183
d) Wohnungsnotfall	38	160	198
Summen	120	408	528

Zusammenfassend weist die Untersuchung auf eine Gruppe von 153 Personen mit 528 Behandlungsepisoden hin, die in Bielefeld obdach- bzw. wohnungslos waren oder sich in einer Wohnungsnotsituation befanden und ihnen damit jederzeit Obdachlosigkeit und Wohnungslosigkeit droht.

Nur für einen äußerst geringen Teil dieser Betroffenen kann nach dem Klinikaufenthalt eine verbesserte Wohnung- bzw. Unterkunft entwickelt werden. Die daraus resultierende desolate Lebenslage führt häufig zu massiven Krisen, die eine erneute Klinikaufnahme zur Überlebenssicherung und zur kurzfristigen sozialen Stabilisierung notwendig machen. Psychosoziale Betreuung durch kommunale Wohnungslosenberatungen werden nur in einem sehr geringen Ausmaß wahrgenommen.

Diese 153 Personen häufen im Untersuchungszeitraum 528 Behandlungsepisoden mit durchschnittlich ca. 19 Tagen pro Episode an, d.h. insgesamt 10.032 Behandlungstage. 59 Personen hatten im Untersuchungszeitraum eine Episode, 96 Personen hatten 469 Behandlungsepisoden, d.h., 60 Prozent der Personen verursachen 90 Prozent der Behandlungen. Rund 60 Prozent der entstehenden Behandlungskosten tragen die zuständigen Krankenkassen, bei ca. 40 Prozent der Behandlungskosten ist der örtliche Sozialhilfeträger zuständig.

298 Personen ohne eigene Wohnung sind in Heim oder betreuten Wohnformen untergebracht. Bei dieser Betroffenengruppe entstehen 415 Behandlungsepisoden mit insgesamt 8.379 Behandlungstagen. Bei einem Großteil werden die Behandlungskosten durch den überörtlichen Sozialhilfeträger übernommen.

Deutlich wird an dieser Gegenüberstellung, dass gezielte Betreuungsmaßnahmen mit geregelten Verantwortlichkeiten das Risiko der sehr häufigen Klinikaufnahmen senken und einen wesentlichen Schritt zur Überlebenssicherung und zur sozialen Stabilisierung beitragen würden. Offensichtlich sind auch die damit verbundenen Kosten um 23 Prozent tendenziell niedriger als bei fortgesetzter Wohnungs- und Obdachlosigkeit (siehe LÄNGLE u.a. 2001). Eine Gegenüberstellung der Akut-Behandlungskosten (Entgiftung) bei wohnungslosen Abhängigkeitskranken im Dezember 1991 in Bielefeld, differenziert nach der aktuellen Wohnsituation (»Platte machen«, im Obdachlosenasyl, in Unterkünften, in Wohnwagen oder in Wohngruppen), ergab, dass je individueller die Unterbringungsform und Versorgung war, desto geringer waren die Akutbehandlungskosten – es zeigte sich eine bis zu sechsfache Kostenreduktion.

Im akutklinischen Behandlungsalltag der psychiatrischen Klinik dominieren immer wieder so genannte schwierige Patienten und Patientinnen, bei denen das wesentlichste Merkmal die völlig desolate soziale Lebenssituation ist, vor allem die akute Obdach- und Wohnungslosigkeit. Häufig sind diese Patienten auf Grund fehlender sozialer Voraussetzungen nicht befähigt, an tagesklinischen Angeboten oder längerfristigen Rehabilitationsangeboten teilzunehmen. Häufig waren sie zudem nicht in der Lage, fachspezifische Suchtkrankenhilfe in Anspruch zu nehmen, weil sie mit der dort erfahrenen Komm-Struktur, Terminplanungsnotwendigkeit und Angebotsorientierung große Schwierigkeiten haben – die dort Tätige häufig ja als »mangelnde Motivation« bewerten.

Beispiel

Ein 32-jähriger Mann wurde erstmals mit 20 Jahren in der psychiatrischen Klinik aufgenommen. Es folgten häufige Aufnahmen auf Grund von Verkennungen, Halluzinationen und schweren Depressionen. Bis zu seinem 26. Lebensjahr lebte er zu Hause, schließlich jedoch starb seine Mutter. Sein Verhalten wirkte bizarr, gleichzeitig nahm er seine Medikamente nicht weiter ein. Die Mutter hatte die Medikamenteneinnahme bislang genau kontrolliert, verabreichte jede Dosierung und erreichte so eine gewisse Stabilität. Bei seinen starken Tendenzen, sich sozial zu isolieren, stellte die Mutter die wichtigste Bezugsperson dar. Der Sohn war für sie die »Hauptaufgabe« seit dem Tod des Ehemanns.

Der Tod der Mutter bedeutete für den Sohn einen nicht zu kompensierenden Verlust. Schließlich wurde ihm sogar die Wohnung gekündigt. Er hielt sich dann an verschiedenen Orten auf, vorwiegend in Übernachtungsasylen und Obdachlosenunterkünften. Dort wurde er stets disziplinarisch entlassen, weil er Frauen angriff und körperlich stark belästigte, aber auch weil er in der Öffentlichkeit onanierte. Die Mutter hatte dieses Verhalten genauso unter Kontrolle gehabt wie die Medikamenteneinnahme. Eine neue Bezugsperson in seinem Umfeld ließ sich jedoch nicht finden. In den letzten Jahren lebte er vorwiegend auf der Straße. Dort wurde er mehrmals verprügelt und zweimal ausgeraubt.

Weil er weiterhin öffentlich onanierte, wurde er selbst aus einer Wärmestube hinausgeworfen – eine sehr niedrigschwellige Einrichtung der Stadt, wo wohnungslose Menschen sich mit Essen und Wärme versorgen können. Im letzten Jahr wurde der Patient mit wachsender Häufigkeit wegen Halluzinationen und Suizidgefährdung in die psychiatrische Klinik eingewiesen. In der Klinik verschwanden die Symptome unter Behandlungsbedingungen sofort; eine längerfristige zwangsweise Unterbringung war jedoch nicht zu rechtfertigen. Er verweigerte sowohl eine Langzeitbehandlung als auch die Unterbringung in einem geschlossenen Heim. Offene Einrichtungen lehnten es ab, ihn aufzunehmen. Gewöhnlich wurde er dann von der Klinik wiederum auf die Straße entlassen.

Konsequenzen

Knapp ein Drittel aller im Untersuchungszeitraum in die regionale Pflichtversorgungsklinik aufgenommenen Patienten und Patientinnen verfügen über keinen privaten Wohnsitz in der Stadt. In der Abteilung Abhängigkeitskranke erreicht dieser Anteil sogar 40 Prozent.

Die akutklinischen Interventionen müssen diese problematische Lebenslage berücksichtigen: Überlebenssicherung sowie gesundheitliche und soziale Stabilisierung sind integraler Bestandteil der Behandlungskonzeption innerhalb der Klinik. Diese Interventionsziele haben im Bereich Abhängigkeitserkrankung die Priorität vor einer absoluten Abstinenzorientierung (siehe dazu auch den Beitrag von Theo Wessel). Sie bilden im Gegenteil erst eine wesentliche Voraussetzung für längerfristige Abstinenzphasen und um die damit verbundene Bewältigung von Abhängigkeit zu erreichen. Im Rahmen der Personalverordnung Psychiatrie (PsychPV) gehört es zu den Regelaufgaben der psychosozialen Dienste der Klinik, in diesem sozialen Hilfebereich aktiv tätig zu werden: Verbindungen zur regionalen Wohnungslosenhilfe, zum Amt für Wohnbauförderung und Wohnungslosenhilfe sowie zu Wohnungsbaugesellschaften im städtischen Raum gehören dazu, ebenso eine enge Kooperation mit der im Aufbau befindlichen kommunalen Fachstelle zur Verhütung von Wohnungslosigkeit. Die Mitwirkung bei Wohnungserhalt und -sicherung, bei Regulierung von Mietschulden, bei der Unterstützung im Umgang mit Räumungsklagen und bei der Hilfe zur Kontaktaufnahme mit Wohnungsbauträgern gehören zum Aufgabenspektrum der psychosozialen Dienste, getragen durch die Behandlungskonzeption der psychiatrischen Klinik, die eine hohe Priorität auf soziale und gesundheitliche Stabilisierung legt.

Darüber hinaus gilt es, eine enge Vernetzung und Koordination mit entsprechenden Ämtern und Einrichtungen im Bereich der Wohnungslosenhilfe der Stadt aufzunehmen und zu pflegen. In diesem Zusammenhang ist immer wieder auf konkrete Fallverantwortung hinzuarbeiten, um die in der Klinik angeregten Unterstützungen längerfristig abzusichern.

Private Wohnverhältnisse im angemessenen Wohnraum haben eine außerordentlich präventive, krankheitsvorbeugende und -bessernde Bedeutung und helfen das Risiko der wiederholten Klinikaufnahmen zu reduzieren – und haben damit eine, auch unter volkswirtschaftlichen Gesichtspunkten, Krankheitskosten reduzierende Auswirkung. R. Dübgen u.a. (2002) konnten für die Region Lüneburg zeigen, dass eine enge Vernetzung von stationärer Psychiatrie, Wohnungslosenhilfe und Suchtberatung, die konstruktive Zusammenarbeit mit den Kostenträgern und eine auf diese Klientel spezialisierte Station in der zuständigen psychiatrischen Versorgungsklinik Voraussetzungen darstellen, um ein ambulantes Hilfeangebot zu ermöglichen, das die Behandlungskosten durch Krankenhausaufenthalte im Zeitraum von zwei Jahren um die Hälfte reduziert und einen erheblichen Gewinn für die Lebensqualität der Betroffenen darstellen kann. Das sollte doch ermutigen!

THEO WESSEL

Im »Bermuda-Dreieck« – Patienten zwischen Psychiatrie, Obdachlosenhilfe und Suchtkrankenhilfe

Wohin bei Komorbidität?

Wenn in der Psychiatrie die Rede von Doppeldiagnosen ist, sind Menschen mit mindestens zwei wesentlichen Störungen, etwa Psychose und geistiger Behinderung oder Psychose und Sucht, gemeint. Die Kennzeichnung »Doppeldiagnose« hat in den letzten Jahren in Deutschland an Bedeutung gewonnen und macht eine Trendwende weg von dem traditionellen psychiatrischen Diagnoseschema deutlich. Dieses basierte auf der Hypothese, dass es jeweils eine Hauptdiagnose gibt und eine zweite dieser nachzuordnen sei (SCHWERDTFEGER 1995).

Die Anwendung des traditionellen Diagnoseschemas birgt die Gefahr, dass Überlegungen zur Behandlung nur zu einer der beiden Erkrankungen angestellt werden, während wichtige Aspekte der Zweiterkrankung unberücksichtigt bleiben. Die beschreibende Diagnostik nach dem neuen internationalen Klassifikationssystem ICD-10 der Weltgesundheitsorganisation (WHO) eröffnet jetzt die Möglichkeit zur Diagnose nebeneinander bestehender, gleichwertiger Störungen. Die erweiterte Wahrnehmung von Diagnosen gestattet somit auch breitere Behandlungsansätze, die sich individuell auf zwei oder mehr Störungsbereiche beziehen (Komorbidität).

In der psychiatrischen Versorgungsrealität hat sich diese Chance allerdings bisher nur in einem sehr geringen Maß niedergeschlagen. Bei einem Teil der Patienten führt der anhaltende Konsum von Drogen zu psychotischen Symptomen, die auch dann fortbestehen können, wenn der Substanzmissbrauch eingestellt wird. Die größte Patientengruppe mit einer Komorbidität bilden schizophrene Patienten. Gerade in dieser Gruppe spielen präpsychotische Persönlichkeitsveränderungen oder Symptome der Grunderkrankung bei der Missbrauchsentwicklung eine wichtige Rolle. Ein weiterer Teil der an einer Psychose erkrankten Patienten benutzt die Droge, um Nebenwirkungen der Medikation zu bekämpfen, und wieder andere suchen mit ihr den Weg aus einer für sie unerträglichen Realität in die psychotische Eigenwelt.

Während »Doppeldiagnose-Patienten« mit Angsterkrankungen oder Depressionen sowohl in Einrichtungen der Suchtkrankenhilfe als auch in psychiatrischen Behandlungseinheiten integrierbar sind, sprengen vor allem Patienten, die neben einem stofflichen Missbrauch an schweren Persönlichkeitsstörungen oder Psychosen leiden, den Behandlungsrahmen vieler Institutionen – die zeitgenössische Psychiatrie spricht hier von »Systemsprengern«. Sie werden zu Pendlern zwischen den Bereichen. Mit sich selbst uneins, führen sie die Unsinnigkeit der getrennten Versorgungssysteme vor Augen, indem sie sich, bewusst oder unbewusst, der Behandlung oft dadurch entziehen, dass sie jeweils die zur Behandlungseinrichtung konträre Seite ihrer Doppeldiagnose thematisieren.

In psychiatrischen Versorgungseinrichtungen sind Suchtsubstanzkonsumenten häufig das, was die ungeliebten Kinder in einer Familie sind: Man muss sich fast ausschließlich um sie kümmern, ist aber heilfroh, wenn man sie endlich aus dem Haus hat. Therapie- und Rehabilitationsplanungen von Patienten mit der Doppeldiagnose »Psychose und Sucht« verlaufen meist unbefriedigend für Patienten und Behandler. In Deutschland herrschte noch bis Anfang der neunziger Jahre die krankheitstheoretische Begründung vor, dass die in der Schizophrenie als so bedrohlich erlebte Desintegration der Ich-Funktionen davor bewahren würde, Versuche mit zusätzlich desintegrierend wirkenden Rauschmitteln zu unternehmen. Einer schizophrenen Psychose wurde gleichsam eine suchtprophylaktische Wirkung zugeschrieben (SCHWOON/KRAUSZ 1992), und der Verzicht auf Suchtmittelkonsum erschien als eine mehr oder weniger gesundheitsbewusste Handlung zur Vermeidung negativer Konsequenzen. Sucht war somit ein sekundäres, zweitrangiges Problem in der Allgemein-Psychiatrie, wenn es überhaupt als ein solches wahrgenommen wurde.

Suchttherapeutische Einrichtungen haben in den letzten zwanzig Jahren einen erheblichen Zuwachs an fachlich-therapeutischen Kompetenzen erfahren, ohne sich freilich dabei hinreichend der eigenen Grenzen bewusst zu werden. Dies schlug sich in Aufnahmekriterien nieder, die zum Beispiel alte, hirnorganisch beeinträchtigte oder psychosekranke Menschen fast überall gleichbedeutend als nicht für die jeweilige Beratungsarbeit und/oder Suchttherapie geeignet definierten. In suchttherapeutischen Einrichtungen fühlt man sich durch die psychiatrische Erkrankung überfordert, kann sich aus suchtspezifischen Gründen nicht auf eine begleitende Psychopharmakatherapie einlassen und ist für Diagnostik und Behandlung dieser Problematik auch nicht genügend ausgebildet. Chronifizierungsprozesse werden so eingeleitet und verstärkt. Am Ende steht die völlige soziale Desintegration. Obdachlosigkeit ist eine der daraus resultierenden Folgen.

I. EICHENBRENNER (1998) weist daraufhin, dass diese Menschen den ungeheuren Anforderungen eines Lebens auf der Straße kaum gewachsen sind. Es bleiben ihnen nur Einrichtungen der Obdachlosenhilfe. Hier fühlen sie sich eher wohl, weil sie, ohne die erworbene Versorgungshaltung ganz aufgeben zu müssen, den »Fangarmen« der Gemeindepsychiatrie und der Suchtkrankenhilfe ausweichen können. Diese Einrichtungen haben ihnen, außer Kontrolle, nur wenig zu bieten. Auch die selten angebotenen Plätze in therapeutischen Wohngemeinschaften oder Übergangswohnheimen werden häufig entrüstet zurückgewiesen.

Der größere Komfort komplementärer psychiatrischer Einrichtungen scheint die Furcht vor therapeutischer Bedrängung nicht aufzuheben; viele ziehen das Etikett »wohnungslos« den Etiketten »psychisch krank« oder »suchtkrank« vor. In der geringeren Stigmatisierung sehen sie eine Chance. Wohnungslosigkeit psychisch Kranker ist also Elend und Integrationsmöglichkeit zugleich. Je mehr psychiatrische Kliniken ihre Asylfunktion nicht weiter wahrnehmen wollen, desto mehr übergeben sie die Verantwortung für diese Patientengruppe an den ambulanten Bereich, der über kein ausreichendes Hilfesystem verfügt; der Versorgungsauftrag wird ohne Umwege weitervermittelt an Institutionen der Obdachlosenhilfe. In diesem Bereich gibt es selbstverständlich Unmut, Kritik und Ablehnung. Die Mitarbeiter dieser Bereiche sind in der Regel mit der Betreuung von Menschen mit einer Doppelproblematik überfordert. Häufig bleibt nur die Entlassung auf die Straße.

Die Versorgungsrealität von Patienten mit Doppeldiagnosen ist dadurch gekennzeichnet, dass viele von ihnen untergehen im »Bermuda-Dreieck« zwischen Psychiatrie, Obdachlosenhilfe und Suchtkrankenhilfe. Diese Ausgrenzungsdynamik ist kein neues Phänomen, sondern wiederholt eine Entwicklung, die sich bereits mit der Entstehung so genannter Trinkerheilanstalten, den Vorläufern der heutigen Suchtfachkliniken, gezeigt hat; diese Einrichtungen blieben sozial integrierten Suchtkranken vorbehalten, während das »Lumpenproletariat« auf Angebote kirchlicher Wohltätigkeit verwiesen oder dem Polizei-Gewahrsam überlassen wurde. Diese Verdrängung der Armut und Ausgrenzung der Armen (wohnungslos, arbeitslos, beziehungslos) aus Versorgungsstrukturen hat dazu geführt, dass sich die Suchtkrankenhilfe und organisierte Formen der Armenfürsorge unabhängig voneinander entwickelt haben – eine Tradition, die bis heute ihre Spuren zeigt.

Porträt eines Betroffenen

Herr Steinmüller ist 28 Jahre alt. Er konsumiert Alkohol, Medikamente und illegale Drogen und befindet sich zurzeit auf einer allgemeinpsychiatrischen Station in einer Klinik. Seit fünf Jahren verstärken sich bei ihm psychotische Episoden. Er hat dann unrealistische Beziehungsideen und ist in seinem Handeln und Denken zerfahren und sprunghaft. Sein Suchtverhalten und seine Psychosen haben in der Vorgeschichte schon häufig zu einer klinisch-psychiatrischen Behandlung geführt.

Herr Steinmüller hat eine ältere Schwester und einen älteren Bruder, Letzterer ist ebenfalls suchtkrank. Seine Mutter schildert er Zeit seines Lebens als depressiv, seinen Vater als alkoholabhängig. Er hat ihn in seiner Kindheit als trinkenden Vater erlebt. Die Kindheit schildert er als problematisch: Die Familie habe ständig am Rande des Existenzminimums gelebt. Streit in der Familie sei der tägliche Begleiter gewesen, der alkoholisierte Vater habe die Familie tyrannisiert. Den Vater habe er sehr wechselhaft in seinem Verhalten erlebt: Versprechungen wurden ausgesprochen und wiederum gebrochen. Von »himmelhoch jauchzend« bis »zu Tode betrübt«, solche Stimmungswechsel habe er in seiner Kindheit ständig erlebt. Diffuse Angstzustände seien schon in der Kindheit häufig vorhanden gewesen, besonders stark seien diese im Alter zwischen 15 und 17 Jahren aufgetreten.

Die schulische Laufbahn entwickelte sich zunächst unproblematisch, er war ein überdurchschnittlich guter Schüler. Von der Grundschule wechselte er zum Gymnasium, das er vor 12 Jahren mit der Fachhochschulreife abschloss. Anschließend besuchte er ein Oberstufenkolleg, brach aber die schulische Laufbahn nach drei Jahren ab, nicht zuletzt wegen seines massiven Suchtmittelkonsums. Auch der anschließende Versuch einer Lehre scheiterte. In dieser Zeit begann Herr Steinmüller vermehrt Alkohol zu trinken, Haschisch zu konsumieren und gelegentlich auch LSD zu nehmen. Nach Abbruch der weiterführenden Schulausbildung begab er sich freiwillig in eine erste Entgiftungsbehandlung. Danach setzte er seinen Suchtmittelkonsum fort und konsumierte zusätzlich noch Beruhigungsmedikamente.

Ein Jahr später zog er zu Hause aus, nahm Gelegenheitsarbeiten wahr und wohnte bei Freunden und Bekannten. Später lebte er als Obdachloser auf der Straße. In diesem Zusammenhang konsumierte er zum ersten

Mal Heroin und knüpfte verstärkt Kontakte zur »Szene«. Diese Kontakte waren allerdings sehr oberflächlich, er war dort nicht wirklich integriert, blieb ein »Außenseiter« und galt als Eigenbrötler. Den Kontakt zu seinen Eltern hielt er über die ganze Zeit aufrecht. Trotz seiner problematischen Beziehung zu ihnen ist dies die einzige kontinuierliche soziale Beziehung.

Drei Jahre lang lebte Herr Steinmüller dieses Straßenleben; seine persönliche Lage wurde dabei immer schwieriger: wegen Diebstählen, Einbrüchen und Zechprellerei wurde er inhaftiert. Nach der Inhaftierung erfolgten mehrfach Zwangseinweisungen in die psychiatrische Klinik. Häufig stehen Fremd- und Selbstgefährdung im Vordergrund.

Herr Steinmüller wird von den behandelnden Ärzten als antriebsarm geschildert, ein Mensch, der unter mangelndem Selbstwertgefühl und Angstzuständen leide. Er hält sich im stationären Bereich nur sehr begrenzt an Stationsordnungen und Absprachen.

Im Entzug traten die ersten psychotischen Episoden auf. Kurzfristig, nach einem Klinikaufenthalt, verfügte Herr Steinmüller über eine Wohnung, die er relativ schnell wieder verlor. Er versuchte zu seinen Eltern zurückzukehren, die beide in der Zwischenzeit erkrankt waren. Es kam zu massiven Streitigkeiten und Körperverletzungen im Elternhaus, die wiederum eine Zwangseinweisung in die psychiatrische Klinik nach sich zogen. Auf Grund dieser Vorkommnisse verloren die Eltern ihre Wohnung und wurden in ein Heim eingewiesen.

Herr Steinmüller lebte anschließend orientierungslos im Obdachlosenmilieu und in der Drogenszene. Die Psychose prägte sich immer stärker aus, er hatte unrealistische Beziehungsideen und war in seinem Handeln und Denken zerfahren. In dieser zugespitzten Lage begab er sich in eine Fachklinik für Drogenabhängigkeit und Psychosen. Nach sechs Wochen brach er die Behandlung ab; er kehrte in die Stadt zurück und kurze Zeit später setzte er einem Bekannten auf dessen Verlangen einen »Schuss« (Heroin), woraufhin dieser starb. Anschließend wurde Herr Steinmüller für zwei Monate inhaftiert. Danach irrte er in der Stadt herum, konsumierte massiv Suchtmittel. Er hatte Verfolgungsideen und rutschte sowohl im Obdachlosen- als auch im Drogenmilieu immer weiter ins Abseits. Bei weiteren Klinikaufenthalten wirkte er äußerst sprunghaft, verliebte sich wahllos in Mitarbeiterinnen, hörte imaginäre Botschaften aus Zeitungen, Radio und Fernsehen. Er verhielt sich oftmals sehr provokant und hielt sich nicht an Absprachen. Er war ein äußerst schwieriger Patient. Während eines Rückfalls kam es zu einem krassen Suizidversuch. Daraufhin schloss sich auf einer Suchtstation eine längere Zwangsbehandlung an, später folgte eine Behandlung auf einer offenen Station im Bereich der allgemeinen Psychiatrie. Langfristig geplant ist die Übernahme in eine psychiatrische Rehabilitationsklinik für junge, psychisch kranke Menschen.

Phänomene der Komorbidität

In welcher Beziehung stehen zwei Krankheitsbilder zueinander? Aussagen über die Art der Symptomatik, über Ursachen, Entwicklung und Verlauf lassen sich jeweils nur für Teilaspekte treffen. So spricht zum Beispiel vieles für den folgenden Entwicklungsgang: junge Menschen, die eine gewisse Empfindlichkeit (Vulnerabilität) für die Entfaltung einer schizophrenen Psychose aufweisen, geraten, wie ihre Altersgenossen auch, in Kontakt mit Suchtmitteln, und zwar je nach Geschlecht, je nach Schulbildung oder Sozialschicht in unterschiedlichem Ausmaß.

Diejenigen mit einem sehr hohen Grad an Störbarkeit – Personen, die besonders empfindlich auf die Wirkung reagieren – probieren Suchtmittel entweder erst gar nicht aus oder stellen den Konsum nach den ersten Erfahrungen wieder ein. Bei denen, die ihn fortsetzen, führen die Suchtmittel schon vergleichsweise rasch dazu, dass sie als psychiatrisch behandlungsbedürftig auffallen und in eine Klinik eingewiesen werden. Hierfür sprechen folgende Befunde: Die erste Aufnahme in eine psychiatrische Klinik erfolgt bei Doppeldiagnose-Patienten durchschnittlich früher. Sie sind aber in der Zeit davor weniger auffällig. Auch im späteren Verlauf kommt es nicht zu ausgeprägten psychotischen Symptomen, wohl aber zu deutlichen Verhaltensauffälligkeiten. Bei ihnen ist Missbrauch von Suchtmitteln häufig, eine echte körperliche Abhängigkeit kommt dagegen vergleichsweise selten vor. Den Ablauf könnte man also wie eine schlummernde Infektion verstehen, die erst ausbricht, wenn Suchtmittel als zusätzliche Belastung hinzukommen.

Andere Annahmen gehen davon aus, dass eine schizophrene Psychose das Risiko für Suchtmittelkonsum generell erhöht. Dieser Ablauf ist so beschrieben worden: Als Folge der schizophrenen Erkrankung wird eine Ausbildung nicht begonnen oder nicht abgeschlossen. Arbeitslosigkeit ist häufig, Isolation und Armut kommen hinzu. So ergeben sich vermehrt Kontakte zu jenen »Randgruppen«, in denen hoher Suchtmittelkonsum verbreitet ist und toleriert wird (NACE 1987).

Weit verbreitet ist die Hypothese der Selbstbehandlung bei einer Doppeldiagnose »Psychose und Sucht«. Ursprünglich nahm man an, dass an Schizophrenie Erkrankte am ehesten dämpfende Suchtmittel bevorzugten. In der Gegenüberstellung einer Patientengruppe und einer anderen Bevölkerungsstichprobe, die nach Geschlecht, Alter und Sozialschicht übereinstimmten, fand man Alkohol als *überall* vorherrschendes Suchtmittel. Bei den anderen Substanzen bestanden aber Unterschiede: Schizophren Erkrankte bevorzugten anregende Suchtmittel (Stimulantien, Halluzinogene, Cannabis) und waren bei den dämpfenden Mitteln (Sedativa, Narkotika) eher zurückhaltender als die Vergleichsgruppe.

Klinische Beobachtungen sprechen dafür, dass die Mittel auch abgestimmt je nach Situation und Befindlichkeit eingesetzt werden: dämpfende Stoffe bei Erregung und Reizüberflutung, stimulierende Stoffe hingegen zur Überwindung einer Negativ-Symptomatik, aber auch zur Behandlung der manchmal aversiv erlebten Nebenwirkungen ärztlich verordneter Neuroleptika. Die Patienten unterscheiden gern zwischen »guten Drogen« und »schlechten Psychopharmaka«.

In einer Gruppe ambulant behandelter schizophrener Patienten konnten zwei Drittel durch Alkohol Ängste im Sozialkontakt abbauen und Spannungen reduzieren; jeweils mehr als die Hälfte konnte ihre Stimmung verbessern sowie Apathie und die Unfähigkeit, Freude, Lust und Vergnügen zu empfinden, oder Schlafstörungen überwinden. Aber nur um die 15 Prozent berichteten von einem positiven Einfluss auf spezifische, psychotische Symptome, ebenso viele von einem eher negativen Effekt. Die Selbstbehandlung erstreckt sich demnach auf unspezifische Symptome und zielt am ehesten auf eine »normale« Befindlichkeit ab. Diese Patienten tranken schlicht aus denselben Gründen Alkohol wie Alkoholkranke und wie normale Trinker (NOORDSY u.a. 1992).

Einige zentrale Daten

Die Prävalenz und Inzidenz von Komorbidität wurde in Deutschland bislang nur in wenigen kleinen Studien untersucht: Bei Opiatkonsumenten ermittelten M. KRAUSZ u.a. (1998) einen Anteil von 37 Prozent der 350 Untersuchten in Hamburg, die in den letzten sechs Monaten an einer weiteren psychischen Erkrankung gelitten hatten. Die Lebenszeit-Prävalenz betrug bei dieser Gruppe 55 Prozent. In der Jahresstatistik der stationären Suchtkrankenhilfe (SEDOS 1999) wurden 13.815 stationär wegen einer Suchterkrankung behandelte Personen mit 32 Prozent komorbiden Problemstellungen dokumentiert. In Nordrhein-Westfalen wiesen die Basisdokumentationen der neun Rheinischen Kliniken mit einer psychiatrischen Pflichtversorgung für 4,45 Mio. Einwohner einen Anteil von 14,4 Prozent aller Behandlungsfälle für die Kombination einer Sucht- und weiteren psychischen Störungen auf. Zusätzliche psychiatrische Erkrankungen lagen bei etwa 36 Prozent aller Diagnosen von Alkoholmissbrauch bzw. -abhängigkeit sowie bei ca. 21 Prozent aller Drogenabhängigen vor

(Lv Rheinland 2000). Zusammenfassend kann bei vorsichtiger Interpretation der vorliegenden Ergebnisse davon ausgegangen werden, dass etwa 20 bis 35 Prozent der behandelten Suchtkranken an zusätzlichen psychischen Störungen leiden. Die Angaben über die tatsächliche Häufigkeit und Verbreitung der Doppelproblematik schwanken je nach Untersuchungsort, nach Einzugsgebiet und Aufnahmesteuerung der Kliniken sowie danach, von welcher »primären Erkrankung« man ausgeht, d.h. ob man den Suchtmittelkonsum bei Schizophrenen betrachtet oder psychotische Symptome bei Suchtkranken.

Im Bereich der psychiatrischen Versorgung wird die Frage kontrovers diskutiert, ob spezialisierte Einrichtungen zur Komorbiditätsbehandlung vermehrt geschaffen werden sollen, um Behandlungskonzepte besser auf die komplexen Krankheitsphänomene einstellen zu können, oder nicht. So gibt es Spezialstationen in Berlin-Charlottenburg, in Bad Rehburg, ein Übergangswohnheim in Hamburg-Eimsbüttel, eine komplementäre Einrichtung in Hamburg-Bahrenfeld und Betreutes Wohnen in Berlin-Kreuzberg, also psychiatrische Spezialeinrichtungen im Großstadtbereich mit gemeindepsychiatrisch ausgerichteten Versorgungskonzepten.

Im Versorgungsfeld der Wohnungslosenhilfe liegen in Deutschland nur wenige systematische Untersuchungen zur Inzidenz und Prävalenz von Komorbiditätsphänomenen vor: M. Fichtner u.a. (1999) stellten bei 146 untersuchten wohnungslosen Männern und 32 untersuchten wohnungslosen Frauen in München Anteile von ca. 35 Prozent bzw. 56 Prozent als Sechs-Monats-Prävalenz fest. W. Kunstmann u.a. (1998) kamen bei 82 akut wohnungslosen Männern in Dortmund auf einen Anteil von etwa 35 Prozent aktueller und etwa 44 Prozent lebenszeitbezogener Prävalenz. W. Rössler u.a. (1997) fanden bei 102 wohnungslosen Männern in Mannheim einen Anteil von ca. 33 Prozent aktueller und lebenszeitlicher Prävalenz psychiatrischer Komorbidität. Im Vergleich zur psychiatrischen und suchtspezifischen Versorgung sind diese Anteile leicht erhöht.

Aus dem Bereich der Suchtkrankenhilfe (Suchtberatungsstellen, Fachentwöhnungskliniken und Selbsthilfegruppen) werden diese schwierigen Klienten über Aufnahmesteuerung und hohe therapeutische Anforderungen, zum Beispiel dauerhafte Abstinenz und gesicherte Absprachefähigkeit, in der Regel herausgehalten. An verschiedenen Orten Deutschlands haben sich in den vergangenen fünf Jahren in Fachentwöhnungskliniken spezifische Behandlungseinheiten für Patienten mit Komorbidität, auch für die Doppeldiagnose »Psychose und Sucht«, entwickelt. Behandlung erfolgt im Rahmen medizinischer Rehabilitation mit dem Ziel der beruflichen Integration. Aufnahmen erfolgen in der Regel überregional.

Im Bereich der Wohnungslosenhilfe finden wir eine relativ große Anzahl von Betroffenen mit der Doppeldiagnose »Psychose und Sucht«: Hier fehlt es zumeist an fachspezifischer Kompetenz, bezogen auf das komplexe Krankheitsphänomen, und an geeigneten Hilfemodellen. Im Vordergrund steht die soziale Stabilisierung, während Behandlungsaspekte weniger berücksichtigt werden, sodass es häufig zu Ausgrenzungen aus diesem Hilfebereich kommt und der Chronifizierungsprozess verstärkt wird.

Probleme von Spezialeinrichtungen in allen Versorgungsfeldern für diese Gruppe von tendenziell »schwierigen« Klienten bestehen im hochschwelligen Zugang zur Behandlung. Dies ist verbunden mit einem konzeptionell bedingten Ausschluss dieser Problempatienten mit schlechter Behandlungsprognose, zumal Behandlungsabbrüche, Wiederaufnahmen, Mehrfachbehandlungen an einem Ort zur Behandlungsrealität der betroffenen Gruppe nun mal dazugehören. Im Bereich der Wohnungslosenhilfe wird auf Grund von Qualifikationsdefiziten der Mitarbeiter die spezifische Behandlungsbedürftigkeit häufig nicht berücksichtigt. Des Weiteren ergeben sich in Spezialeinrichtungen durch Überregionalität und Gemeindeferne Probleme, eine dem Einzelfall angemessene Nachsorge zu organisieren. Auch die bei dieser Betroffenengruppe positiv wirksame Kontinuität von Behandlern und Behandlung vor Ort ist eher ungesichert.

Das Angebot von Behandlung an den Orten vorzuhalten, an denen vom Komorbiditätsphänomen Betroffene erreicht werden können, verbunden mit der Möglichkeit, den einzelnen Menschen genau anzuschauen, individuelle Behandlungspläne zu erstellen sowie Lebensmöglichkeiten ausfindig zu machen, die an die Entwicklung dieses Menschen angepasst werden, sollte Priorität erhalten.

Menschen, nicht Krankheitsbilder

Die mangelnde Effektivität der Behandlung der Betroffenengruppe mit Doppeldiagnose »Psychose und Sucht« und die eventuell damit verbundene Obdachlosigkeit ist zum größten Teil auf strukturelle Mängel und nicht so sehr auf das Nichtvorhandensein wirksamer Behandlungsmöglichkeiten zurückzuführen, vor allem fehlt es an einer Ausrichtung der Behandlungsangebote am Individuum – statt an diagnostischen Kriterien, Hausordnungen, Therapiegrundsätzen. Das Basiskonzept zur Behandlung von Komorbidität in den USA lautet: »See the person, not the illness!«

Allzu ambitionierte Zielsetzungen – zum Beispiel hohe Therapie- und/ oder Abstinenzmotivation oder das Erreichen dauerhafter Abstinenz bezogen auf Suchtmittelgebrauch oder dauerhafte Compliance bezogen auf

die notwendige antipsychotisch wirkende Pharmakotherapie – sind für viele
Betroffene völlig unrealistisch.

Der Hinweis von D. SCHWOON (1992) auf Interventionsziele bei Sucht-
problemen ist hier besonders hilfreich. Er geht grundsätzlich von einer
Hierarchie von Interventionszielen aus, die prinzipiell gleichwertig und als
Rangfolge angeordnet sind:

1. Sicherung des Überlebens,
2. gesundheitliche und soziale Stabilisierung, Verhinderung sozialer
   Desintegration,
3. Ermöglichung längerer Abstinenzphasen,
4. konstruktiver Umgang mit Rückfällen,
5. individuelle therapeutische Grenzziehung.

»Hierarchie der Ziele« ist so zu verstehen, dass die Ansteuerung des jeweils
nächsten Zieles im Prinzip voraussetzt, dass die vorgehenden Ziele jeweils
erreicht wurden.

Behandlungsziele dürfen nicht zu hoch gesteckt werden, Erfolgsdruck
in der Rehabilitation unter zeitlicher Befristung ist zu vermeiden und führt
häufig sogar zur Verschlechterung der Lage der Betroffenen. Behandlungsziele und darauf bezogene therapeutische Interventionen sind bei Komorbiditätsphänomenen der dargestellten Zielehierarchie anzupassen, wobei
das Erreichen größtmöglicher Lebensqualität auf jeder Ebene von höchs-
ter Bedeutung ist.

Folgende Versorgungsaspekte ergeben sich aus diesem Basisbehandlungs-
grundsatz:

1. Diagnostische Klarheit schaffen unter Einbeziehung der persönlichen
   Problemsicht des Betroffenen; Entdramatisierung des Suchtmittelkonsums als ein Teil von Normalität in unserer Gesellschaft.
2. Vertrauensvoller Behandlungskontakt, Behandlungs- und Be-
   ziehungskontinuität aufbauen, »Werben« um eine Behandlung;
   Behandlung attraktiver machen durch das Einräumen von Vorteilen
   wie die Erfüllung vitaler Bedürfnisse nach Zuwendung, Versorgung,
   Essen, Kleidung, Wohnen, Behördenhilfen, Hilfe bei Strafverfolgung,
   ohne dies vom »Wohlverhalten« oder von Suchtmittelabstinenz
   abhängig zu machen; möglichst »sanktionsarm« vorgehen, sich
   bewusst dem Vorwurf der »Ko-Abhängigkeit« aussetzen, denn es geht
   darum, Anknüpfungspunkte für eine tragfähige therapeutische
   Beziehung zu schaffen, die möglichst auf Kontinuität angelegt sein
   soll.
3. Lebenspraktische Fähigkeit mit dem Ziel einer weiter gehenden
   Selbstversorgung üben und fördern, d.h. Selbstorganisation bei

Alltagsaufgaben wie Ernährung, Geldeinteilung, Hygiene, Gesundheitsvorsorge und Freizeitgestaltung.

4. Differenzierte medikamentöse Behandlung, möglichst nur ein Präparat, und zwar mit der gezielten Abgrenzung zu Mitteln mit Suchtpotenzial; Training zur Entwicklung psychopharmakologischer Kompetenz; Aufbau von selbstüberzeugter Mitwirkung bei der Pharmakotherapie.

5. Einschränkung des Suchtmittelkonsums mit dem Ziel der Abstinenz; dies durch die Vermittlung von Informationen über Sucht und Psychose, ihr Zusammenwirken und ihre Folgen unter Einbeziehung von Rückfallvorbeugungsmodellen.

6. Umgang mit belastenden Gefühlen wie Angst, Enttäuschung, Aggression; Unterstützung bei den Problemen geringen Antriebs, geringen Selbstwerts und geringer Selbstwirksamkeitserwartung; Herstellen und Aufrechterhalten von Beziehungen, Umgang mit zwischenmenschlichen Konflikten.

7. Als Behandler auf geringe Erfolgserlebnisse gefasst sein: etwa auf hohe Wiederaufnahmerate zur Überlebenssicherung und Stabilisierung, hohe Inanspruchnahme von Krisendiensten, viele chronifizierende Verläufe, hohe Verbreitung von Obdachlosigkeit, Vorliegen einer latenten Gewaltbereitschaft, erhöhtes Suizidrisiko, geringe Akzeptanz der Behandlung, eingeschränkte Absprachefähigkeit, relativ ungünstige Prognose.

8. Nahe Angehörige brauchen Schutz, Entlastung und Unterstützung und sollten für den Behandlungsprozess langfristig gewonnen werden.

Erfolg versprechende Behandlungsmodelle gehen von einem Behandlungsverbund aus, integrieren Behandlungskonzepte von Sucht und psychischen Störungen, vermeiden suchttypisches konfrontatives Vorgehen, beziehen Rückfälle in die Behandlung mit ein (Sucht- *und* Psychose»rückfälle«), verschaffen sich Klarheit über den individuellen Suchtmittelkonsum, haben eine relative Distanz zu den traditionellen Selbsthilfegruppen. Überregionale Spezialeinrichtungen haben Nachteile und sollten nur für Einzelfälle zur Verfügung gestellt werden. Eine gemeindenahe Basisversorgung ist anzustreben, d.h. eine geregelte und abgestimmte Fallverantwortung im Behandlungsverbund verschiedener Versorgungseinrichtungen in den Feldern Psychiatrie, Suchtkrankenhilfe und Wohnungslosenhilfe. Hilfreich ist hier die Methode des Case-Managements (dazu auch KEBBEL 1996). Dazu gehört vor allem die einrichtungsbezogene Übernahme einer regionalen Pflichtversorgung für alle betroffenen Gruppen in den Feldern Suchtkrankenhilfe, Psychiatrie und Wohnungslosenhilfe. Beispielhaft ist hier der Landschaftsverband Rheinland zu nennen, der in der Umsetzung des Landesprogramms gegen Sucht in Nordrhein-Westfalen ein Konzept zur Versorgung von Personen mit Komorbidität von Sucht- und psychischen Erkrankungen vorgelegt hat (LV RHEINLAND 2000). Die wesentlichen Versorgungsgrundsätze sind: Koordination und Vernetzung der Angebote der Suchtkrankenhilfe und der sonstigen Allgemeinpsychiatrie, gemeindenahe regionale Ausrichtung der Versorgungsangebote, Integration der Hilfen in die bestehenden Angebote der Suchtkrankenhilfe und der psychiatrischen Versorgung, Entwicklung niedrigschwelliger Hilfen.

Es geht letztlich um die Verhinderung von Ausgrenzung dieser »Multiproblem«-Menschen, sodass es gelingen kann, chronisch Abhängigkeitskranke mit schweren psychischen Störungen in die Lage zu versetzen, in einem soweit wie möglich normalen sozialen Kontext den bestmöglichen Gebrauch von verbliebenen Fähigkeiten zu machen, vorhandene Fähigkeiten zu stabilisieren und verlorene Fähigkeiten so gut es geht wieder zu entwickeln.

GERHARD TRABERT

Aufsuchende ambulante medizinische Versorgung

Salutogenese und Wohnungslosigkeit

Aufsuchende ambulante medizinische Versorgungseinrichtungen (medical streetwork) haben sich als komplementäre medizinische Hilfeangebote für wohnungslose Menschen in den letzten Jahren bewährt und teilweise etabliert.

Die ersten längeren Erfahrungen in spezifischen Versorgungseinrichtungen sind durchgehend positiv. Die Sprechstunden werden von den Betroffenen mit stetig steigender Zahl wahrgenommen. Diagnostik und Therapie können somit oft frühzeitig einsetzen und damit ein Fortschreiten von Krankheiten verhindern. Oft werden hierdurch später notwendige stationäre Behandlungen abgewendet und damit auch Kosten gespart. Eine Reintegration in das bestehende Gesundheitssystem ist über solche niedrigschwelligen Versorgungsangebote erleichtert und oft konkret möglich. (Bezüglich des Erkrankungsspektrums siehe SPERLING 1985; LOCHER 1990; TRABERT 1995; KUNSTMANN 1996.)

Innerhalb der »Mainzer Studie« (TRABERT 1995) wurden Korrelationsanalysen zwischen sozialen und medizinischen Daten sowie in Bezug zur Dauer der Wohnungslosigkeit durchgeführt. Es zeigte sich ein statistisch auffälliger Zusammenhang der Dauer der Erwerbstätigkeit und des Lebensalters mit der Höhe des Gesamtkrankheitsscores. Des Weiteren scheint sich mit zunehmender Dauer der Arbeitslosigkeit der Gesundheitszustand der Betroffenen zu verschlechtern.

Zudem zeigte sich ein tendenzieller Zusammenhang zwischen Familienstand und Krankheitsscore. Während nur 28,6 Prozent der Ledigen der höchsten Krankheitsscoreklasse (schlechtester Gesundheitszustand) angehörten, waren dies 63,6 Prozent der geschiedenen bzw. verwitweten Personen.

Bezüglich des Zusammenhangs zwischen Wohnungslosigkeitsdauer und Krankheitsscore war keine lineare Beziehung verifizierbar. Die Ergebnisse deuten darauf hin, dass sich schon zu Beginn der Wohnungslosigkeit (bis 12 Monate) die Betroffenen in einem relativ schlechten Gesundheits-zustand befinden. Bei einer Wohnungslosigkeitsdauer von 1–5 Jahren kommt es bei einem Teil der allein stehenden Wohnungslosen zu einer Stagnation bzw. leichten Verschlechterung des Gesundheitszustan-des. Beträgt die Zeitdauer der Wohnungslosigkeit zwischen 5 und 9 Jahren, scheint es bei den Betroffenen zu einer gewissen »gesundheitlichen Adap-tation«, also zu keiner signifikanten Verschlechterung ihrer Lebenssituation zu kommen. Bei längerer Wohnungslosigkeit (über neun Jahre) verschlech-tert sich der Gesundheitszustand rapide.

Abbildung 1 zeigt den prozentualen Personenanteil in den einzelnen Wohnungslosigkeitsklassen an den Krankheitsscoreklassen II und III mit den höchsten Krankheitswerten.

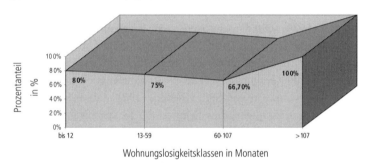

Abbildung 1: Krankheitsstatus und Wohnungslosigkeitsdauer

Eine Interpretation dieses Zusammenhangs wäre die Hypothese, dass ein hoher Krankheitsgrad schon zu Beginn der Wohnungslosigkeit besteht und eventuell ein weiterer ursächlicher Faktor bei Entwicklung, Entstehung und Manifestation von Wohnungslosigkeit ist.

Weiteres Untersuchungsergebnis der Mainzer Studie war die Tatsache, dass wohnungslose Menschen im Vergleich zur Durchschnittsbevölkerung seltener medizinische Vorsorgeuntersuchungen sowie Gesundheitsför-derungsmaßnahmen bzw. generell medizinische Hilfe in Anspruch neh-men. Als Gründe für die Nichtinanspruchnahme ärztlicher Hilfe werden von den Betroffenen immer wieder folgende Punkte aufgeführt:
- zu große Hemmschwelle, in die Praxis zu gehen (Schamgefühl, Angst vor Abweisung);
- »kein Vertrauen zu Ärzten«, »nur Tabletten verschrieben«, generell negative Erfahrungen mit medizinischem Fachpersonal;

- »Krankenscheinbeschaffung zu umständlich«, »Rezeptgebühren zu
  hoch«, zu umständliche Bürokratie;
- »weil ich gesund bin«, »keine Notwendigkeit« (TRABERT 1995).

Innerhalb der Reflexion des Krankheitsstatus von wohnungslosen Menschen muss die Frage, wie Menschen die Bedingungen der Wohnungslosigkeit überhaupt gesundheitlich überstehen bzw. »auf der Straße« überleben können, Berücksichtigung finden. Viele Selbsterfahrungsversuche (HENKE/ROHRMANN 1981) zeigten die außerordentlich extremen gesundheitsbelastenden Lebensbedingungen auf, die fast immer zu einem Versuchsabbruch der Beteiligten führte.

Gerade das oben erwähnte Phänomen der »gesundheitlichen Adaptation« an die Lebenssituation oder besser formuliert »Krankheitsstabilisierung« in dieser außerordentlichen Lebenssituation müsste im Kontext eines salutogenetischen Untersuchungsansatzes hinterfragt werden. A. ANTONOVSKY (1979) stellt die salutogenetische Frage nach den Bedingungen für eine Gesunderhaltung trotz extrem belastender Umweltfaktoren. V. FERBER (1990) thematisiert diesen Forschungsansatz speziell im Zusammenhang mit der Gesundheitssituation von wohnungslosen Menschen. Das »Widerstandskonzept« von S.C. KOBASA (1979), als entscheidende individuelle Ressourcenquelle, müsste innerhalb der spezifischen Lebenssituation Wohnungsloser hinterfragt und reflektiert werden. Auf welche Verhaltensweisen – intrapsychisch und interkommunikativ – greifen wohnungslose Menschen zurück, um widerstandsfähiger und weniger verletzlich zu sein?

Kobasa differenziert zwischen drei charakterisierenden Komponenten des Widerstandskonzeptes: Kontrolle (control), Engagement (commitment) und Herausforderung (challenge). Interessant ist in diesem Zusammenhang die Komponente »Herausforderung«, unter der die individuelle Bewertung verstanden wird, Belastungen als Möglichkeiten der persönlichen Weiterentwicklung zu verstehen, beispielsweise »was auf der Überzeugung basiert, dass Veränderungen und weniger Stabilität das Leben allgemein kennzeichnen. Menschen mit einem hohen Gefühl der Herausforderung bewerten daher Veränderungen nicht als besonders stressreich, sondern eher als typisch für das Leben und sehen darin einen Ansporn für die persönliche Weiterentwicklung.« (UEXKÜLL 1996) Diese salutogenetisch ausgerichteten Analysen müssten unter den besonderen Lebensbedingungen und speziell »Gesundheitsbedingungen« wohnungsloser Menschen stärker thematisiert und untersucht werden.

Die Reflexion der Ergebnisse der sozialen sowie medizinischen Datenerhebung der zu diesem Untersuchungsbereich vorliegenden Studien weist auf ein multifaktorielles pathogenetisches Krankheitsmodell hin. So zeigt sich beim Personenkreis der allein stehenden Wohnungslosen eine Kumulation verschiedener krankheitsverursachender bzw. -fördernder Faktoren. Im Einzelnen sind hier die nun folgenden Bereiche hervorzuheben.

Soziale Lebenssituation: Die Lebenssituation, in der sich allein stehende wohnungslose Menschen befinden, sowie die hohe Krankheitsquote müssen zwangsläufig zu der Frage nach dem Zusammenhang von sozialer Lage und Krankheit führen.

Psychische Konfliktverarbeitungsmöglichkeiten: Entscheidend für Wohnungslosigkeit, aber auch für körperliche Gesundheit bzw. Krankheit scheint bei vielen allein stehenden Wohnungslosen die individuelle Bewältigung von bestimmten bedeutenden Lebensereignissen zu sein.

So sind innerhalb des Life-Event-Modells als ein Teilbereich der Stressforschung unter den acht Lebensereignissen mit den höchsten Anpassungsleistungswerten sieben (!) Situationen zu finden, die sehr häufig bei allein stehenden wohnungslosen Männern anamnestisch festgestellt werden. Es handelt sich hierbei im Einzelnen um (Anpassungsleistung in Punktwerten in Klammern): Tod des Ehepartners (100), Scheidung (73), Eheliche Trennung (65), Gefängnis (63), Tod eines nahen Angehörigen (63), Persönliche Verletzung bzw. Krankheit (53) sowie Job-Kündigung (45).

Ein LCU-Additionswert (life-change-units) von 200 oder auch 300 in einem 12-monatigen Zeitraum, verbunden mit der Aussage eines mittleren bis hohen Erkrankungsrisikos, ist demnach durchaus nachvollziehbar (UEXKÜLL 1996).

Risikoverhalten: Ein wichtiger Aspekt bei der Entstehung und Ausprägung von Krankheiten sind individuelle Verhaltensweisen. Bei allein stehenden wohnungslosen Männern sind vier wichtige Verhaltensmuster hervorzuheben:
- der Alkohol- und Zigarettenkonsum,
- die Ernährungsgewohnheiten,
- die Übernachtungsgewohnheiten.

Arbeitssituation: Die Auswertung der erhobenen sozialen Daten unterstreicht die Kausalitätskette: unzureichende schulische Ausbildung → ungenügende oder keine Berufsqualifikation → a) erhöhte Gefahr von Arbeitslosigkeit oder → b) häufig körperlich und gesundheitlich belastende berufliche Tätigkeiten (siehe auch LOCHER 1990). Dass Arbeitslosigkeit mit einer erhöhten Erkrankungsquote verbunden ist, haben zahlreiche Studien mittlerweile bestätigt.

Gesellschaftsstrukturelle Bedingungen: Das Gesundheitsversorgungssystem als gesellschaftsstrukturelle Einrichtung zeigt bezüglich der Betreu-

ung und Versorgung von allein stehenden Wohnsitzlosen eine mangelhafte, zum Teil diskriminierende und krankheitsfördernde Funktionsweise.

Hier spielen etwa die Art der Krankenscheinbeschaffung, die Verhaltensweisen der medizinischen Fachkräfte gegenüber den Betroffenen sowie die
zur Verfügung stehenden medizinischen Versorgungseinrichtungen eine
wichtige Rolle. Bestimmte, durch gesellschaftliche Bedingungen beeinflusste Lebensstrukturen (soziale Lebensbedingungen, Gesundheitsversorgungssystem, Arbeitsbedingungen, gesellschaftliche Folgen wirtschaftlicher
Rezession wie Arbeitslosigkeit usw.) mit ihren Interaktionsformen hinsichtlich sozialer Randgruppen besitzen oft ebenfalls eine krank machende
Potenz.

Zusammenfassend kann also festgestellt werden, dass der additive bzw.
zum Teil potenzierende Charakter dieser Faktoren zu einem erhöhten
Krankheitsrisiko führt, wobei der Interdependenz dieser verschiedenen
Determinanten eine die Morbidität im Einzelfall bestimmende Funktion
zukommt.

Auf Grund des hohen Erkrankungsstatus und der besonderen sozialen
Lage sowie dem unter anderem hierdurch mitbestimmten Gesundheits-
verhalten hat sich das Konzept der niedrigschwelligen interdisziplinären
Gesundheitsversorgung vielerorts durchgesetzt.

Grundkonzeption spezifischer medizinischer Versorgungsmodelle

Spezifische medizinische Versorgungsmodelle mit mehr als fünfjähriger
Erfahrung sind derzeit hauptsächlich in Berlin, Köln, Frankfurt am Main
und Mainz vorhanden. Interessant sind die Übereinstimmungen aller
Modelle, trotz unabhängiger konzeptioneller Überlegungen, was die inhaltliche Strukturierung angeht. Jede medizinische Versorgungseinrichtung
verfolgt einen Stufenplan:

Arbeit »vor Ort«: Medizinische Behandlung wird an den Treffpunkten
oder in den Institutionen angeboten, die hauptsächlich von der Zielgruppe frequentiert werden. Dies beinhaltet einen Erstkontakt auf der Straße
(mobile Sanitätsstationen) sowie Sprechstunden an sozialen Brennpunkten (z.B. Bahnhöfen) und in entsprechenden Institutionen der Wohnungslosenhilfe. Die klassische Arzt-Patient-Beziehung, in der der Patient zum
Arzt kommt (»Komm-Struktur«), wird durch eine »Geh-Struktur« seitens
des Arztes ergänzt.

Krankenwohnungen: Einrichtung und Etablierung von speziellen Krankenwohnungen, und zwar einerseits zum Auskurieren geringfügiger Er-

krankungen, andererseits zur ärztlich-pflegerischen Versorgung ernsthafter Erkrankungen, die jedoch noch keiner stationären Krankenhausbehandlung bedürfen.

Interdisziplinäre Kooperation: Innerhalb sämtlicher konzeptioneller Vorüberlegungen wird die Notwendigkeit einer interdisziplinären Zusammenarbeit (Schwerpunkt Sozialarbeit, Pflege und Medizin) betont.

Anbindung: Die konkrete Arbeitsanbindung ist unterschiedlich. Zurzeit existieren folgende, durch unterschiedliche Institutionen, Einrichtungen, Initiativen entwickelte Versorgungsmodelle:

- Institutionen der freien Wohlfahrtsverbände (z.b. Caritas, Diakonie, Innere Mission; etwa Berlin);
- Abteilungen des Gesundheitsamtes (z.b. Köln, Bremen);
- Kooperation mit verschiedenen Einrichtungen der Wohnungslosenhilfe als speziell ermächtigter Arzt zur Gesundheitsversorgung Wohnungsloser (z.b. Mainz) oder als niedergelassener Arzt mit speziellen Sprechstunden in entsprechenden Einrichtungen (z.b. Koblenz);
- Schwerpunktpraxen niedergelassener Ärzte in sozialen Brennpunkten (z.b. München).

Vernetzung: Die konzeptionellen Überlegungen aller Versorgungsmodelle weisen immer wieder auf die außerordentliche Bedeutung einer Vernetzung mit bestehenden Versorgungs- und Betreuungseinrichtungen hin (Gesundheitsamt, Sozialamt, Ordnungsamt, Krankenhäuser, Arztpraxen, verschiedene Beratungsstellen, ärztliche Standesorganisationen). Die Intention ist dabei immer: Implementierung medizinischer Versorgung in sozialarbeiterisch orientierte, betroffenenzentrierte Betreuungskonzepte.

Medical Streetwork

Ende der achtziger und Anfang der neunziger Jahre wurde das Konzept einer Medical Streetwork entwickelt, nachdem zuvor einige wenige medizinische Studien zum Gesundheitsstatus wohnungsloser Menschen die hohe Morbiditäts- und Mortalitätsrate dieser Menschen aufgezeigt hatten. Man stellte die klassische Komm-Struktur in Frage und forderte das Umsetzen einer Geh-Struktur. Erste Forderungen hinsichtlich einer derart konzipierten medizinischen Versorgung wurden während der Bundestagung der BAG Wohnungslosenhilfe 1989 in Nürnberg aufgestellt: »Es muss eine akute medizinische Versorgung vor Ort durch spezifische Hilfeeinrichtungen interdisziplinärer Konzeption verwirklicht werden. Hierbei müssen etwaige Ausgrenzungs- und Diskriminierungstendenzen berücksichtigt werden.« (TRABERT 1990)

In einer Presseerklärung vom 18. Dezember 1991 der BAG Wohnungslosenhilfe in Stuttgart zu dem Themenkomplex »Krank und ohne Wohnung« wurden schließlich mobile medizinische, pflegerische Teams in
Großstädten und Metropolen gefordert:»... gedacht ist hierbei an zusätzliche, zu den bestehenden medizinisch-pflegerischen Hilfsangeboten fahrende Ambulanzen, welche zum Beispiel zu bestimmten Wochenzeiten
geeignete Standorte in den Städten beziehen.«

Es wird immer wieder auf die Notwendigkeit eines interdisziplinären
Ansatzes sowie auf die medizinische Versorgung »vor Ort«, also dort, wo
sich der betroffene Personenkreis aufhält, hingewiesen. In einer Stellungnahme des rheinland-pfälzischen Ministeriums für Arbeit, Soziales und
Gesundheit auf eine kleine Anfrage der Landtagsfraktion Bündnis 90/Die
Grünen zur medizinischen Versorgung wohnungsloser Frauen und Männer
im Dezember 1996 heißt es:»Eine aufsuchende mobile medizinische Versorgung könne eine sinnvolle Ergänzung zu diesen Angeboten im Bedarfs-
fall darstellen.« Die 71. Gesundheitsministerkonferenz der Länder im Jahr
1998 zur medizinischen Versorgung wohnungsloser Menschen beschloss:
»Es bedarf daher ergänzender Angebote, die niedrigschwellig sind. Ein
Personenkreis, der in der Regel nicht bereit oder in der Lage ist, eine ärztliche Praxis von sich aus aufzusuchen, benötigt neue Formen der aufsuchenden ambulanten Hilfe.« Des Weiteren wird vom rheinland-pfälzischen
Ministerium für Arbeit, Soziales und Gesundheit 1998 festgestellt:»Grundsätzlich besteht Übereinstimmung darin, dass zunächst niederschwellige
Versorgungsangebote bereitgestellt werden müssen und dass die traditionellen ›Komm-Strukturen‹ in der ärztlichen Praxis durch ›Geh-Struktu-
ren‹ im Sinne aufsuchender Hilfe zu ersetzen sind. Hierzu zählen:
- Sprechstunden in Übernachtungs- und in Eingliederungsheimen,
- Erreichbarkeit einer Pflegekraft,
- mobile medizinische Hilfe vor Ort in ›Gesundheitsbussen‹.«
Auf dem 101. Deutschen Ärztetag in Köln im Mai 1998 wurde schließlich
von der deutschen Ärzteschaft bezüglich des Kontextes Wohnungslosigkeit
und Gefährdung durch Krankheit folgender Beschluss verabschiedet:
»Folgende Maßnahmen sind hierbei von Bedeutung: akute medizinische
Versorgungsmöglichkeiten vor Ort, d.h. an den Treffpunkten und institutionellen Einrichtungen, an denen sich Wohnungslose in der Regel aufhalten, eingebettet in ein interdisziplinär angelegtes Versorgungskonzept (Zusammenarbeit von Medizin und sozialer Arbeit) unter Einbeziehung
sozialpsychiatrischer Dienste. Konkret bedeutet dies Aufbau und Förderung mobiler Sanitätsstationen (fahrende Ambulanzen), in denen eine aufsuchende medizinische Tätigkeit praktiziert wird (medical streetwork).«

Hier taucht nun zum ersten Mal offiziell der Begriff Medical Streetwork im Zusammenhang mit der medizinischen Versorgung von wohnungslosen Menschen auf.

Finanzierungsmodelle

Innerhalb der Arbeitskonzeptionen der eingerichteten niedrigschwelligen medizinischen Versorgungsprojekte haben sich verschiedene Finanzierungsmodelle bezüglich der Beschäftigungsstruktur der involvierten Ärzte herauskristallisiert:

- Zulassung bzw. Ermächtigung durch die Kassenärztliche Vereinigung,
- angestellte Ärzte bei Gesundheitsämtern oder freien Wohlfahrtsverbänden,
- Arbeitsbeschaffungsmaßnahmen,
- spezielle Vereinbarungen mit dem Sozialamt (Konsultationspauschalen),
- Spenden, ehrenamtlicher Einsatz,
- Pool- bzw. Mischfinanzierungen.

Die einfachste Realisierungsform ist die Einbeziehung zugelassener Ärzte mit eigener Praxis. Die Abrechnung ärztlicher Leistungen erfolgt nach demselben Prinzip wie in den üblichen Arztpraxen. Ermächtigte Ärzte können mit gewissen Einschränkungen ebenfalls ihre erbrachten Leistungen gegenüber der Kassenärztliche Vereinigung (KV) bzw. dem Sozialamt abrechnen – notwendig ist ein Ermächtigungsverfahren durch die zuständige KV im Rahmen des Sicherstellungsauftrages sowie des § 31 Abs. 1b der Zulassungsverordnung für Vertragsärzte.

Des Weiteren können spezielle Verträge mit dem Sozialamt hinsichtlich einer Aufwandspauschale pro Behandlungsfall vereinbart werden, da das Sozialamt bei Sozialhilfeempfängern in der Regel immer noch der Kostenträger ist. Eine weitere Finanzierungsmöglichkeit ist die Anstellung von Ärzten bei Behörden, etwa bei den Gesundheitsämtern. Letztendlich wird eine, an Bedeutung wohl zunehmende, Alternative die Finanzierung durch Spendengelder sein. Arbeitsbeschaffungsmaßnahmen im Rahmen von medizinischen Versorgungsmodellen für wohnungslose Menschen sind als problematisch zu bewerten (oft Berufsanfänger, hohe Fluktuation usw.).

Medical Streetwork und Versorgung psychisch kranker wohnungsloser Menschen

Den niederschwellig angelegten medizinischen Versorgungsstellen für wohnungslose Menschen kommt eine besondere Bedeutung zu. Verschiedene Untersuchungen (U. Nouverté 1996; Reker u.a. 1997) haben ergeben, dass 20–40 Prozent der wohnungslosen Menschen unter behandlungsbedürftigen psychischen Krankheiten leiden. Oft sind es derzeit allgemeinmedizinisch ausgebildete Ärzte, die in den medizinischen Versorgungsangeboten tätig sind.

Untersuchungen in der Allgemeinbevölkerung zeigen eine hohe Frequentierungsrate psychisch auffälliger bzw. kranker Menschen in Allgemeinkrankenhäusern bzw. beim Hausarzt oder Allgemeinmediziner auf. So ergab eine Schweizer Studie hinsichtlich suizidaler Patienten, dass 76 Prozent der Suizidversucher bzw. 58 Prozent der Suizidvollender vor der Handlung beim Hausarzt waren. K. Dörner (1996) bezeichnet die Allgemeinärzte als die »gemeindenächsten psychiatrischen Begleiter – oft ohne es zu wissen«. Nach Dörner gehen ca. 10 Prozent der Bevölkerung jedes Jahr wegen seelischer Schwierigkeiten zu ihrem Hausarzt. M. Fichter u.a. (1999) zeigten, dass das Allgemeinkrankenhaus sowie Nichtfachärzte im Hinblick auf das Fachgebiet der Psychiatrie auch von wohnungslosen Menschen mit psychischen bzw. substanzbedingten Problemen signifikant häufiger aufgesucht werden als Facheinrichtungen. K. Nouverté schrieb schon in der Ausgabe von 1996 des vorliegenden Buches: »Wenn dem psychiatrischen Kernfeld schon lange nicht mehr der Hauptpart in der Versorgung psychisch Kranker zukommt und auch ein Großteil der Klienten dem psychiatrischen Kernfeld nicht mehr ohne weiteres zuzuführen ist ..., müssen Arbeitsstrategien verändert werden.«

Erfahrungen nicht nur in Mainz deuten darauf hin, dass ungefähr 30 Prozent der die Versorgungsangebote aufsuchenden Klienten psychische Auffälligkeiten zeigen. Oft sind diese Verhaltensweisen depressive Störungen, Angststörungen und Schizophrenien. Zusätzlich ist bei ca. 35–40 Prozent eine Drogenproblematik festzustellen. Hierbei spielt der Alkoholabusus eine eindeutig dominierende Rolle. Zwischen psychischen Auffälligkeiten und Drogenproblem gibt es Überschneidungen. Nach verschiedenen deutschen Studien (Arolt 1997) wurden bei 10–20 Prozent der Patienten auf internistischen bzw. chirurgischen Stationen von Allgemeinkrankenhäusern alkoholbezogene psychische Störungen festgestellt. Bei 44,4 Prozent alkoholabhängiger Patienten wurde mindestens eine weitere krankheitsassoziierte psychische Störung beobachtet (ebd.).

Während Behandlungs- und Betreuungsstrategien bezüglich des Alkoholproblems in der Regel durch eine Kooperation zwischen Sozialarbeit und niederschwelligem medizinischem Versorgungsangebot interdisziplinär entworfen und eingeleitet werden können (Entgiftung, Langzeittherapie, ambulante Nachbetreuung usw.), ist dies bei psychisch Erkrankten oder auffälligen Menschen oft schwieriger und bedarf einer komplexen Vorgehensweise.

Verschiedene inhaltliche und organisatorische Aspekte sprechen für ein Case- und Disease-Management durch den niederschwellig arbeitenden Arzt in enger Kooperation mit der involvierten Sozialarbeit. Auf Grund der medizinischen Qualifikation ist eine erste Selektion und Bewertung, Beurteilung und Einschätzung des betroffenen Klienten möglich. Kontakte können zu entsprechenden Fachärzten (Psychiater), ambulanten und stationären psychiatrischen Einrichtungen, Selbsthilfegruppen bzw. Initiativen und insbesondere zum Sozialpsychiatrischen Dienst aufgenommen werden. Dies sollte in enger Kooperation mit der Sozialarbeit geschehen, eine Aufgabenteilung ist hierbei empfehlenswert.

Es kann somit eine frühzeitige fachärztliche Beratung, gegebenenfalls Krisenintervention, weiter gehende diagnostische Abklärung oder therapeutische Behandlung initiiert werden. Sinnvoll erscheint die Einrichtung eines Konsiliar- bzw. Liaisonpsychiatrie-Dienstes zu sein. Ein koordinierendes Case-Management ist auch deshalb notwendig und sinnvoll, da psychisch auffällige oder erkrankte wohnungslose Menschen oft in Vergangenheit und Gegenwart zwischen verschiedenen Hilfesystemen pendelten oder sogar zirkulierten (aus verschiedenen Gründen), ohne eine angemessene Hilfe erfahren zu haben. Eine Koordination sämtlicher Hilfemaßnahmen ist deshalb von besonderem Stellenwert. Hierbei geht es primär darum, ein der Individualität des Einzelnen entsprechendes Therapiekonzept zu entwickeln. Die oft negativen Erfahrungen der Betroffenen müssen hierbei berücksichtigt werden, insbesondere die Erfahrungen psychiatrischer Hospitalisierung und Enthospitalisierung sowie ablehnender Reaktionen durch die Sozialbürokratie.

Es wird deutlich, dass es vorrangig um die Stärkung individueller Ressourcen geht und dass die sukzessiv zu erreichenden Behandlungs- bzw. Interventionsziele innerhalb der Hierarchieskala zu Beginn nicht zu hoch angesiedelt werden sollten.

Als sekundäres, aber in der heutigen Zeit nicht unerhebliches Ziel ist die Kostenersparnis auf Grund eines koordinierten Vorgehens zu erwähnen.

Zur effektiveren Behandlungsstrategie sollte ein spezielles Manual der Betreuungs- und Behandlungsziele psychisch kranker Menschen, wie es sie bei anderen Erkrankungen (Diabetes mellitus, demenzielles Syndrom, Asthma bronchiale) schon gibt, ausgearbeitet werden. Diese Behandlungszielparameter sollten gemeinsam von Psychiatern, niederschwellig arbeitenden Ärzten im Wohnungslosenbereich, Sozialarbeiterinnen und Sozialarbeitern der Wohnungslosenhilfe und Betroffenen selbst entwickelt werden. Innerhalb eines Case- bzw. Disease-Managements ist die Berücksichtigung dessen, was psychisch erkrankte Menschen dazu bewogen hat, der etablierten Psychiatrie »den Rücken zu kehren«, unabdingbar notwendig, will man nicht erneut Gefahr laufen, Behandlungskonzepte an den Betroffenen vorbeizuentwickeln.

Erfahrungen haben zudem gezeigt, dass Betroffene zum Teil gezielt das ärztliche Gespräch, wohl auch auf Grund der Kenntnis der ärztlichen Schweigepflicht, suchen, da sie Benachteiligungen von Seiten der Wohnungsloseninstitution und der darin beschäftigten Sozialarbeiter befürchten. Ob dies begründet ist oder nicht, es muss ernst genommen und berücksichtigt werden. Davon abgesehen untersteht das Arzt-Patient-Verhältnis einem besonderen Vertrauensschutz und es müssen die üblicherweise bestehenden Regeln innerhalb spezifischer Versorgungsstellen für wohnungslose Menschen berücksichtigt und gewahrt werden. Dies kann zu Problemen, Meinungskontroversen und Missverständnissen zwischen Sozialarbeitern und den tätigen Medizinern vor Ort führen. Es ist unbedingt notwendig, dass dieser Aspekt innerhalb der interdisziplinären Zusammenarbeit stärker berücksichtigt wird und Erwartungen der einzelnen Berufsgruppen voneinander benannt und diskutiert werden. Es geht hierbei nicht um eine erneute Abgrenzung und Distanzierung von Sozialarbeit und Medizin, sondern um ein gegenseitiges Akzeptieren der Berufsrollen. Als Sozialarbeiter und Arzt erlaube ich mir die Feststellung, dass hierbei nicht nur die Medizin die Sozialarbeit als gleichwertigen und gleichbedeutenden Partner akzeptieren muss, sondern auch die Sozialarbeit die Medizin.

Innerhalb eines solchen Case-Managements müssen adäquate Betreuungs- und Behandlungskonzepte erarbeitet werden. Hierbei ist immer das Selbstbestimmungsrecht der Klientinnen und Klienten zu berücksichtigen (solange keine Eigen- bzw. Fremdgefährdung vorliegt) und auch zu hinterfragen, ob eine psychiatrische Erkrankung bzw. psychisch auffälliges Verhalten (dies bedarf natürlich einer weiter gehenden Definition) ein Problem des Patienten oder der Institution ist – gegebenenfalls mit dem Hinweis, dass die Wohnungsloseneinrichtung mit der Betreuung der Klienten überfordert ist, was nicht zu einer Abschiebung unangenehmer Personen führen darf.

Alle Initiativen zur Verbesserung der medizinischen Versorgungssituation von Menschen, die sich in einer besonderen sozialen Lage befinden wie allein stehende wohnungslose Menschen, müssen im gesamtgesellschaftlichen Kontext gesehen werden.

Gerade in der heutigen Zeit, in der ständig vom Missbrauch unseres Sozialstaates gesprochen wird, unser »zu umfangreiches« soziales Netz kritisiert wird, scheint es besonders notwendig und wichtig zu sein, auf die immer noch bestehenden und in letzter Zeit wieder zunehmenden Lücken in unserem sozialen Netz hinzuweisen. Niedrigschwellige medizinische Versorgungsangebote sind demzufolge dringend notwendige komplementäre Behandlungskonzepte.

KLAUS HEUSER, ANDREAS ZIMMERMANN

Obdachlos und psychisch krank – Probleme innerhalb von Verwaltung und Recht

Gesetzessystematik – Vorbemerkung

Das Sozialleistungssystem der Bundesrepublik Deutschland sieht die Gewährung von Hilfen vor, die sich am rechtlich definierten Hilfebedarf der anspruchsberechtigten Menschen orientieren. Dieses System ist immer dann sehr effizient, wenn die Zuordnung einer Leistungsart, einer Zuständigkeit, bestehenden Hilfsangeboten und anderem zum definierten Hilfebedarf gut ohne Abgrenzungsschwierigkeiten erfolgen kann. In all den Fällen aber, in denen insbesondere in der Person des Hilfesuchenden mehrere Bedingungen, verschiedene Behinderungen oder Probleme zusammentreffen, stößt die Zuordnung und damit die Gewährung von gezielten Hilfen auf diverse Schwierigkeiten. Zum einen sind unsere Hilfeangebote in aller Regel ausgerichtet auf einen bestimmten, möglichst klar definierten und umrissenen Personenkreis (z.b. Wohnheim für Menschen mit psychischer Behinderung, Wohnheim für Menschen mit geistiger Behinderung, Beratungsstelle für suchtkranke Menschen, Hilfen für wohnungslose Menschen usw.); zum anderen kategorisiert die Rechtsordnung nach Personen *und* Leistungen, wie zum Beispiel Hilfen und Leistungen für Menschen mit Behinderung einerseits (siehe §§ 39 ff. Bundessozialhilfegesetz) und für Personen, bei denen besondere Lebensverhältnisse mit sozialen Schwierigkeiten verbunden sind andererseits (§ 72 Bundessozialhilfegesetz).

Diese Kategorisierung innerhalb des Rechtssystems führt zwangsläufig zu verschiedenen Konsequenzen (unterschiedliche Behandlung des Einkommens und Vermögens der Betroffenen, unterschiedliche Heranziehung von Unterhaltsverpflichteten usw.). Diese unterschiedlichen Konsequenzen können für die einzelnen Personengruppen durchaus sinnvoll und fachlich begründet sein. Sobald jedoch verschiedene Merkmale in einer

Person zusammentreffen oder sobald Anbieter sich um »Grenzfälle« kümmern, geraten sie in Zuständigkeitsabgrenzungen und damit manchmal in Konflikte zwischen Sozialleistungsträgern.

Im Folgenden werden einige dieser Konfliktfelder und Abgrenzungsprobleme beschrieben und es wird auf die unterschiedlichen Konsequenzen hingewiesen. Dabei geht es nicht um eine Bewertung, sondern um eine Beschreibung der derzeitigen Situation.

In seinem dritten Abschnitt regelt das Bundessozialhilfegesetz die »Hilfe in besonderen Lebenslagen« (§§ 27 bis einschließlich 75). Diese Hilfen in besonderen Lebenslagen werden unterschieden von den Hilfen zum Lebensunterhalt, die im zweiten Abschnitt geregelt sind. Innerhalb der Hilfen in besonderen Lebenslagen unterscheidet das Bundessozialhilfegesetz – neben anderen Hilfen – die Eingliederungshilfe für Menschen mit Behinderung (Unterabschnitt 7, §§ 39–47) und die Hilfen für Personen, bei denen besondere Lebensverhältnisse mit sozialen Schwierigkeiten verbunden sind im zwölften Unterabschnitt (§ 72). Die allgemeinen Grundsätze der Hilfen in besonderen Lebenslagen regelt der erste Unterabschnitt (§§ 27–29a). Besonderheiten regeln dann jeweils die Vorschriften der einzelnen Unterabschnitte.

Die konkretere Beschreibungen der Personenkreise, der Leistungsinhalte und der Leistungsvoraussetzungen werden für den Bereich der Eingliederungshilfe für Menschen mit Behinderung in der so genannten »Eingliederungshilfeverordnung« geregelt (Verordnung nach § 47 Bundessozialhilfegesetz – Eingliederungshilfeverordnung – in der Fassung vom 1. Februar 1975, BGBl. I, S. 433); für die Hilfen nach § 72 BSHG regelt die Ausgestaltung die »Verordnung zur Durchführung des § 72 Bundessozialhilfegesetz« vom 24. Januar 2001, BGBl. I, S. 179.

Da die Leistungen der Eingliederungshilfe den Leistungen nach § 72 Bundessozialhilfegesetz vorgehen (siehe § 72 Abs. 1 Satz 2), sollen deshalb zunächst einige Ausführungen über die Eingliederungshilfe für Menschen mit psychischer Behinderung folgen.

Hilfen für Menschen mit psychischer Behinderung

Die Unterscheidung von Menschen mit psychischer Behinderung (§ 39 BSHG) und Personen, bei denen besondere Lebensverhältnisse mit sozialen Schwierigkeiten verbunden sind (§ 72 BSHG), ist rechtssystematisch durchaus zu ziehen. Im Hinblick auf die Praxis tauchen jedoch erhebliche Probleme der Abgrenzung auf. Gerade psychische Behinderungen führen oft zu »besondere Lebensverhältnisse mit sozialen Schwierigkeiten«, das heißt zu einem gestörten Verhältnis zwischen Umwelt und behindertem Mensch, dessen Konsequenz gerade in vielfältigen Schwierigkeiten im Hinblick auf die Eingliederung in die Gesellschaft liegen. Der konkrete Hilfebedarf und der konkrete Auslöser von Hilfen in der Praxis sind aber in der Regel die *Folgen* von Behinderung oder Fehlentwicklung und Störung, nicht jedoch die *Ursache* selbst. Das Bundessozialhilfegesetz fragt jedoch in aller Regel nach der Ursache des Hilfebedarfs beziehungsweise verlangt eine Kausalität zwischen Behinderung und Hilfebedarf. Diese Kausalität ist deshalb immer zu klären, weil sie den entscheidenden Anknüpfungspunkt für die zu gewährenden Leistungen bildet.

Gemäß § 39 BSHG gehören zum Personenkreis der Menschen mit Behinderung solche,»die nicht nur vorübergehend körperlich, geistig oder seelisch wesentlich behindert sind«. Ihnen ist Eingliederungshilfe zu gewähren. Gemäß Absatz 2 dieser Vorschrift stehen den Menschen mit Behinderung die von einer Behinderung bedrohten Menschen gleich. Eine weitere Definition oder Konkretisierung dieses Personankreises gibt das Bundessozialhilfegesetz selbst nicht. Die oben zitierte Eingliederungshilfeverordnung konkretisiert den Personenkreis in den §§ 1–5. In § 3 der Eingliederungshilfeverordnung wird der Personenkreis der»seelisch wesentlich behinderten« Menschen wie folgt definiert:

»Seelisch wesentlich Behinderte im Sinne des § 39 Abs. 1 Satz 1 des Gesetzes sind Personen, bei denen in Folge seelischer Störungen die Fähigkeit zur Eingliederung in die Gesellschaft in erheblichem Umfang beeinträchtigt ist. Seelische Störungen, die eine Behinderung im Sinne des Satz 1 zur Folge haben können, sind:

- körperlich nicht begründbare Psychosen,
- seelische Störungen als Folge von Krankheiten oder Verletzungen des Gehirns, von Anfallsleiden oder von anderen Krankheiten oder körperlichen Beeinträchtigungen,
- Suchtkrankheiten,
- Neurosen und Persönlichkeitsstörungen.«

Die Worte»seelisch« und»psychisch« werden in der Praxis und in aller Regel auch in Gesetzestexten synonym gebraucht. An der zitierten Definition fällt im Übrigen auf, dass sie und die darin gebrauchten Termini zum Teil nicht mehr der aktuellen Fachsprache entsprechen beziehungsweise sich in ihrem Inhalt geändert haben.

Der Paragraf 3 der Eingliederungshilfeverordnung unterscheidet zwischen:

- seelischer Behinderung und
- seelischer Störung.

Die in den oben genannten vier Ziffern aufgeführten»Diagnosen« werden als seelische Störungen definiert, die eine seelische Behinderung zur Folge haben können. Dies heißt zum Beispiel für die Prüfung von Hilfemöglichkeiten, dass nicht allein das Vorliegen einer derartigen Störung als Leistungsvoraussetzung ausreicht. Es muss vielmehr geprüft werden, ob derartige Störungen tatsächlich zu einer seelischen Behinderung geführt haben; außerdem muss geprüft werden, ob diese Störung zu einer *erheblichen* Einschränkung der Eingliederung in die Gesellschaft geführt hat. Deshalb sagt das Vorliegen einer Psychose oder einer Suchtkrankheit allein noch nichts darüber aus, ob tatsächlich eine wesentliche Behinderung gegeben ist. Gerade bei Suchtkrankheiten ist dies im Einzelfall unklar.

Systematisch ist bei der Frage, ob eine Hilfe wegen einer psychischen Behinderung notwendig und sinnvoll ist, folgende Prüfung vorzunehmen:
- Es liegt eine seelische Störung vor.
- Diese seelische Störung führt zu einer seelischen Behinderung.
- Die seelische Behinderung führt in einem erheblichen Umfang zur Beeinträchtigung der Fähigkeit zur Eingliederung in die Gesellschaft.
- Deshalb ist eine Hilfe – die beantragte Hilfe – notwendig.

Dies ist die notwendige Schrittfolge.

Personenkreis nach § 72 BSHG

Das Bundessozialhilfegesetz selbst kennt nicht den Begriff der»Obdachlosen«. Diese Personengruppe ist in der Systematik des Bundessozialhilfegesetzes eine mögliche Untergruppe des in § 72 genannten Personenkreises. Der § 72 Abs. 1 BSHG sagt nur allgemein, dass»Personen, bei denen besondere Lebensverhältnisse mit sozialen Schwierigkeiten verbunden sind«, Hilfe zur Überwindung dieser Schwierigkeiten zu gewähren ist. Eine weitere Definition oder Konkretisierung dieses Personenkreises wird nicht gegeben.

Im Gegensatz zu der Gruppe der Menschen mit Behinderung im Sinne der §§ 39 ff. BSHG wird der Personenkreis des § 72 nicht über die Definition einer Eigenschaft oder eines Defizits beschrieben, sondern durch das Vorliegen»besonderer Lebensverhältnisse, die mit sozialen Schwierigkeiten verbunden sind«. Diese Definition knüpft also nicht unmittelbar an die Person des Betroffenen an, sondern an seine Beziehung zur Umwelt. Diese Beziehung muss gestört sein. Gerade dies kann aber auch als Folge einer Behinderung der Fall sein. Dann bereitet es in der Praxis erhebliche Probleme, die richtige»Subsumtion« unter die Eingliederungshilfe oder die Hilfe nach § 72 BSHG vorzunehmen.

In der zu Paragraf 72 ergangenen Verordnung wird der Personenkreis näher beschrieben.

Zunächst werden in § 1 Abs. 2 der Verordnung zu § 72 die Lebensumstände dargestellt, in denen besondere soziale Schwierigkeiten auftreten können, nämlich bei einer fehlenden oder nicht ausreichenden Wohnung, bei ungesicherter wirtschaftlicher Lebensgrundlage, bei von Gewalt geprägten Lebensumständen, bei Entlassung aus einer geschlossenen Einrichtung oder bei vergleichbaren nachteiligen Umständen. Außerdem ist hinsichtlich der Ursache für die besonderen Lebensumstände klargestellt, dass diese sowohl in nachteiligen äußeren Umständen liegen kann als auch in der Person des Hilfesuchenden.

In § 1 Abs. 3 ist dann weiter konkretisiert, dass soziale Schwierigkeiten vorliegen, wenn »ein Leben in der Gemeinschaft durch ausgrenzendes Verhalten des Hilfesuchenden oder eines Dritten wesentlich eingeschränkt ist, insbesondere im Zusammenhang mit der Erhaltung oder Beschaffung einer Wohnung, mit der Erlangung oder Sicherung eines Arbeitsplatzes, mit familiären oder anderen sozialen Beziehungen oder mit Straffälligkeit«.

Der Unterschied zwischen Personen ohne feste Unterkunft (Obdachlose) und Personen, bei denen wegen einer fehlenden oder nicht ausreichenden Wohnung besondere soziale Schwierigkeiten aufgetreten sind (§ 72 BSHG), ist im Einzelfall äußerst schwer festzustellen. Gerade diese Feststellung ist jedoch notwendig, da sie oft das entscheidende Kriterium für die Beantwortung der Frage darstellt, ob der örtliche Träger oder der überörtliche Träger der Sozialhilfe sachlich zuständig ist.

Die – einzige – Voraussetzung für die Obdachlosigkeit ist das Fehlen einer ausreichenden Unterkunft bzw. das Leben in einer Obdachlosen- oder Behelfsunterkunft. Im Gegensatz dazu setzt § 72 BSHG im Hinblick auf die Wohnungslosigkeit voraus, dass wegen ihr besondere soziale Schwierigkeiten aufgetreten sind.

Zunächst einmal ist also festzustellen, dass das Fehlen einer angemessenen Unterkunft nicht Tatbestandsvoraussetzung des § 72 BSHG ist, obwohl die Wohnungslosigkeit oft ein wichtiges, nämlich äußerlich erkennbares Indiz für Ansprüche nach § 72 BSHG darstellt. Das Fehlen der gesicherten wirtschaftlichen Lebensgrundlage (§ 1 Abs. 2 der Verordnung) geht über das Fehlen der Wohnung hinaus; es wird vielfach gegeben sein bei Arbeitslosigkeit, Überschuldung, der Inanspruchnahme von Hilfe zum Lebensunterhalt (§ 11 BSHG), fehlender Unterstützung durch Familienangehörige etc.

Ein Leben in der Gemeinschaft kann wesentlich eingeschränkt sein und damit zu sozialen Schwierigkeiten führen, wenn die betroffene Person

Verhaltensweisen an den Tag legt, die für die Umwelt kaum erträglich sind. Die praktische Unterscheidung zwischen Menschen mit solchen erheblichen Verhaltensstörungen einerseits und Menschen mit psychischer Behinderung andererseits ist oft kaum zu treffen. Selbst Fachleute haben es nicht selten sehr schwer, diese beiden Gruppen zu unterscheiden und diagnostisch sauber herauszuarbeiten, ob eine psychische Behinderung vorliegt oder »nur« durch Verhaltensauffälligkeiten bedingte soziale Schwierigkeiten. Solche Verhaltensauffälligkeiten liegen häufig vor als Folge unter anderem von Entwicklungsstörungen, Erziehungsmängeln oder Milieubeeinflussungen. Die Ursache für Verhaltensauffälligkeiten kann jedoch auch eine psychische Behinderung sein. Deshalb reicht es nicht aus, wenn die Feststellung getroffen wird, Verhaltensauffälligkeiten haben zu sozialen Schwierigkeiten geführt. Damit allein kann nicht über eine Hilfegewährung und deren Voraussetzungen entschieden werden. Vielmehr ist weiter zu prüfen, ob die Verhaltensauffälligkeiten ihre *Ursache* in einer psychischen Behinderung haben.

Zusammentreffen mehrerer Merkmale

Die Merkmale »Obdachlosigkeit«, »Verhaltensauffälligkeit«, »soziale Schwierigkeiten« und »psychische Behinderung« können in einer Person entweder alle zusammen oder in wechselnden Kombinationen vorliegen.

In der Regel wird man sagen können, dass obdachlose Menschen keine ausreichende wirtschaftliche Lebensgrundlage haben. Insofern ist die Unterscheidung zwischen Obdachlosigkeit und Wohnungslosigkeit auf Grund ungesicherter wirtschaftlicher Lebensverhältnisse eher die Frage, ob »nur« Obdachlosigkeit vorliegt oder auch Merkmale des § 72 Bundessozialhilfegesetz.

Die Merkmale »psychische Behinderung« und »Obdachlosigkeit« oder »Verhaltensauffälligkeiten« können aber bei einer Person »nebeneinander« vorliegen. Menschen mit psychischer Behinderung können obdachlos sein, obdachlose Menschen können psychisch behindert sein, verhaltensauffällige Menschen können psychisch behindert sein, Menschen mit psychischer Behinderung können verhaltensauffällig sein.

Bei diesen »Doppeldiagnosen« ist aus den genannten Gründen dann weiter die Kausalität des Hilfebedarfs zu ermitteln, um zur rechtlich richtigen Hilfeart und Hilfevoraussetzung zu kommen.

Die Frage, ob der Hilfesuchende zum Personenkreis der Menschen mit Behinderung im Sinne des § 39 BSHG oder zum Personenkreis mit besonderen sozialen Schwierigkeiten im Sinne des § 72 BSHG gehört und der entsprechende Hilfebedarf die Ursache in der Behinderung oder in sozialen Schwierigkeiten hat, spielt eine große Rolle für Art und Umfang der Leistung. Ziel und Umfang der Leistung bestimmt bei behinderten Menschen insbesondere § 40 BSHG und die konkretisierende Eingliederungshilfeverordnung. Ziel und Leistungsumfang bei Personen des § 72 BSHG werden geregelt in Absatz 2 des Paragrafen 72 und der entsprechenden Rechtsverordnung.

Ziel der Hilfen

Die Hilfen für Menschen mit psychischer Behinderung sind insbesondere Hilfen im Zusammenhang mit Arbeit, Wohnen und Teilnahme am allgemeinen gesellschaftlichen Leben, und zwar im Hinblick auf die Eingliederung in diese Gesellschaft. Ziel der Hilfe nach § 72 ist jedoch die Überwindung der sozialen Schwierigkeiten. Ziel und Inhalt beider Hilfen sind also unterschiedlich und dementsprechend ist das Angebot der Hilfeeinrichtungen verschieden. Dies bedeutet, dass die Anbieter entsprechender Hilfen ihre Einrichtungen und Dienste nach dem jeweiligen Ziel ausrichten (müssen). Dazu gehört eine spezifische Konzeption, die ein entsprechendes fachliches Konzept, entsprechende Personalschlüssel und entsprechende Qualifikationen der Mitarbeiterinnen und Mitarbeiter voraussetzt.

Umgekehrt haben die Einrichtungen der jeweiligen Konzeption entsprechende Leistungs- und Entgeldvereinbarungen mit den Kostenträgern (in der Regel der örtliche oder überörtliche Träger der Sozialhilfe). Die Kosten für die Hilfe können vom Kostenträger aber nur dann übernommen werden, wenn die entsprechende Leistung erbracht wird und damit das entsprechende Ziel erreicht werden kann. Kosten der Eingliederungshilfe können vom Kostenträger grundsätzlich nur erbracht werden in Einrichtungen der Eingliederungshilfe, also in Einrichtungen, die auf Grund ihrer Konzeption und Fachlichkeit Gewähr für eine erfolgreiche Eingliederungshilfearbeit bieten (dies wird in der Regel durch die entsprechende Leistungs- und Entgeldvereinbarung dokumentiert). Gleiches gilt für die Hilfen nach § 72 in entsprechenden Einrichtungen nach § 72 BSHG.

Es ist rechtlich und organisatorisch, aber auch fachlich nicht ohne weiteres möglich, Hilfen für Menschen mit psychischer Behinderung oder für den Personenkreis des § 72 in »falschen« Einrichtungen zu gewähren.

Die Heranziehung von Einkommen und Vermögen

Eine weitere erhebliche Konsequenz ist der unterschiedliche Einsatz von Einkommen und Vermögen. Insbesondere der Einsatz des Einkommens und dort vor allem der Einsatz von Arbeitseinkommen wird bei den beiden Personenkreisen unterschiedlich behandelt. Das Einkommen soll im Bereich der Hilfe nach § 72 Abs. 3 nicht berücksichtigt werden, wenn dies das Ziel der Hilfe selbst gefährden würde. Ein derartiges »Privileg« gibt es bei der Berücksichtigung von Einkommen bei Hilfen für Menschen mit Behinderung nicht. Dies kann zu äußerst problematischen Situationen führen. In ein und derselben Einrichtung müssen zum Beispiel Bewohner, die Leistungen nach §§ 39 ff. BSHG erhalten, ihr Einkommen anrechnen lassen, während Personen nach § 72 Hilfen ohne Anrechnung von Einkommen erhalten.

Nach § 72 Abs. 3 BSHG wird die Hilfe ohne Rücksicht auf Einkommen und Vermögen gewährt, soweit im Einzelfall persönliche Hilfe erforderlich ist. Persönliche Hilfe ist in diesem Zusammenhang keine besondere Leistungsart (Form der Hilfe), sondern eine eigene, selbstständige Hilfe. Sie ist auch dann ohne Rücksicht auf Einkommen und Vermögen zu gewähren, wenn sie durch einen freien Träger geleistet wird und der Kostenträger (Sozialhilfeträger) die entstehenden Kosten dem Träger erstattet. Entscheidend ist, dass die Hilfe selbst dem Hilfeempfänger gegenüber als persönliche Hilfe gewährt wird (z.B. Beratung, Betreuung, Information). Für Geld- und Sachleistungen gelten die Regelungen des § 28 in Verbindung mit § 79, § 88 und § 89 BSHG.

Es ist jedoch – anders als im Bereich der Eingliederungshilfe – von der Berücksichtigung des Einkommens und Vermögens sowie von der Inanspruchnahme Unterhaltsverpflichteter abzusehen, soweit dies den Erfolg der Hilfe gefährden würde (§ 72 Abs. 3 BSHG). Dies kann zum Beispiel der Fall sein, wenn ein wiedergewonnener Selbsthilfewille des Hilfeempfängers oder die Stabilisierung der Persönlichkeit durch die Heranziehung zu Kostenbeiträgen oder zum Aufwendungsersatz oder durch die Inanspruchnahme Unterhaltspflichtiger beeinträchtigt würde. Da es bei den Problemen der Personen des Paragrafen 72 um Probleme der nicht gesicherten Existenz geht, sind gerade diese Fragen von besonderer Bedeutung. Insbesondere Einkünfte aus Arbeitseinkommen oder Beschäftigung – sei es aus Arbeitseinkommen sozialversicherungspflichtiger Arbeit oder aus Arbeitseinkommen durch Arbeitsprojekte usw. – verbleiben in aller Regel bei den Betroffenen, um das Ziel der Hilfe nicht zu gefährden. Es wäre im Sinne des § 72 BSHG – Überwindung der sozialen Schwierigkei-

ten – meistens nicht sinnvoll, den Betroffenen die materielle Existenzgrundlage zu entziehen. Anders als im Bereich der Eingliederungshilfe ist
es auch vielfach so, dass das Ziel der Überwindung der sozialen Schwierigkeiten zeitlich eher erreichbar ist und deshalb der Anreiz zur eigenen
Mithilfe größer sein muss als bei Leistungen im Rahmen der Eingliederungshilfe, da diese Leistungen zum Teil sogar auf Dauer (Lebensdau-
er) angelegt sind.

Im Rahmen der Eingliederungshilfe geht das Bundessozialhilfegesetz
grundsätzlich vom Einsatz des eigenen Vermögens und des eigenen Einkommens sowie von der Heranziehung der Unterhaltsverpflichteten aus.
Es ist dort nur in besonders begründeten Ausnahmefällen möglich, etwa
vom Einsatz des Einkommens oder des Vermögens abzusehen (siehe etwa
§ 88 BSHG). Diese unterschiedlichen Systematiken und die damit verbundenen unterschiedlichen Konsequenzen sind aus den oben genannten
Gründen für viele Einrichtungen und für die Betroffenen selbst zum Teil
nicht verständlich. Gleichwohl ist es die Konsequenz aus der Systematik
des Bundessozialhilfegesetzes und den dort unterschiedlich geregelten
Leistungsvoraussetzungen. Aus der Sicht der Betroffenen wird im Zweifel
nicht unterschieden zwischen diesen verschiedenen Denkansätzen.

Sachliche Zuständigkeit

In den einzelnen Bundesländern ist die sachliche Zuständigkeit, das heißt
die Zuständigkeitsabgrenzung zwischen örtlichen Sozialämtern und über-
örtlichem Träger der Sozialhilfe, unterschiedlich geregelt. Vielfach werden
die ambulanten Leistungen durch den örtlichen Träger gewährt, während
die Leistungen im Zusammenhang mit stationären Angeboten vom überörtlichen Träger gewährt werden.

Durch die Neuregelung des § 72 BSHG, die statt der bis dahin gelten-
den Definitionen der Personengruppen nunmehr am Merkmal der besonderen sozialen Schwierigkeiten anknüpft, müssen auf Landesebene entsprechende neue Regelungen zur sachlichen Zuständigkeit getroffen
werden. Hierbei sind Regelungen zu vermeiden, die zu Abgrenzungsschwierigkeiten führen beziehungsweise dazu, dass Entscheidungen unter dem Aspekt der Ent- oder Belastung für den eigenen Haushalt getroffen werden. Es besteht nämlich grundsätzlich die Gefahr, dass vor Ort die
Problematik im Einzelfall so »definiert« wird, dass sie in eine sachliche
Zuständigkeit passt, deren Finanzierung unproblematisch ist. Kostenträger
werden dies so nicht ohne weiteres zugeben, die Erfahrungen aus der Praxis lassen aber vermuten, dass derartige Überlegungen im Einzelfall durch-

aus eine Rolle spielen. Auch Anbieter selbst stehen in der Gefahr, Personen so zu beschreiben, dass die – in den Augen der Einrichtung und des Betroffenen – »beste« Hilfeleistung herauskommt.

Bei den Hilfen für verhaltensgestörte junge Menschen kommt noch die Abgrenzung zur Jugendhilfe – SGB VIII – hinzu, auf die ich hier jedoch nicht näher eingehen kann.

Ausblick

Es ging in diesem Beitrag nicht um eine Bewertung des bestehenden Rechtssystems und seiner Folgen. Dennoch muss festgestellt werden, dass die fachliche Entwicklung seit Inkrafttreten des Bundessozialhilfegesetzes und die Probleme der Praxis zum Teil nicht mehr übereinstimmen mit den Gegebenheiten und Überlegungen bei Inkrafttreten des Bundessozialhilfegesetzes 1961. Viele der derzeitigen Überlegungen zu Novellierungen sind geprägt von der Kostenfrage.

Im Hinblick auf die schwierigen Abgrenzungsfragen zwischen Menschen mit Behinderung im Sinne des § 39 und dem Personenkreis des § 72 BSHG konnte zum Beispiel durch den Landesrahmenvertrag zu § 93 in Nordrhein-Westfalen sichergestellt werden, dass im Wege der Zuordnung zu extra für diesen Zweck beschriebenen Leistungstypen auch für solche Menschen Hilfen nach § 72 gewährt werden können, bei denen nicht klar ist, ob eine Suchtkrankheit oder eine psychische Behinderung Ursache für die besonderen sozialen Schwierigkeiten ist. Insofern ist es zumindest für einen nicht unerheblichen Teilbereich der betroffenen Menschen gelungen, innerhalb der bestehenden gesetzlichen Regelungen die rechtlichen Grundlagen für effektive Hilfen zu gewährleisten.

Teil III
Besondere Lebenslagen

UWE BRITTEN

Verlorene: Kinder und Jugendliche auf der Straße

Gesundheits- und Orientierungsarbeit für beeinträchtigte Heranwachsende

Diskurse

Kinder und Jugendliche, die von zu Hause weglaufen und mehr oder weniger »auf der Straße« leben, hat es das gesamte 20. Jahrhundert über gegeben – und natürlich auch davor. Immer ist dieses soziale Phänomen sowohl als ein ordnungspolitisches Problem definiert wie auch als pädagogisch-therapeutische Herausforderung betrachtet worden. So fragte die Zeitschrift *Der Wanderer* schon 1902: »Wie können jugendliche Herumtreiber der Fürsorgeerziehung zugeführt werden?« Nicht mehr lange dauerte es, bis dieses jugendliche Verhalten in einem medizinischen Sinn pathologisiert wurde: In der *Zeitschrift für die Erforschung und Behandlung des jugendlichen Schwachsinns* stellt der Autor Rizor 1910 »Ergebnisse der psychiatrisch-neurologischen Untersuchung der in den Anstalten befindlichen über 14 Jahre alten Fürsorgezöglinge Westfalens« vor. Und sein Kollege Max Seige schreibt im Jahr darauf in derselben Zeitschrift über den »Wandertrieb bei psychopathischen Kindern«.

Unter dem Stichwort »jugendliche Trebegänger« wurde das Phänomen in den siebziger Jahren in der Fachwelt diskutiert (siehe etwa die Arbeit von TRAUERNICHT 1981). Dabei gerieten besonders Kinder, die in geschlossenen Heimen untergebracht waren, in den Blick.

Ab Anfang der neunziger Jahre schließlich wurde das Problem dieser Kinder und Jugendlichen ein Thema in der breiten Öffentlichkeit. Das hatte verschiedenste Gründe: Zunächst einmal führte der Zusammenbruch des Ostblocks auch in der DDR zu einem anomischen Zustand (und damit auch für kurze Zeit in der gesamten neuen BRD), der in ostdeutschen Großstädten wie Dresden, Leipzig, Halle, Magdeburg und erst recht Ost-Berlin Hausbesetzer-Szenen entstehen ließ, in denen vermehrt Minderjährige auftauchten. Aber auch in Städten wie Hamburg und West-Berlin waren insbesondere um die Bahnhöfe Jugendszenen entstanden, die in Hamburg unter dem Label Crash-Kids für Furore sorgten und der damaligen Innensenatorin beinahe ihren Stuhl gekostet hätten. Nicht unbedeutend für die Präsenz in der Öffentlichkeit war allerdings auch, dass damals gerade die Vermehrung der Fernsehprogramme einsetzte. Seither herrscht nämlich nicht nur ein erhöhter Bedarf an (skandalisierbaren) Themen, sondern auch die Wiederkehr von Inhalten über verschiedenste Programme hinweg hat erheblich zugenommen.

So sehr man in den neunziger Jahren den Eindruck haben konnte, weglaufende Jugendliche seien ein neues soziales Problem, so wenig also war das der Fall. Gleichwohl: Es ist nötig, Phänomene in ihrer historisch gewandelten Form und auch in ihrer je besonderen strukturellen Bedingtheit zu betrachten. Viele Autorinnen und Autoren sind sich heute einig, dass das Phänomen weglaufender Kinder und Jugendlicher durch zerbrechende soziale Strukturen, durch die zunehmende Individualisierung und durch die frühere soziokulturelle Selbstständigkeit bei gleichzeitig ökonomischer Abhängigkeit (oder sogar ökonomischem Ausschluss aus unserer Luxusgesellschaft) bedingt ist (»Kinder und Jugendliche als Modernisierungsverlierer«).

Einen Höhepunkt erreichte der Diskurs zwischen 1994 und 1998, und zwar sowohl in Fach- wie auch in populären Medien (ablesbar an der Literaturliste von H. KIEBEL). Die Phänomenologie der Weglaufschicksale (etwa BRITTEN 1995; SEIDEL 1994) wie auch gewisse dahinter liegende Strukturen (HANSBAUER 1998b; PERMIEN/ZINK 1998) wurden in dieser Zeit im Wesentlichen zusammengetragen.

Freilich gibt es bis heute eine Reihe von Aspekten, die auch von den Fachleuten nicht weiter untersucht worden sind. So wurden die Familienstrukturen und die Elternbeziehungen weglaufender Kinder kaum berücksichtigt (dazu ZEITDRUCK 1998; EDLER/MIOSGA 2001), auch die Präventionsarbeit (HANSBAUER 1998a) fand wenig Aufmerksamkeit und eine kritische Diskussion über die nötigen Hilfestrukturen selbst liegt völlig im Argen (BRITTEN 2002).

Juristisch gesehen gibt es gleichwohl keine obdachlosen Jugendlichen in der Bundesrepublik, denn Minderjährige »können« ihren Wohnsitz nicht frei wählen und »wohnen« deshalb dort, wo die Eltern wohnen, oder befinden sich in Einrichtungen der Jugendhilfe.

Wer sich um den Hilfebedarf dieser Kinder, Jugendlichen und jungen Erwachsenen kümmern möchte, braucht zunächst eine Vorstellung davon, um wen es eigentlich geht und wie sich die Bedarfslagen darstellen.

Begrifflichkeiten und Zusammenhänge

Nach wie vor gibt es keine einheitliche Begrifflichkeit, mit der die Situation dieser Jugendlichen beschrieben wird. In populären Medien, aber auch in vielen Fachveröffentlichungen wird nach wie vor der Begriff »Straßenkinder« verwendet. Die Bezeichnung ist zwar »plastisch«, aber auch irreführend bis falsch und wird zudem seit 1994 kritisch kommentiert (siehe die Hefte 5 und 7 im *sozialmagazin* 1994 sowie LIEBEL 2000). Ich möchte deshalb drei Begriffe unterscheiden, die sich in der praktischen Arbeit als hilfreicher herausgestellt haben.

Generell erscheint es sinnvoll, in Abgrenzung von dem an Zuständen der »Dritten« Welt gewonnenen Begriff »Straßenkinder« hierzulande übergeordnet von Jugendlichen zu sprechen, »die ihren Lebensmittelpunkt auf die Straße verlegt haben«. Dahinter können sich dann grob gesprochen drei Muster verbergen, die ich mit »Pendlern«, »Wegläufern« und (erst dann) »Straßenkindern« bezeichne (zu anderen Typologien siehe HANSBAUER 1998a, S. 462ff.).

Pendler: Hierunter verbirgt sich die größte Gruppe und gleichzeitig die unsichtbarste. Pendler sind jene, die zwar zu Hause wohnen, aber dort nur Grundbedürfnisse befriedigen: Schlafen, Essen, Hygiene. Darüber hinaus verbringen sie ihren Alltag in Cliquen »auf der Straße«, übrigens auch weite Teile der Schulzeit.

Wegläufer: Es gibt Jugendliche, die sich den Eltern oder anderen Erziehungsberechtigten durch eine Flucht entziehen. Sie laufen von zu Hause weg, schlagen sich eine Weile in entsprechenden Milieus durch und sind real oder formal obdachlos. Sie setzen ihre kulturell-biografisch vorgesehene Normalität kurzzeitig außer Kraft, nehmen aber oft nach einer gewissen Zeit wieder Verbindung mit den Eltern auf oder tauchen zumindest in anderen Städten im Hilfesystem auf.

Straßenkinder: Jugendliche, die ihr Leben vorläufig dauerhaft auf der Straße zubringen, bestenfalls bei »Bekannten« wohnen, sich finanziell irgendwie durchschlagen und sich mit dieser Lebensweise mehr oder weniger eingerichtet haben, diese lassen sich »Straßenkinder« nennen. Sie sind früher oder später den Hilfeeinrichtungen bekannt.

Als Nebenbemerkung sei erwähnt, dass natürlich die drei Phänomene auch als Phasen bei ein und demselben Jugendlichen auftreten können und damit dann (vermutlich!) eine zunehmende Verschlechterung der Lebenssituation verbunden ist.

Spekuliert wird immer wieder, wie hoch denn nun die Anzahl der »Straßenkinder« in Deutschland sei. Nach wie vor wird häufig mit der Zahl 5.000

bis 7.000 gearbeitet (siehe auch den Armutsbericht 2001 der Bundesregierung), die Mitte der neunziger Jahre auf Grund einer Berechnung anhand der Vermisstenstatistiken im Auftrag der damaligen Bundesregierung zustande kam. Die Einberechnung einer halbwegs realistischen Dunkelziffer dürfte die Zahl auf rund 20.000 hochsetzen. Jede Schätzung darüber hinaus halte ich für waghalsig, auch wenn selbst in Fachzeitschriften immer wieder von bis zu 100.000 die Rede ist (zuletzt: BOZENHARDT/LINDENTHAL 2002). Nach den Statistiken der Notschlafstellen u.Ä. bezüglich der sie kontaktierenden Jugendlichen und jungen Erwachsenen lässt sich eine Anzahl von etwa 9.000 errechnen, die in diesen Einrichtungen über das Jahr verteilt auftauchen (mit 14 Kontakten pro Person jährlich). Nicht alle von ihnen sind »Straßenkinder« im engeren Sinn und viele sind ohnehin weit älter als 21 Jahre.

Auch über das Alter dieser Kinder wird viel spekuliert. Tatsache ist, dass bereits 12-Jährige in den Einrichtungen auftauchen, diese aber eher Ausnahmen sind. Der Mädchenanteil beträgt nach den Auswertungen zweier Befragungen (siehe unten) ein Drittel (BODENMÜLLER/PIEPEL 2000 schätzen den Anteil höher; siehe zudem: BODENMÜLLER 1995), Kinder ausländischer Herkunft tauchen selten auf. 50 Prozent der Einrichtungen gaben an, so gut wie keine ausländischen Kinder im Projekt zu haben. Allerdings gaben auch nur 12 Prozent an, gegebenenfalls auf diese Kinder »angemessen« reagieren zu können.

Wer Straßenmilieus sozialarbeiterisch oder ähnlich betreut, stößt also auf diese drei Kategorien. Die Hilfemuster müssen entsprechend gestaltet werden. Ein Jugendlicher, der noch zu Hause wohnt, aber Anschluss an ein »Straßenmilieu« gesucht hat, müsste in seiner Verbindung zu den Eltern stabilisiert werden oder – bei grober Vernachlässigung etwa – in andere Wohn- und *Lebens*möglichkeiten vermittelt werden. Ein »Wegläufer« aus einer anderen Stadt müsste überhaupt erst einmal ans Hilfesystem herangeführt werden, damit sich eine Beziehung entwickeln kann, die das weitere Abdriften verhindert und schließlich wieder eine Hinführung in »gesündere« Verhältnisse ermöglicht. »Straßenkinder« hingegen brauchen zunächst eine Stärkung *für* die Straße, auf der sie nämlich erst einmal überleben müssen und wo eine Verschlechterung ihrer Lage verhindert werden muss (HANSBAUER 1998a).

Eine Befragung bei Notschlaf- und Erstanlaufstellen für Kinder und Jugendliche im Auftrag des Kinderhilfswerkes *terre des hommes* im Jahr 2001 hat noch einmal eindringlich gezeigt, dass diese Jugendlichen kein isoliertes Wohnproblem haben, sondern sich in einem Wust von beeinträchtigenden Bedingungen befinden (BRITTEN 2002). Schlagwortartig aufgelistet

klingt das etwa so: Wenn nicht ohnehin schon eine »Karriere« in Jugendhilfe-
einrichtungen vorliegt, dann leben diese Jugendlichen in instabilen Fami-
lienverhältnissen (eine sehr geringe Anzahl von ihnen lebt überhaupt noch
mit *beiden* Elternteilen zusammen, schätzungsweise 5 Prozent). Die eigene Bindung an die materiell oft schlecht ausgestattete Familie und das
Zugehörigkeitsgefühl sind eher schwach. Gewalt- und Missbrauchserfahrungen (bei vielen Mädchen auch sexueller Art) prägen das Verhältnis
zu Erwachsenen. Dies alles wirkt sich in Form von Schulverweigerung und
Schulabbrüchen aus, was wiederum Arbeitslosigkeit, Schulden sowie Kri-
minalität und Prostitution nach sich zieht. Die weiteren Folgen sind
instabile soziale Beziehungen bis hin zu einem völligen Fehlen eines sozialen Netzes, ein oft katastrophaler körperlicher Zustand und starker Drogenkonsum.

Diese Jugendlichen stecken zudem meistens in den typischen Pubertäts-
konflikten. Ihre Lebenssituation ist traumatisierend und wohl das, was man
ein Life-Event nennt.

Bei der Befragung danach, wo die Jugendlichen während oder kurz vor
dem Kontakt mit Notschlafstellen wohnten, ergab sich folgendes Bild: Nur
knapp 12 Prozent lebten noch bei den Eltern und über eigenen Wohnraum
verfügten lediglich 9 Prozent. In Heimen und anderen betreuten Wohneinrichtungen waren 17 Prozent untergebracht. Die Psychiatrie und auch
der Strafvollzug spielten mit gemeinsam knapp 7 Prozent eine unterge-
ordnete Rolle. Prekärer war die Lage für etwa 59 Prozent der Jugendlichen: 30 Prozent von ihnen waren bei Bekannten untergeschlüpft (formale
Obdachlosigkeit) und 29 Prozent befanden sich nach Angaben der Mitarbeiter in *realer* Obdachlosigkeit.

Auf diese jungen Klienten treffen die Mitarbeiterinnen und Mitarbeiter
der Notschlafstellen.

Die Arbeit der Notschlafstellen

Notschlafstellen für Kinder und Jugendliche sind von wenigen Großstädten abgesehen eine neuere Erfindung des Hilfesystems – gegründet zumeist
Mitte der neunziger Jahre. Fast alle Städte über 100.000 Einwohner verfügen über solche Einrichtungen, wenn auch mit sehr unterschiedlichen
Konzeptionen. Notwendig wurden diese Anlaufstellen, weil sich vielerorts
der Eindruck einstellte, dass diese Kinder und Jugendlichen durch das
sonstige Netz der Jugendhilfe fielen und viele in entsprechenden Szenen
geradezu untertauchten. Juristische Grundlage ist der § 42 KJHG.

Idealtypisch sind diese Projekte verankert zwischen Streetwork auf der einen und Formen des betreuten Wohnens auf der anderen Seite. Diese Verknüpfung verschiedener Hilfeeinrichtungen ist allerdings vielerorts unzureichend. Zwar gaben 85 Prozent der Projekte in der Befragung von 2001 an, mit Streetwork zu kooperieren oder diese selbst durchzuführen, aber lediglich 35 Prozent verfügten über hinreichend Vermittlungsmöglichkeiten ins betreute Wohnen.

Die personelle Ausstattung dieser Projekte ist eher »schwierig« zu nennen. Nur rund 50 Prozent verfügen überhaupt über Vollzeitstellen, meistens eine oder zwei. Sehr oft haben die festen Mitarbeiter 75- oder 50-Prozent-Stellen. So lässt sich das Durchschnittsmodell etwa so beschreiben: hauptamtliche Pädagogen oder Sozialarbeiter plus hospitierende Studenten plus Honorarkräfte plus eine Hauswirtschafts- oder Verwaltungskraft. Mit diesem Stundenkontingent durchschnittlich 220 Jugendliche mit je rund 14 Kontakten jährlich zu begleiten ist nicht einfach.

Bei einer solchen personellen Ausstattung dürfte klar sein, dass viele eigentlich notwendige Arbeiten auf der Strecke bleiben und es erst recht nicht möglich ist, stabile Beziehungen zu den Jugendlichen aufzubauen, also das, was diese jungen Menschen endlich einmal erfahren müssten – gerade von Erwachsenen (Vertrauen erfahrbar machen). Dies bemängeln die Mitarbeiterinnen und Mitarbeiter auch immer wieder. Stattdessen fehlt oft schon die Zeit für die Begleitung der Jugendlichen zu Ämtern.

Die Mitarbeiterinnen und Mitarbeiter befinden sich entsprechend oft in der Situation, die »Spirale der Perspektivlosigkeit«, in der sich die jungen Menschen befinden, sozialarbeiterisch »zu begleiten«, was am krassesten durch die fehlenden betreuten Wohnmöglichkeiten deutlich wird. Wenn also in diesen Projekten häufig davon die Rede ist, die Jugendlichen zuerst einmal für ihre Lebenswelt zu stärken, also für die Straße, dann hat das nicht zuletzt mit der Ressourcenschwäche dieser Projekte selbst zu tun.

Das Leistungsspektrum dieses Einrichtungstyps lässt sich grob mit dem Wort »Grundversorgung« benennen. Das heißt, in den Räumen ist es möglich, sich zu waschen, die Wäsche zu waschen, zu essen und zu trinken, eine paar entspannte Stunden täglich zu verbringen, mit anderen Spiele zu spielen (Kicker, Brettspiele, Tischtennis) oder auch in einem Ruheraum Schlaf nachzuholen (insbesondere wichtig für die Mädchen, die anschaffen). Das »pädagogische« Angebot sieht Gespräche mit den Mitarbeitenden vor zur Klärung der momentanen Lage, zur Lösung gravierender Probleme (Wohnen, Finanzen etc.) und zur Entwicklung von Zukunftsperspektiven. Bei all dem gilt, die Jugendlichen zu nichts zu nötigen, sondern ihnen weitenteils die Entscheidungen selbst zu überlassen, nach den Entscheidungen aber im Rahmen der Möglichkeiten unterstützend zu sein.

Zusätzlich können weitere Angebote vorgehalten sein: Am ehesten gesichert ist eine konsiliarische ärztliche Arbeit, bei der ein- oder zweimal pro Woche ein Arzt zu einer »Sprechstunde« erscheint. Dass diese Arbeit im Rahmen einer Grundversorgung wichtig ist, liegt auf der Hand. Es treten insbesondere Beeinträchtigungen durch den hohen Alkohol- und sonstigen Drogenkonsum auf, Infektionserkrankungen (insbesondere HIV), aber auch sehr häufig chronische Entzündungen u.ä. Bei den Mädchen spielt natürlich die Verhütung eine große Rolle (zur Mädchenprostitution: TIEDE 1997).

Im somatischen Bereich also ist ärztliche Arbeit sowohl erforderlich als auch vielerorts »eingerichtet«. Wie sieht es nun im psychischen Bereich aus?

Befragung zu psychischen Beeinträchtigungen

Nach der Befragung im Jahr 2001 über die Situation der Notschlafstellen habe ich für das vorliegende Buch im Frühjahr 2002 eine kleine Nachbefragung vorgenommen speziell zu den psychischen Beeinträchtigungen dieser Kinder, Jugendlichen und jungen Erwachsenen.

Die Mitarbeiterinnen und Mitarbeiter sollten nach ihren Einschätzungen unter anderem die innere Befindlichkeit der Klientel beschreiben. Wieder nur stichwortartig zusammengefasst klingt das so: Diese heranwachsenden Menschen haben starke Minderwertigkeitsgefühle und sind hochgradig verunsichert. Sie empfinden eine innere Leere, eine extreme Perspektiv- und Orientierungslosigkeit (in beiden Befragungen war das die höchste Einzelnennung) und sind sehr verzweifelt über ihre Lage. Sie wirken teilweise sogar verängstigt. Das alles summiert erscheint als gravierende persönliche Instabilität, als mangelndes Identitätsgefühl.

Hinzu kommen nach der Befragung von 2001 eine niedrige Frustrationstoleranz und mangelnde Konfliktfähigkeit. Gleichzeitig herrschen oft nur ein schwaches Problembewusstsein (zuweilen sogar Selbstüberschätzung) und damit eine geringe Veränderungsmotivation vor. Hier dürften narzisstische Störungen eine Rolle spielen. Nicht selten wurden Auffälligkeiten schon in dieser ersten Befragung von 2001 bis hin zur Etikettierung als »psychisch krank« bezeichnet, obwohl wir nicht danach gefragt hatten!

Die Schätzungen zur psychischen Situation in der Befragung von 2002 waren, von wenigen Ausreißerdaten abgesehen, sehr homogen.

Die Frage nach einer generellen Verhaltensauffälligkeit wurde mit einer Quote von 70 Prozent eingeschätzt, wobei einzelne Einrichtungen die Quote bei 90 und sogar 98 Prozent ansiedelten. Ein Problem mit Alkohol wurde bei rund 24 Prozent vermutet (bei harten Drogen steigen die Zahlen schnell auf 60 bis 80 Prozent). Depressionen könnten bei 21 Prozent vorliegen, bei rund der Hälfte sogar inklusive Suizidalität. Psychotische Beeinträchtigungen wurden bei etwa 12 Prozent angenommen; Persönlichkeitsstörungen bei knapp 17 Prozent.

Fremdgefährdendes Verhalten wurde mit einem Durchschnitt von 32 Prozent vermutet, wobei eine Einrichtung explizit darauf aufmerksam machte, dass hier die geschlechtsspezifischen Unterschiede groß seien. Für die Jungen ging man dort von 70 Prozent, für die Mädchen von lediglich 40 Prozent aus. Selbstverletzendes Verhalten hingegen wurde durchschnittlich mit 27 Prozent angenommen, wobei die differenzierende Einrichtung hier den Anteil für die Mädchen sogar auf 80 Prozent schätzte.

Die Ergebnisse zeigen relativ eindeutig, dass diese jungen Menschen oft unter erheblichen psychischen und kognitiven Beeinträchtigungen leiden. Die Frage, bei wie vielen der Jugendlichen sich die Wohnkrise postpubertär von selbst »auswachsen« würde, wurde mit 8 Prozent beantwortet.

Die Notschlafstellen sind mit dem, was an Hilfenotwendigkeiten auftaucht, oft überfordert. Ob die eigene Arbeit bedürfnisangepasst sei, mochten lediglich 23 Prozent mit einem eindeutigen »Ja« beantworten, etwa ebenso hoch war das mehr oder weniger deutliche »Nein«.

Problematische Ergebnisse zeigten sich bei der Frage nach dem angemessenen Umgang mit Traumatisierungen: 42 Prozent der befragten Projekte gaben ein klares »Nein« an. 38 Prozent antworteten, in solchen Fällen an spezielle Fachdienste zu verweisen (in welcher Form, blieb unklar). 19 Prozent meinten, zwar auf Fachdienste zurückgreifen zu können, im konkreten Fall aber auf große Hindernisse in der erfolgreichen Vermittlung zu stoßen. In den an der östlichen Landesgrenze gelegenen Großstädten tauchen kriegstraumatisierte Kinder aus Osteuropa auf, die in den Projekten offenbar ebenfalls oft Hilflosigkeit hervorrufen.

Bedeutung der therapeutischen Arbeit

Sieht man sich die Beschreibung sowohl der Lebenslage dieser jungen Menschen als auch ihre psychische Befindlichkeit an, dann wird deutlich, dass folgende Leistungen dringend erforderlich sind:

- eine Grundversorgung mit Essen, Trinken, Hygiene und Ruhephasen für »Wegläufer« und »Straßenkinder«;
- eine allgemeinärztliche Versorgung, und zwar insbesondere auf den hohen Drogenkonsum ausgerichtet (der von den Projekten als zukünftig weiter ansteigend eingeschätzt wird) und auf die Risiken bei Prostitution;

- eine pädagogische Begleitung zur Lösung von psychosozialen Problemen, aber auch zur Entwicklung von Zukunftsperspektiven.

Allein für die Erreichung des letzten Punktes wäre eine Erhöhung der Stundenkontingente der Mitarbeiterinnen und Mitarbeiter eine zwingende Forderung.

Wer diesen jungen Menschen mittel- und langfristig helfen will, kommt kaum um die Einsicht herum, dass die gegenwärtige Hilfe nicht ausreicht. Ohne das Problem vorschnell »psychotherapeutisieren« zu wollen, scheinen mir die Jugendlichen und jungen Erwachsenen eine Unterstützung zu benötigen, die deutlich über eine sozialarbeiterische Alltagsversorgung hinausgeht:

- eine hohe Akzeptanz als Person (»Du bist in Ordnung.«),
- eine weitergehende sozialarbeiterische Begleitung im Lebensalltag (nicht allein in der Einrichtung),
- ein Trainieren sozialer Kompetenzen,
- eine Stärkung und Weiterentwicklung bestehender Ressourcen,
- ein Reframing psychisch bedeutsamer »Pläne« bei Akzeptanz des bisherigen Lebenswegs,
- ein Trainieren kognitiver Kompetenzen (etwa zur Bewältigung von Frust).

Die Arbeit mit diesen jungen Menschen erfordert auch von den Mitarbeiterinnen und Mitarbeitern große Kompetenzen, zum Beispiel in der eigenen persönlichen Stabilität, in moralischen Fragen, in der Professionalität der Beziehungsgestaltung und auch im Aushalten von Frustrationen. Am Beispiel der Biografie von Ronnie Vahrt, der in der Zeit von 12 bis 16 vorrangig auf der Straße gelebt hat, habe ich das einmal anhand eines Identitätsmodells zu veranschaulichen versucht (VAHRT/BRITTEN 1997; BRITTEN 1998).

Während sich bei älteren psychisch kranken Obdachlosen beobachten lässt, dass sie vorrangig in der traditionellen Wohnungslosenhilfe auftauchen, trifft das für Jugendliche nicht zu. Sie bleiben lange unsichtbar. Wo über niedrigschwellige Angebote und Streetwork ein Zugang zu ihnen geschaffen wird, wäre es erforderlich, neben der Grundversorgung vorrangig Beziehungsarbeit zu leisten. Dies kann nicht anders gelingen als über eine große personelle Kontinuität (Case-Management) und ebenso große Verlässlichkeit – *dies* ist es, was die Jugendlichen bisher in ihrem Leben nicht erfahren haben!

Dazu brauchen keine neuen Einrichtungstypen erfunden zu werden. Die Erstanlauf- und Notschlafstellen mit ihrer »Szenenähe« können zum Zentrum dieser begleitenden Arbeit werden. Aber die Mitarbeiterinnen und

Mitarbeiter sind völlig überfordert, diese Arbeit allein und mit Halbtagsstellen zu bewältigen. Da die Arbeit mit diesen jungen Menschen Zeit braucht und persönliche Entwicklung eben nicht von heute auf morgen eintritt, ist das nötig, was bereits »Schwellenstufensystem« genannt wurde (siehe die gründliche Arbeit von PFENNIG 1996, S. 153 ff.) Erforderlich sind nach den Befragungen:

- eine langfristige finanzielle Absicherung der Projekte,
- eine personelle Aufstockung,
- ein konsiliarisches Mitarbeiten weiterer Fachleute,
- die Kooperation über die einzelnen Träger hinaus,
- gegenseitiges Hospitieren,
- gezielte Fortbildungen sowie
- Supervision.

Für die Arbeit mit diesen Jugendlichen sind darüber hinaus erforderlich: eine Flexibilisierung der Leistungen (das Versorgungssystem reagiert oft viel zu schwerfällig) sowie viel mehr Möglichkeiten im betreuten Wohnen.

Jugendliche und junge Erwachsene, die ihren Lebensmittelpunkt auf die Straße verlegt haben, entziehen sich traditionellen Hilfeeinrichtungen. Dies vorrangig deshalb, weil sie wenig Vertrauen zu anderen haben (insbesondere Erwachsenen und gesellschaftlichen Institutionen gegenüber), ihre Situation nicht offen legen wollen (Befürchtung des Verlustes von Autonomie) und deshalb eine Art Anonymität suchen. Probleme in der Familie, in der Schule, die eigene Wohnungslosigkeit und auch der körperlich schlechte Zustand werden lange geheim zu halten versucht.

Die Jahre zwischen 12 und 21 sind im Leben eines Menschen zentrale, prägende, aber auch sensible Jahre. Wo primäre Sozialisationsinstanzen (auch die Schule in ihrer herrschenden Form) scheitern oder sogar traumatisierend wirken, da bedarf es anderer Einrichtungen und »anderer« Erwachsener (vor allzu paternalistischen Vorstellungen warnt MÜLLER 1997). Diese Funktion müssen Mitarbeiterinnen und Mitarbeiter im (soziotherapeutischen, psychotherapeutischen und medizinischen) Hilfesystem übernehmen, und zwar entschieden, denn: Die Jugendhilfe ist eine »befristete« Hilfe. Früher oder später fallen die jungen Menschen aus ihrer Zuständigkeit heraus. Die Arbeit mit diesen sicher oft »schwierigen« Jugendlichen erfordert eine »beherzte« Herangehensweise. Gelingt die Beziehungsarbeit, bahnt das für die Zukunft auch eine positivere Haltung bei der frühzeitigen Hilfesuche in kritischen Lebensphasen. Fallen die Jugendlichen erst einmal aus diesem System heraus, dann sind nicht nur Chancen vertan, jungen Menschen den (für sie schon in frühen Jahren mühsamen) Weg ins Leben zu erleichtern, sondern dann taucht ein Teil von ihnen immer wieder im Hilfesystem auf: in der Suchthilfe, in der Wohnungslosenhilfe, in der psychiatrischen Abteilung oder als AIDS-Kranke im Hospizhaus.

HELMA HESSE-LORENZ, RENATE ZANJANI

Wohnungslosigkeit bei Frauen ist unsichtbar

Im Bereich der Wohnungslosenhilfe ist seit Jahren ein Ansteigen der Zahlen wohnungsloser oder von Wohnungslosigkeit bedrohter Frauen zu verzeichnen. Wurde vor etwa 20 Jahren der Anteil der Frauen von Experten der Wohnungslosenhilfe noch zwischen 3 und 5 Prozent beziffert, so lag der Anteil wohnungsloser Frauen 1995 schon zwischen 10 und 15 Prozent. In Ballungsgebieten wurde zu diesem Zeitpunkt von einem Frauenanteil zwischen 15 und 20 Prozent ausgegangen (GEIGER/STEINERT 1991).

In einer Jahresschätzung der Bundesarbeitsgemeinschaft Wohnungslosenhilfe für das Jahr 2000 liegt dieser Frauenanteil, trotz derzeit sinkender Zahlen aller wohnungsloser Menschen um rund 9 Prozent, bei insgesamt 23 Prozent (ohne Aussiedler). Dass trotz dieser hohen Zahl wohnungslose Frauen auf den Straßen oder Plätzen immer noch eher vereinzelt anzutreffen sind, hat insbesondere den Hintergrund, dass Wohnungslosigkeit bei Frauen ein verdecktes Phänomen ist.

Erst ganz zum Schluss

Frauen gelingt es auf vielfältige Weise, sich für längere Zeiträume eine Unterkunft zu beschaffen, als dies Männern möglich ist. Sie finden oftmals eine Unterkunft bei Freundinnen, Bekannten, Verwandten, wenn auch nur für einen begrenzten Zeitraum. Die Unfähigkeit vieler Männer, allein zu leben, wird häufig von ihnen dadurch kompensiert, dass sie Frauen Wohnraum anbieten und ihnen so (»als Zufallsbekanntschaft«) für einen nicht abschätzbaren Zeitraum ungesicherten Wohnraum zur Verfügung stellen.

Die verdeckte Wohnungslosigkeit von Frauen wird auch in der Studie des Bundesministeriums für Frauen und Jugend von E. Steinert beschrieben:

»Wohnungslosigkeit von Frauen wird nicht offenkundig, weil Frauen vielerlei Gründe haben, private Lösungen zu suchen:

- aus Scham;
- weil sie aus Angst in die Anonymität flüchten, um Misshandlungen des Partners zu entgehen;
- weil sie Hilfsangebote der Einrichtungen weniger instrumentalisieren können als Männer;
- weil es keine ausreichend adäquaten Hilfsangebote für Frauen gibt.«

(GEIGER/STEINERT 1991)

Parallel zum Anstieg des Frauenanteils in der Wohnungslosenhilfe ist aber auch seit Jahren ein Anstieg psychiatrisch erkrankter Frauen zu verzeichnen, die in Einrichtungen der Wohnungslosenhilfe um Unterkunft nachsuchen.

Statistische Untersuchungen haben inzwischen den vermuteten Anteil von 20 bis 30 Prozent psychiatrisch erkrankter Menschen in den Einrichtungen der Wohnungslosenhilfe bestätigt. Nimmt man die Gruppe der suchtkranken Frauen hinzu, so kommt man jedoch auf einen Wert bei Frauen von 93,8 Prozent, wie dies in der Studie von A. GREIFENHAGEN und M. FICHTER (1997) ausgewiesen wird.

Psychisch kranke wohnungslose Frauen kommen, wie alle wohnungslosen Frauen, mit sehr individuellen Biografien und mit den unterschiedlichsten Begleitproblemen in die Einrichtungen der Wohnungslosenhilfe. Allen gemeinsam ist, dass sie seit geraumer Zeit ohne eigene Unterkunft sind, in ungesicherten finanziellen Verhältnissen leben und für sie keine funktionierenden, d.h. keine tragfähigen Beziehungssysteme existieren.

Ihre Erwartung an die Hilfe leistende Stelle beinhaltet zunächst nur eine sichere Unterkunft und die Gewährung der Möglichkeiten zur Befriedigung existenzieller Bedürfnisse wie Schlafen, Waschen, Kochen.

Hilfestellung zur Neuordnung der persönlichen Angelegenheiten wird erst im weiteren Verlauf einer als positiv erlebten Maßnahme angefragt bzw. zugelassen. Einrichtungen der Wohnungslosenhilfe sind für die sie aufsuchenden Frauen oft zunächst lediglich Zwischenstation, Ruhepunkt, Verweilmöglichkeit, in Kauf genommener Aufenthaltsort, eine Notlösung, im guten Fall dann aber auch Wendepunkt und Neubeginn.

Wie alle wohnungslos gewordenen Frauen haben auch psychisch beeinträchtigte oder kranke Frauen meist eine Vielzahl an Unterkunftsformen hinter sich. Viele dieser Frauen haben Psychiatrieaufenthalte oder andere stationäre Unterbringungen erlebt und sind dementsprechend vorsichtig bis abweisend gegenüber den wie auch immer gearteten stationären Einrichtungen.

Meistens kommen die Frauen erst, wenn sie keine Alternative mehr zum Heimaufenthalt finden können.

Ebenso wie andere wohnungslose Frauen erleben auch psychiatrisch erkrankte Frauen die Aufnahme in ein Heim als extrem diskriminierend und ihre persönliche Freiheit massiv eingrenzend. Das bei Frauen stark ausgeprägte Bedürfnis, eigene Problem- und Lösungsstrategien zu finden, bevor sie fremde, vor allem institutionelle Hilfe in Anspruch nehmen oder sogar einfordern, verzögert auch hier den Eintritt ins Hilfesystem. Auch die Vielzahl der Bewohnerinnen in einem Haus (Platzzahlen zwischen 25 und 60 Betten, dabei evtl. noch eine Unterbringung in Doppelzimmern) führen eher zu Überforderungen als zur Entlastung der Hilfe suchenden Klientin.

Die Erscheinungsformen psychischer Erkrankungen sind etwa:

- Psychosen,
- Persönlichkeitsstörungen,
- Depressionen/Suizidalität,
- Borderline-Störungen,
- Angststörungen,
- Posttraumatische Belastungsstörungen,
- Suchterkrankungen,
- Doppeldiagnosen.

Psychisch kranke Frauen in Einrichtungen der Wohnungslosenhilfe sind meistens schon vorher psychisch erkrankt und haben bereits psychiatrische Kliniken kennen gelernt. In den meisten Fällen lehnen diese Frauen die Psychiatrie und die damit verbundenen ambulanten Dienste und Institutionen mit den dazugehörenden Ärzten vehement ab. Die oftmals funktional ausgerichteten psychiatrischen Behandlungskonzepte sowie die dort erlebten Behandlungen und Vorgehensweisen haben diese Frauen nicht als hilfreich und heilend erlebt, sondern eher verletzend, getragen von einem Gefühl, nicht ernst genommen zu werden. Die Kontakte zur Psychiatrie führten nicht zu den gewünschten Veränderungen im Lebensalltag. Auch die Einnahme von Medikamenten wird bei diesen Frauen eher als Fremdbestimmung und als beschädigend wahrgenommen. Die Tatsache, dass durch psychiatrische Kliniken Wohnungslosigkeit entsteht, zum Beispiel Zwangsräumungen der Wohnung, Trennung vom Partner, wird von Seiten der psychiatrischen Dienste nur bedingt, wenig offensiv und transparent ins Behandlungskonzept mit eingebunden. Immer kürzere Verweildauern in der Klinik, auch auf Grund des Kostendrucks von Seiten der Krankenkassen, führen dazu, dass Menschen in ungesicherte Wohnformen (etwa zurück in die Herkunftsfamilie, Ad-hoc-Anmietungen) entlassen werden. Gut vorbereitete Vermittlungen in eigenen Wohnraum oder andere Wohnformen werden somit erschwert.

Wie alle anderen Frauen auch, so haben psychisch kranke Frauen ein eigenes Lebenskonzept. Wird dieses Konzept von den »Helfenden« nicht wahrgenommen und wird keine entsprechende Akzeptanz vermittelt, hat das zur Folge, dass die angebotene Hilfe abgelehnt wird. Für die Frauen bedeutet dies oft eine Wiederholung des alten Muster: »Die verstehen mich sowieso nicht! Helfen können die auch nicht!«

M. Ziskoven (1994) beschreibt es in folgender Weise: Die psychiatrisch behandelten Menschen vermissen insbesondere:

- »eine subjektorientierte Psychiatrie, die vom Erleben des Patienten und von einem Sinnzusammenhang mit seiner Lebensgeschichte ausgeht und nicht von seinen Symptomen und seinem von der Norm abweichenden Verhalten;
- ein gemeinsam erarbeitetes Psychose- und Selbstverständnis, um das beeindruckende Psychoseerleben nicht als einen Unwert von sich abspalten zu müssen, sondern als einen Bestandteil der Persönlichkeit integrieren zu können;
- sie vermissen die Rückführung zur Eigenverantwortung;
- sie fordern eine bessere Zusammenarbeit der in der Psychiatrie tätigen Berufsgruppen.« (Ziskoven 1994)

»Insgesamt fordern sie mehr Gespräche, weniger Gewalt und Zwang sowie transparente Informationen über die jeweiligen Behandlungsansätze und die Wirkung von Medikamenten. Sie wollen in ihrer verletzten Menschenwürde geachtet und in ihrer Individualität respektiert werden. Sie fordern ihre Einbeziehung in den Prozess des Erreichens psychischer Stabilität.« (Ziskoven 1994)

In unserem Arbeitsalltag wurde immer wieder deutlich, dass in den psychiatrischen Einrichtungen keine transparente Auseinandersetzung mit frauenspezifischen Themen stattfindet bzw. dass nicht mit einem frauenspezifischen Hilfeansatz gearbeitet wird.

Besonders Frauen in akuten psychotischen Phasen suchen Unterkunft in Einrichtungen der Wohnungslosenhilfe, entweder weil ihnen das System der Psychiatrie bekannt ist und sie es vollständig ablehnen und/oder weil sie sich selbst als nicht behandlungsbedürftig krank empfinden und noch nie in einer Klinik behandelt worden sind.

Viele dieser Frauen würden die Einrichtungen und Dienste der Wohnungslosenhilfe nicht aufsuchen, wären sie mit dem Etikett »Psychiatrische Versorgung« versehen.

Inwieweit die ambulanten Dienste und stationären Einrichtungen der Wohnungslosenhilfe mit dem Phänomen der psychischen Erkrankung umgehen bzw. darauf eingehen können, hängt nach unseren Erfahrungen von der Erscheinungsform der psychischen Erkrankung, von dem Ausbildungsstand der Mitarbeiter (psychiatrische Zusatzausbildung) und von den räumlichen Gegebenheiten der Einrichtung ab.

So ist es durchaus möglich, eine akut psychotische Frau zunächst in einer stationären Einrichtung der Wohnungslosenhilfe wohnen zu lassen, wenn sie sich eher unauffällig und zurückgezogen verhält, ein Einzelzimmer bewohnen kann und somit für die anderen Bewohnerinnen zumindest kein Ärgernis oder keine Bedrohung durch ihr Verhalten darstellt.

Fallbeispiel

Frau Schmitt kommt in eine stationäre Einrichtung, nachdem sie nach Auslaufen eines befristeten Nutzungsvertrages einer Ferienwohnung im Schwarzwald in ihrem Heimatort keine Bleibe finden kann. Schon sehr bald stellt sich heraus, dass Frau Schmitt des Nachts nicht in dem Zimmer schläft, das ihr zugewiesen wurde. Sie gibt an, dort keine Luft zu bekommen, da sie stark unter allergischem Asthma leide. Stattdessen lagert sie des nachts auf Stühlen in einem Aufenthaltsraum.

Jegliche Bemühungen, ihr ein anderes Zimmer zu geben und sie somit auch in den Genuss einer angenehmeren Nachtruhe zu bringen, lässt Frau Schmitt durch den Hinweis auf unerträgliche Gerüche und die dadurch entstehende Atemnot ins Leere laufen. Tagsüber nickt sie vor Erschöpfung im Gemeinschaftsraum immer wieder ein. Den Mitbewohnerinnen tut Frau Schmitt Leid.

Frau Schmitt zieht schließlich aus, wird nach kurzer Zeit aber wieder aufgenommen, denn Wohnungen, die sie anmietet, bezieht sie letztendlich doch nicht, aus dem immer gleichen Grund: unerträgliche Geruchsbelästigung. Erst nach mehreren Monaten kann Frau Schmitt in intensiver Einzelarbeit dazu bewegt werden, ärztliche Hilfe in Anspruch zu nehmen.

Endlich übernachtet Frau Schmitt in ihrem Zimmer. Die weiteren Schritte im Hilfeprozess werden sehr klein angelegt werden müssen und in enger Zusammenarbeit mit der behandelnden Ärztin geschehen.

Frauen wie in diesem Fallbeispiel können durchaus in der Wohnungslosenhilfe leben. Dagegen ist eine psychisch kranke Frau in einem sehr agitierten Zustand, d.h. mit einem äußerst gestörten Tag- und Nachtrhythmus, hoher Aggressivität oder mit stark nach außen orientiertem Wahnerleben, in Diensten oder Einrichtungen der Wohnungslosenhilfe häufig nicht tragbar.

Diese Klientinnengruppe stellt für die Wohnungslosenhilfe eindeutig eine

Überforderung dar, sowohl für die Mitbewohnerinnen als für die Mitarbeiterinnen, denn in den seltensten Fällen kann auf die unmittelbare Hilfestellung eines Psychiaters oder des Sozialpsychiatrischen Dienstes des Gesundheitsamtes zurückgriffen werden. Selbst in Fällen der Notwendigkeit einer Unterbringung im Rahmen des Psych-KG ist die Kooperation mit den zuständigen Stellen äußerst schwierig. Vielfach geschieht das »Abdrehen« dieser Klientinnen ja nicht zu den üblichen Sprechstunden oder Bürozeiten des Sozialpsychiatrischen Dienstes. Wird ein Notarzt gerufen, kann man oft nicht sicher sein, ob er tatsächlich über genügend Knowhow bei der Diagnosestellung einer psychiatrischen Erkrankung verfügt. Manchmal bleiben die Mitarbeiter und Mitarbeiterinnen nach seinem Besuch ratlos zurück, da der Arzt keinen Handlungsbedarf gesehen hatte.

Hier zeigt sich die fehlende bzw. mangelnde Vernetzung der Wohnungslosenhilfe im Gefüge mit der Sozialpsychiatrie besonders deutlich.

Im Einzelnen fehlen:
- die Möglichkeit der sofortigen Hinzuziehung eines Arztes in der Gehstruktur,
- die Möglichkeit regelmäßiger fachübergreifender bzw. interdisziplinärer Fallbesprechungen in Helferkonferenzen,
- Kenntnisse über die Aufgabenstellungen und Strukturen des jeweils anderen Fachbereichs,
- die Bereitschaft zu einer Kooperation, die die Klientin in den Mittelpunkt der Bemühungen stellt,
- Fortbildungsangebote, die auf den Teilnehmerkreis der Sozialarbeit abgestimmt sind.

Mit Zunahme der Kenntnisse über psychische Erkrankungen verringern sich oftmals auch die von den Betroffenen als so entwürdigend und beschädigend erlebten Zwangseinweisungen. Wenn Symptome frühzeitig richtig gedeutet werden, kann vielfach schon im Entstehen zum Beispiel eines erneuten psychotischen Schubs auf eine Behandlung hingewirkt werden und eine Zwangseinweisung dadurch verhindert werden.

Im Bereich der Wohnungslosenhilfe ist jedoch die personelle Ausstattung für einen adäquaten Umgang mit psychisch kranken Frauen völlig unzureichend. Um hier einer Überforderung der Mitarbeiterinnen entgegenzuwirken, müsste der Personalschlüssel orientiert sein an der personellen Ausstattung von Einrichtungen der Eingliederungshilfe.

Ebenso ist die Durchführung regelmäßiger Fall-Supervisionen in den Einrichtungen und Diensten der Wohnungslosenhilfe eher selten. Nach unseren Erfahrungen ist aber besonders eine auf den Einzelfall gerichtete Supervision ein wesentliches Mittel, zu einem angemessenen Umgang mit der Betroffenen zu gelangen und ein Ausbrennen der Mitarbeiterinnen zu verhindern

Problemfeld Beziehungsgestaltung

In stationären Einrichtungen für wohnungslose Frauen treffen psychisch kranke Frauen auf eine Lebenssituation, in der sie als Individuen mit ihren Fähigkeiten und Möglichkeiten zur Gestaltung der eigenen Lebenswirklichkeit wahrgenommen werden. Ziel ist es unter anderem, ihr Streben nach selbstständiger, eigenverantwortlicher Lebensführung unterstützend zu begleiten. Der Aspekt der Selbstversorgung im Haus und der Sozialhilfebezug in Höhe des Haushaltsvorstandes wirken hier motivierend.

Diese psychisch kranken Frauen treffen nun in den Einrichtungen der Wohnungslosenhilfe auf Frauen mit den unterschiedlichsten Problemlagen:
- durch alle Maschen des sozialen Netzes gefallen,
- nie Hilfe bekommen oder nie annehmen können,
- Knasterfahrung (auch mehrfach),
- essgestört, kaufsüchtig, spielsüchtig u.Ä.,
- behandlungsunwillig, unbehandelt geblieben trotz Nachfrage,
- Verwahrlosungstendenzen oder -erscheinungen,
- labile psychische Konstitution,
- akute Suizidalität,
- mit Angst beladen,
- misstrauisch, Verfolgungsgedanken,
- erhöhte Bereitschaft zur Aggression und Gewalt bzw. Unterdrückung,
- Suchtmittelmissbrauch, Medikamentenmissbrauch,
- chronisch organische Erkrankungen,
- zur Regression neigend (permanente Regelverstöße, Verweigerungsverhalten),
- geringes Durchhaltevermögen in Arbeitsverhältnissen,
- niedrige Schwelle, Enttäuschungen angemessen zu verarbeiten (Frustrationstoleranz),
- Neigungen, sich anderen gegenüber abzukapseln, und Gruppenunfähigkeit,
- vergewaltigt,
- sexuell missbraucht,
- Neigung, sich um die Probleme anderer intensiv zu kümmern, aber die eigenen Schwierigkeiten nicht wahrhaben zu wollen,
- Selbstschädigungstendenzen, Selbstverstümmelung,
- desorganisiert, ohne Plan,

- dissoziale Persönlichkeit,
- geringes Selbstwertgefühl,
- ohne tragfähige Beziehungsgefüge (Familie, Freunde, Bekannte),
- geringe oder eingeschränkte Fähigkeiten, Beziehungen herzustellen und in angemessener Form aufrechtzuerhalten,
- finanziell verschuldet.

Hinter diesen Auffälligkeiten und Merkmalen verbergen sich verschiedenste Lebensereignisse und Erfahrungen, die nach wie vor beeinträchtigen:

- Gewalterfahrungen,
- Vergewaltigungs- und Missbrauchserfahrungen,
- Erfahrungen im Kindesalter mit ihrerseits verwahrlosten, dissozialen Eltern,
- Erfahrungen im Kindesalter mit psychisch kranken oder stark neurotischen Elternteilen,
- verschiedene Heimaufenthalte bzw. Aufenthalte in Pflegefamilien, d.h. ohne kontinuierliche Elternfigur im Kindesalter,
- Erfahrungen mit gewalttätigen und/oder suchtmittelabhängigen Partnern,
- traumatisierende Erfahrungen durch Demütigungen und häufige Beziehungsverluste,
- Erfahrungen mit Straffälligkeit,
- Psychiatrieerfahrungen,
- Milieuerfahrungen (Schnorren, Betteln, Dealen, Stehlen).

Anhand dieser nicht abgeschlossenen Aufzählung wird deutlich, dass psychisch kranke Frauen sich einer Vielzahl von Frauen mit unterschiedlichsten Problemlagen gegenübersehen. Dies steht ihrem Bedürfnis nach Ruhe und Rückzug eher entgegen als es zu fördern und führt zu kleinen bis größeren Konflikten. Allerdings können bisweilen auch die Probleme der anderen Frauen helfen, bei einem Teil der Frauen zumindest, den Prozess der Veränderung zu beschleunigen und ihr eigenes Interesse an Veränderungen zu steigern.

Unterstützend für diesen Prozess der Veränderung der Lebenssituation ist dabei, dass die Arbeitsschwerpunkte jeweils immer im erreichbar Möglichen liegen, mit dem Ziel des Aufbaus eines eigenen bzw. geeigneten Lebensortes, möglichst mit finanzieller Eigenständigkeit.

Die Arbeitsweise mit wohnungslosen Frauen vollzieht sich vorwiegend im Rahmen der Einzelfallhilfe. Die Grundsatzfrage dabei lautet: Welche und wie viele Anforderungen kann die Frau zum jetzigen Zeitpunkt verarbeiten und umsetzen? Diese Einzelfallhilfe ist für psychisch kranke Frauen häufig die ausschließliche Form der Hilfeleistung. Gruppenarbeit führt hingegen oft zur persönlichen Überforderung, auch weil es das persönliche soziale Unvermögen sichtbar macht. Dies kann schnell zu Konflikten und Verhärtungen der unterschiedlichen Positionen der Frauen untereinander führen. Einzelfallhilfe ist auch deshalb notwendig, weil Widersprüchliches in der einzelnen Person zu Komplikationen in der Gruppe führen kann. Zu stark sind die Verletzlichkeiten, als dass es möglich wäre, sich mitzuteilen oder Ambivalenzen miteinander auszuhalten. So werden etwa Aggressionen gegen sich selbst lieber nach außen gerichtet, oft auch, um die eigenen Ängste nicht zu spüren.

Der weitere Verlauf eines gelungenen Aufenthaltes ist – das zeigt sich in unserer Einrichtung deutlich – vom Faktor »Beziehungsqualität« bestimmt. Gelingt es der betreuenden Mitarbeiterin, zu der Klientin eine verlässliche, konstante, kompetente und helfende Beziehung aufzubauen, ist die wesentlichste Grundlage der Zusammenarbeit geschaffen und dann sind positive Veränderungen möglich.

Fallbeispiel

Frau Christiansen hat seit dem 16. Lebensjahr die Diagnose »hebephrene Schizophrenie« und hat unzählige Psychiatrieaufenthalte hinter sich. Nachdem eine rund fünf Jahre andauernde Beziehung abgebrochen wurde, wohnte sie immer wieder während unterschiedlich langer Zeiträume bei wechselnden Bekannten.

Zum Zeitpunkt der letztmaligen Aufnahme befand sie sich in psychiatrischer Behandlung und war den Mitarbeiterinnen des Übergangsheimes durch zurückliegende Aufenthalte seit mehr als sieben Jahren bekannt. Der betreuenden Sozialarbeiterin gelang es über die Jahre, zu Frau Christiansen eine Beziehung zu entwickeln, die sie in die Lage versetzte einen Kontakt über zehn Minuten hinaus auszuhalten.

Allmählich vertraute sie dieser Sozialarbeiterin Gedanken zur persönlichen Lebenssituation an, sodass ein relativ offener, realistischer Austausch über Lebensperspektiven stattfinden konnte.

Dabei kristallisierte sich heraus, dass der Bezug einer eigenen Wohnung für Frau Christiansen nicht mehr in Betracht kam. Trotz bei dieser von ihr getroffenen Entscheidung hatte sie große Ängste gegenüber stationären Institutionen, insbesondere dann, wenn diese in unmittelbarem Zusammenhang mit der Psychiatrie zu sehen waren.

Im Verlauf ihres Aufenthaltes in unserer Einrichtung erweiterte sich ihr Vertrauen so sehr, dass Frau Christiansen sich bereit erklären konnte, an mehreren Info-Terminen in den entsprechenden Einrichtungen teilzunehmen.

Die Entscheidung für eine Aufnahme in einer der besuchten Einrichtungen musste letztendlich von der Klientin selbst getroffen werden, jedoch schaffte die begrenzte Aufenthaltsdauer von achtzehn Monaten einen gewissen, nicht zu unterschätzenden Entscheidungsdruck.

Auf Grund gewachsener guter Kooperationsbeziehungen zu einer Mitarbeiterin des Sozialpsychiatrischen Dienstes gelang schließlich eine Vermittlung in eine Wohngemeinschaft für psychisch Behinderte. Frau Christiansen lebt noch heute in dieser Wohngemeinschaft.

Der Aufbau einer tragfähigen Beziehung zu Frau Christiansen wurde unter anderem durch das Herabsenken unserer Anforderungen unterstützt. Nachdem wir beobachtet hatten, dass sie die Gruppensituation in der Wohngruppe mit elf weiteren Bewohnerinnen überforderte und Gruppenbesprechungen nur etwa 15 Minuten aushalten konnte, boten wir Frau Christiansen eine Wohnmöglichkeit im Aufnahmebereich an. Hier werden an die Bewohnerinnen nur geringe Anforderungen gestellt. Die Gestaltung des Tages liegt weitestgehend im Ermessen bzw. in der Verantwortung der Bewohnerinnen selbst.

Fazit

Nach wie vor wird ein Großteil der psychisch kranken Menschen von den dafür vorgesehenen Fachdiensten nicht angesprochen. Solange es keine annehmbaren Angebote für diese Menschen gibt, werden sie sich eben auch verstärkt in Einrichtungen der Wohnungslosenhilfe wiederfinden.

Um hier eine einigermaßen sinnvolle Hilfestellung geben zu können, muss ein funktionierendes Netzwerk aus Psychiatrie und Wohnungslosenhilfe geschaffen werden. Voraussetzungen für dieses Netzwerk sind:

- Übernahme der Verantwortlichkeit für psychisch kranke Menschen sowie Zusammenarbeit statt Hin- und Herschieben der betreffenden Menschen.
- Gemeinsame Auseinandersetzung und Konzeptentwicklung zu den Möglichkeiten der Behandlung so genannter krankheitsuneinsichtiger und nicht behandlungseinsichtiger Klienten.
- Eine Kommunikation zwischen den Mitarbeitenden der psychiatrischen Agenturen und denen der Wohnungslosenhilfe, die von gegenseitiger Wertschätzung geprägt ist.
- Hinreichende Informationen der psychiatrischen Agenturen über das regional bereitgehaltene Angebot der Wohnungslosenhilfe sowie ein Vertrautsein mit deren Problemstellungen.

- Schaffung von kontinuierlichen Fortbildungsangeboten über psychische Erkrankungen für Mitarbeiter beider Fachgebiete (Psychiatrie und Wohnungslosenhilfe). Für die Ausarbeitung entsprechender Fortbildungskonzepte müssen Mitarbeiterinnen und Mitarbeiter dieser beiden Fachdienste herangezogen werden.
- Bildung oder Wiederbelebung einer psychosozialen Arbeitsgemeinschaft zur Entwicklung und Installation notwendiger Projekte.

Im Interesse der wohnungslosen psychisch kranken Menschen müssen diese Bedingungen, sofern sie nicht bloße Makulatur bleiben sollen, von den beteiligten Institutionen, also sowohl von den psychiatrischen Agenturen als auch von den Einrichtungen der Wohnungslosenhilfe, mit Nachdruck auf den verschiedenen Ebenen gefordert und auf den Weg gebracht werden.

BERND EIKELMANN, THOMAS REKER

Je besser »angepasst«, desto schneller tot?
Wohnungslose Männer – Gesundheitszustand und Inanspruchnahme medizinischer Dienste

Geschlechtsspezifische Epidemiologie – Einleitung

Der Großteil der Wohnungslosen sind Männer. Schon für die Allgemeinbevölkerung ist bekannt, dass die Bereitschaft, sich für diagnostische Maßnahmen oder etwa die Teilnahme an Vorsorgeuntersuchungen bereitzuhalten bzw. psychosoziale Dienste in Anspruch zu nehmen, bei Männern
geringer ist als bei Frauen. Unter chronisch psychisch Kranken finden sich
deutlich mehr Männer als Frauen (EIKELMANN 1998); ein Grund könnte
in der schlechteren Anpassung an ärztliche Vorgaben liegen. In Akzen-
tuierung lässt sich das ebenso für wohnungslose Menschen sagen, die sich
also in ihrem Gesundheitsverhalten geschlechtsabhängig unterschiedlich
verhalten.

L. GELBERG und L.S. LINN (1992) untersuchten 529 Wohnungslose mit
der Frage, wie weit sich aus soziodemografischen Merkmalen Erkenntnisse
für den Gesundheitszustand ableiten lassen. Sie fanden heraus, dass ältere Menschen häufiger soziale Behinderungen und chronische Erkrankungen aufwiesen, ferner, was nahe liegt, ein deutlich erhöhtes Sterberisiko
hatten. Männer neigten im Vergleich zu Frauen stärker zum Substanzen-
missbrauch und hatten ein deutlich erhöhtes Sterberisiko. Je länger die
Untersuchten wohnungslos waren, desto größer war die Wahrscheinlichkeit, dass sie Substanzen missbrauchten und traumatische Erfahrungen
gemacht hatten. Die Autoren kommen zu dem Schluss, dass Alter und
Geschlecht am ehesten die Unterschiede im Gesundheitszustand von
Wohnungslosen erklären können.

Die Krankheiten sind geschlechtsspezifisch verteilt: Gesundheitsstörungen durch Alkohol oder Drogen sind bei Männern häufiger (HERRMAN
u.a. 1989; NORTH/SMITH 1993; VAZQUEZ u.a. 1997), Schizophrenien und

affektive Störungen dagegen seltener (BREAKEY u.a. 1989; HERRMAN u.a. 1989; GREIFENHAGEN/FICHTER 1997). Wegen der bekannten definitorischen Probleme bei wohnungslosen Frauen und den sehr unterschiedlichen Stichprobengrößen sind Vergleiche allerdings nur sehr vorsichtig zu interpretieren. Unklar bleibt bis heute, inwieweit Verletzungen der sexuellen Selbstbestimmung, die bei Frauen häufiger sind, ursächlich die soziale Situation und die Psychopathologie bestimmen.

Wohnungslose stehen ferner vor einer Unzahl von Hindernissen, bevor sie soziale und medizinische Dienste in Anspruch nehmen können. Gleichzeitig weisen sie ein deutlich erhöhtes Ausmaß von psychischen und körperlichen Krankheiten auf bis hin zu einem erheblichen Risikopotenzial zum Beispiel für Krebserkrankungen (MELLER u.a. 2000; CHAU u.a. 2002). I. Meller und andere fanden heraus, dass trotz großer Häufigkeit psychischer und somatischer Erkrankungen die Nutzung medizinischer und psychosozialer Hilfen bei Wohnungslosen gering und eher sporadisch ausfiel und bei Männern noch weniger als bei Frauen stattfand. Alkohol- und drogenspezifische Hilfeangebote wurden wenig genutzt, am ehesten betrafen Behandlungen an Schizophrenie und Angststörung erkrankte Obdachlose.

Gesundheitsverhalten und Einstellung

Wohnungslosigkeit bedingt frühes Sterben. F. ISHORST-WITTE (2001) und andere untersuchten in Hamburg 388 Todesfälle von Wohnungslosen. Diese Todesfälle gelangten zur Sektion, weil sie entweder unnatürlich oder aus ungeklärter Ursache aufgetreten waren. Die Autoren fanden viele Hinweise auf einen unabhängig vom eingetretenen Tod schon zuvor bestehenden schlechten Gesundheitszustand. Die Toten waren im Durchschnitt lediglich 44 Jahre alt geworden und in 63 Prozent der Fälle an Intoxikationen verstorben. Auffällig häufig war es durch Infektionen zum Tod gekommen.

M.F. BRUNETTE und W. DEAN (2002) untersuchten 108 Patienten, die sich in einem Behandlungsprogramm für Wohnungslose mit Schizophrenie und schizoaffektiver Störung befanden. Sie fragten nach Substanzgebrauch, sozialer Anpassung und Unterstützung, komorbiden Störungen, Viktimisierung, körperlichen Krankheiten und Gesetzesverstößen. Dabei stellte sich heraus, dass wohnungslose Frauen häufiger Kinder hatten als Männer und deswegen deutlich besser sozial eingebunden waren. Frauen waren häufiger sexuell und körperlich missbraucht worden, wiesen häufiger komorbid Angst- und Depressionsstörungen auf und waren auch von körperlichen Krankheiten häufiger betroffen als Männer. Umgekehrt kann man sagen, dass Männer in Wohnungslosigkeit sozial vermutlich stärker entwurzelt sind, sich dabei aber noch besser anpassen können.

Hierbei zeigt sich ein ganz praktisches Dilemma des Verstehens und auch der Behandlung: Die harte Anpassung an die Obdachlosigkeit gelingt etwa wegen der besseren Alkoholtoleranz und des intensiveren Substanzmissbrauches bei Männern leichter. Anpassungsleistung und Pathologie sind aber identisch: Je besser angepasst, desto größer die Pathologie und desto wahrscheinlicher Krankheit und Tod.

Dabei sind die Verursachungen und Verarbeitungsstile intersexuell vermutlich sehr unterschieden. Bei drogenabhängigen Bewohnern eines Programms mit therapeutischen Wohngemeinschaften ermittelten N. JAINCHILL u.a. (2000), dass, ausgenommen die Diagnose »antisoziale Persönlichkeit«, Frauen größere Störungsgrade hinsichtlich psychiatrischer Krankheiten auswiesen als Männer. Bei Frauen spielten Missbrauchserfahrungen in der Vergangenheit eine größere Rolle. Die Autoren spekulieren – wie anderswo in der Literatur auch gelegentlich zu finden –, dass Frauen traumatische Erlebnisse im Zusammenhang mit Missbrauch häufiger internalisieren und in Leidenszustände hineingeraten, während Männer zu einer Externalisierung und in dem Zusammenhang zu Verhaltensauffälligkeiten und Alkoholexzessen neigen. Männer tendieren zum »Acting-out«, zum Substanzmissbrauch und zur Gewalttätigkeit, Frauen werden dagegen eher von affektiven Störungen (Stimmungsschwankungen) und körperlichen Funktionseinschränkungen (somatoforme Störungen) befallen.

Das Wissen um medizinische Fakten, Hilfeangebote und Dienste ist bei Wohnungslosen natürlich nicht verloren gegangen, wenngleich jene, die an schweren psychischen Störungen und speziell unter Denkstörungen leiden, ernstlich beeinträchtigt sind. S. CHAU u.a. (2002) untersuchten 221 wohnungslose Erwachsene in Los Angeles County. Von diesen berichteten 71 Prozent, dass sie in ihrem Leben überhaupt ein einziges Mal rektal untersucht worden seien, 42 Prozent hatten eine Stuhlprobe auf Blut durchführen lassen, 24 Prozent ließen sich die Haut untersuchen und immerhin 23 Prozent hatten eine Endoskopie vornehmen lassen. Von den Männern über 50 Jahre hatten lediglich 20 Prozent das prostata spezifische Antigen bestimmen lassen. Frauen über 40 Jahre hatten in immerhin 55 Prozent einen Abstrich machen und 53 Prozent hatten eine Brustuntersuchung durchführen lassen, während allerdings nur 32 Prozent eine Mammographie im vorausgehenden Jahr hatten durchführen lassen. Auf der Seite der Gesundheitseinstellung sagten 77 Prozent der Untersuchten, dass sie an die Sinnhaftigkeit von Krebsvorsorgeuntersuchungen glaubten, 79 Prozent waren nicht fatalistisch hinsichtlich einer Krebserkrankung, 63 Prozent glaubten an Früherkennung und 83 Prozent gingen nicht davon aus, dass es schwierig sei, eine Vorsorgeuntersuchung zu erhalten.

Mit anderen Worten: Bei dem Großteil der Untersuchten lag ein relativ guter Kenntnisstand über Möglichkeiten der Früherkennung vor. Gleichzeitig waren die Untersuchungsraten deutlich geringer als dies in Kalifornien für die Allgemeinbevölkerung der Fall ist.

Wohnungslose Männer in psychiatrischer Behandlung

Über die tatsächliche Inanspruchnahme psychiatrischer Hilfen durch Wohnungslose ist wenig systematisch bekannt. Innnerhalb eines Jahres wurden in einer psychiatrischen Versorgungsklinik 5 Prozent der Patienten »von der Straße« und weitere 6 Prozent aus Notunterkünften aufgenommen (Wessel u.a. 1997). Vergleichbare internationale Untersuchungen fanden Raten zwischen 9 und 20 Prozent. Die wohnungslosen Psychiatriepatienten unterscheiden sich zumeist in Alter, ethnischer Zusammensetzung, Schul- und Berufsbildung, Einkommen, Arbeitstätigkeit, Dauer der Wohnungslosigkeit, regionaler Herkunft nicht von der sonstigen Gruppe Wohnungsloser. Allerdings sind in Klinikstichproben Drogenabhängige häufiger, hingegen Alkoholabhängige und Patienten mit affektiven oder Persönlichkeitsstörungen seltener anzutreffen. Der Anteil von Personen mit psychiatrischer Hospitalisierung in der Vorgeschichte schwankt zwischen 70 und 90 Prozent und ist damit deutlich höher als in repräsentativen Stichproben.

In einer eigenen Studie untersuchten wir den Gesundheitszustand, die Selbsteinschätzung der Gesundheit und das soziale Netz einer regional repräsentativen Gruppe männlicher Patienten (n = 50) bei der Aufnahme in stationär psychiatrische Behandlung (siehe Lowens u.a. 2000). Als Vergleichsgruppe dienten altersgleiche, nicht wohnungslose Patienten mit gleichen Diagnosen (»matched pairs«). Neben soziodemografischen Basisdaten wurden als Instrumente die BPRS, der SF-12-Health-Survey sowie ein Index zur körperlichen Verwahrlosung eingesetzt. Die Hauptdiagnose nach ICD-10 war bei 29 Patienten eine Alkoholabhängigkeit (58 Prozent), bei 13 eine Abhängigkeit von illegalen Drogen (26 Prozent), bei 7 (14 Prozent) eine schizophrene Störung und bei einem Patienten eine Persönlichkeitsstörung. Fall- und Kontrollgruppe unterschieden sich nicht hinsichtlich der Schul- und Berufsausbildung sowie dem Rechtsstatus. Die wohnungslosen Patienten hatten ein signifikant kleineres soziales Netz, waren häufiger arbeitslos und verfügten über geringere finanzielle Ressourcen. Sie kamen häufiger unfreiwillig ins Krankenhaus und hatten vor der Aufnahme seltener Kontakt zu ambulanten psychiatrischen Diensten gehabt. Sie litten unter einer ausgeprägteren psychischen Symptomatik (BPRS-Gesamtscore) und stärkerer körperlicher Verwahrlosung (siehe Tabelle 1).

Tabelle 1: Unterschiede zwischen wohnungslosen Patienten und Vergleichsgruppe bei Aufnahme in stationär-psychiatrische Behandlung

Merkmal	Wohnungslose Patienten (n = 50)	Vergleichsgruppe (n = 50)	Stat.
Alter	38,7 Jahre (±11.1)	38,5 Jahre (±11.5)	n.s.
berufstätig in den letzten 12 Monaten	12 %	40 %	#
ambulante psychiatrische Behandlung in den letzten 4 Wochen vor Aufnahme	8 %	46 %	#
mindestens eine enge Bezugsperson	22 %	78 %	#
unfreiwillige Aufnahme	30 %	12 %	#
keine Zeichen körperlicher Verwahrlosung	28 %	80 %	#
BPRS Gesamtscore	43,7 (±7.9)	37,6 (±7.2)	**
BPRS Angst/Depression	12,6 (±2.9)	12,9 (±3.2)	n.s.
BPRS Anergie	11,9 (±3.6)	8,8 (±2.8)	**
BPRS Denkstörungen	7,4 (±3.4)	6,0 (±3.1)	**
BPRS Aktivierung	5,9 (±2.5)	5,1 (±2.1)	*
BPRS Feindseligkeit/Misstrauen	6,5 (±2.8)	4,8 (±2.3)	**

Chi^2-Test p < 0.01; * Mann-Whitney-U-Test: p < 0.05; **Mann-Whitney-U-Test: p < 0.01

Ähnliche Befunde wurden in anderen Ländern erhoben. Eine stärkere körperliche und psychische Beeinträchtigung wohnungsloser im Vergleich zu nicht wohnungslosen Klinikpatienten berichten auch J.A. STEIN und L. GELBERG (1997). C.L.M. CATON u.a. (1994) fanden bei einem Vergleich mit schizophrenen Patienten einer Tagesklinik bei der wohnungslosen Gruppe eine stärker ausgeprägte Positivsymptomatik. Bei erstmals wegen Schizophrenie hospitalisierten Patienten waren negative Symptome mit vorbestehender Wohnungslosigkeit assoziiert (HERRMAN u.a. 1989). Soziale Isolation scheint weniger mit der psychischen Erkrankung als vielmehr mit der Wohnungslosigkeit selbst zusammenzuhängen: Im Vergleich mit den anderen Klinikpatienten hatten die Wohnungslosen weniger Angehörigenkontakte und waren seltener verheiratet oder lebten mit einem festen Partner zusammen (MOWBRAY u.a. 1987; NORTH u.a. 1997). Auch die höhere Rate von Zwangseinweisungen wird international bestätigt (LAMB/LAMB 1990; MOWBRAY u.a. 1987).

In unserer Studie unterschieden sich die wohnungslosen Patienten trotz der objektiv stärkeren Beeinträchtigung in der Selbsteinschätzung ihrer psychischen und körperlichen Gesundheit (SF-12-Health-Survey) nicht von der Vergleichsgruppe. Denkstörungen waren dabei mit einer positiveren Selbsteinschätzung der psychischen Gesundheit verbunden. Auch M. FICHTER u.a. (1996) berichten, dass in ihrer repräsentativen Stichprobe Wohnungsloser trotz der hohen psychiatrischen Morbidität doppelt so viele die eigene Gesundheit allgemein als »gut« einschätzten als in der Allgemeinbevölkerung. Auch in einer britischen (HOLLAND 1996) und einer US-amerikanischen (PADGETT u.a. 1990) Untersuchung fand sich diese Differenz zwischen objektiv festgestellter und subjektiv empfundener psychischer Beeinträchtigung.

Schlussfolgerung: Eine fatale Koppelung

Die Morbidität wohnungsloser Männer sowohl in somatischer als auch in psychischer Hinsicht ist erheblich. Es lässt sich feststellen, dass die größten akuten Gefährdungen von Intoxikationen durch Alkohol und Drogen ausgehen, während mittel- und längerfristig der psychische Burnout, die körperliche Auszehrung und die Anfälligkeit für Infektionen das Leben gefährden und oft auch früh beenden. Es ergeben sich Hinweise dafür, dass wohnungslose Männer seltener, als dies bei Frauen der Fall ist, Opfer von körperlicher und sexueller Gewalttätigkeit anderer sind, was Anlass für hinzukommende psychische Erkrankungen oder auch körperliche Erkrankungen sein dürfte.

Das Ausmaß an psychischen Störungen ist bei Frauen tendenziell größer als bei Männern, gleichzeitig ist ihre Bereitschaft, sich untersuchen und behandeln zu lassen, vermutlich besser. Die Einbindung in soziale Kontakte und Hilfen ist bei obdachlosen Männern noch desolater. Einen großen Teil der psychopathologischen Phänomene und auch der körperlichen Symptome erwerben Wohnungslose im Rahmen ihrer Anpassung an die Gesetze der Straße. Zunehmende Entrückung aus der Realität etwa durch massiven Alkohol oder Drogenkonsum sowie durch psychotischen Zerfall bedeutet Anpassungsgewinn und Fortschritt pathologischer Prozesse zugleich. Je besser die Anpassung an die Straße, desto schneller treten Krankheit und Tod in Erscheinung – eine fatale Koppelung.

So wird am ehesten verständlich, warum sich wohnungslose Männer *vor* einer stationären Aufnahme als für nicht kränker als eine Vergleichsgruppe Nicht-Wohnungsloser gehalten haben. Insbesondere natürlich wenn Denkstörungen bestehen, fehlen gewissermaßen die instrumentellen Voraussetzungen auf Seiten der Betroffenen, zu einer adäquaten Einschätzung des Gesundheitszustandes zu gelangen. Andererseits zeigen Studien, dass viele in Wohnungslosigkeit lebende Menschen sehr wohl Wissen über Krankheiten und Vorsorgemöglichkeiten besitzen, jedoch davon keinen oder nur zu selten Gebrauch machen, während es eben auf der anderen Seite bereits in erheblichem Ausmaß zu Gesundheitsstörungen gekommen ist.

Generell ist die Inanspruchnahme medizinischer und sozialer Dienste durch wohnungslose Männer und Frauen schlecht. Da das Ausmaß körperlicher und seelischer Störungen bei Frauen eher noch ausgeprägter ist als bei Männern, wird man jedoch hinsichtlich des Outcomes keine großen Unterschiede erwarten dürfen. Frauen tendieren stärker zu internalisierenden Verarbeitungsstilen, generieren dadurch Leidenszustände und funktionell-körperliche Pathologie, während Männer häufiger Externalisierung ausleben, was als Fingerzeig auf die Entstehung geschlechtsspezifischer Störungsmuster gesehen werden kann. Gleichwohl bleibt es weiterer wissenschaftlicher Forschung vorbehalten, zu klären, ob es allein Geschlechts- und Altersunterschiede bei Wohnungslosen sind, die möglicherweise vor allem anfangs zu einem unterschiedlichen Inanspruchnahmeverhalten medizinischer und sozialer Dienste führen, während mit fortschreitender Dauer der Wohnungslosigkeit eine Vereinheitlichung im Elend und in zahlreichen Gesundheitsstörungen entsteht.

Teil IV
Perspektiven

INGE THEISOHN

Erst einmal akzeptieren!

Größenordnung und Entwicklung des Problems

Obdachlosigkeit und Wohnungslosigkeit haben in den letzten Jahren in allen Großstädten der Bundesrepublik in besorgniserregendem Umfang zugenommen. Natürlich gab es schon immer Nichtsesshafte bzw. – wie sie heute offiziell genannt werden –»den Personenkreis der allein stehenden Wohnungslosen«, der sich überwiegend im innenstadtnahen Bereich aufhält. Bereits seit 1992 haben die Wohnungsnot und die Folgen der Obdachlosigkeit sichtbar neue Dimensionen angenommen. So hat etwa das Wohnungsamt der Stadt Köln 1994 rund 5700 Personen wegen bereits eingetretener akuter Obdachlosigkeit untergebracht. Insgesamt lebten in Köln 1994 rund 7500 Personen in Einrichtungen der Obdachlosenhilfe – wie Hotels, Übergangseinrichtungen etc. –, darunter rund 3000 Ausländerinnen und Ausländer nach Anerkennung des Asylbewerberantrags bzw. Ablehnung des Asylantrages.

Während in den siebziger und achtziger Jahren deutlich war, dass viele »Nichtsesshafte« Alkoholprobleme hatten, fiel seit Anfang der neunziger Jahre auf, dass mehr und mehr junge chronisch psychisch Kranke von Wohnungslosigkeit betroffen waren.

Anfang 1993 teilten die Übernachtungsheime für Wohnungslose mit, dass sie trotz Verdopplung der Bettenkapazität überbelegt seien. In zunehmendem Maße mussten chronisch psychisch Kranke – auch junge Menschen – bei ihnen versorgt werden, die eigentlich den Rahmen der angebotenen Versorgung sprengten. Mehr und mehr fielen psychisch Kranke auf, die in Hotels eingewiesen waren und die dort wegen ihres Verhaltens auffielen, sodass besondere Hilfe für sie angefordert wurde oder sie das »Hotel« verlassen mussten. Mitarbeiter des Wohnungsamtes und der Resozialisierungsabteilung des Sozialamtes forderten vermehrt Hilfe für diesen Personenkreis.

Zeitgleich machte eine Tagung mit dem Thema »Bahnhofstricher« auf die Situation von Kindern, Jugendlichen, aber auch jungen Erwachsenen aufmerksam, die als so genannte »Bahnhofskinder« die Aidshilfe, die Streetwork des Jugendamtes und die Mitarbeiter der Sozial- und Jugendverwaltung beschäftigten. Über die Presse wurde die Öffentlichkeit aufmerksam. Eine Punker-Gruppe mit starkem Zulauf »wohnte« rund um den Kölner Dom und das Museum. Die Gruppe wurde von dort verdrängt und erregte im Anschluss als »Teufelsbrunnen-Besetzer« viel Aufsehen.

Zusetzlich nahm auch die illegale Drogenszene in Köln weiter zu. Die Öffentlichkeit war verunsichert und forderte Abhilfe. Die vorhandenen Plätze in den Einrichtungen niedrigschwelliger Kontaktcafes und Notschlafstellen reichten nicht mehr aus.

Die Bundesarbeitsgemeinschaft Wohnungslosenhilfe e.V. organisierte im Juni 1993 erstmals die »Nacht der Wohnungslosen«. Die in Köln bestehenden Vereine und Initiativen (z.B. Emmaus-Gesellschaft, Oase) starteten gemeinsame Aktionen.

Reaktionen und Initiativen

In der Folge bildeten sich zahlreiche Initiativen, um der gestiegenen Bedeutung dieses Problems in Köln gerecht zu werden. Es entstand eine Projektgruppe zur Weiterentwicklung der Hilfen für Nichtsesshafte aus Mitarbeitern des Wohnungs-, Sozial- und Gesundheitsamtes.

Die seit langem bestehende »Arbeitsgemeinschaft Nichtsesshaftenhilfe« trat neu zusammen und wurde wieder aktiv (etwa Organisation von Winterhilfen). Die Psychosoziale Arbeitsgemeinschaft berief einen alle Einrichtungen übergreifenden Arbeitskreis »Psychisch kranke Wohnungs- und Obdachlose« ein.

Der Sozialpsychiatrische Dienst initiierte eine Umfrage zum Hilfebedarf allein stehender Wohnungsloser, woraufhin erste Hilfeangebote entwickelt wurden. Die Umfrage wurde als Stichtagserhebung am 23. März 1994 durchgeführt. Sie sollte vor allem dazu dienen:
- die Zahl der Personen, die zum Kreis der »Nichtsesshaften« zählen, festzustellen,
- den Anteil der psychisch Kranken und Suchtkranken zu erfassen und
- zu erkunden, welche Hilfeangebote benötigt werden, um für diesen Personenkreis eine Verbesserung der Situation zu erreichen oder zumindest eine weitere Verschlechterung zu verhindern.

Für die an der Erhebung beteiligten Mitarbeiter des Sozialpsychiatrischen Dienstes stand außer Frage, dass die Betreuer und Sozialarbeiter in den

Einrichtungen vor Ort über den aktuellen psychischen Gesundheitszustand ihres Klientels informiert sind. Dabei wurden bewusst keine medizinisch und psychiatrisch gestellten Diagnosen laut ICD-Schlüssel gefragt. 10 der 30 angefragten Einrichtungen der Nichtsesshaftenhilfe haben sich beteiligt. Das waren:

- zwei Übernachtungswohnheime für Männer,
- eine Aufnahmeheim für Frauen,
- vier psychiatrische Kliniken,
- zwei Kontakt- und Beratungsstellen sowie
- die Resozialisierungshilfe für Frauen des Sozialamtes der Stadt Köln.

Zwar konnte das eine Ziel, die Gesamtzahl der allein stehenden Wohnungslosen zu erfassen, nicht erreicht werden, dennoch konnten interessante Aussagen über diejenigen Personen gewonnen werden, die am Rand unseres gesellschaftlichen Hilfesystems angekommen sind.

Soziodemographische Daten

Der Fragebogen wurde von insgesamt über 400 Personen ausgefüllt, und zwar im Einzelnen sehr ausführlich. Für die Auswertung wurden die beteiligten Einrichtungen nach den drei Einrichtungstypen Übernachtungseinrichtungen, psychiatrische Kliniken sowie Kontakt- und Beratungsstellen zusammengefasst:

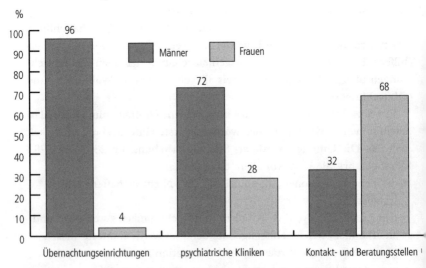

Abbildung 1: Frauen- und Männeranteile je Einrichtung (n = 419)

Besonders auffällig ist die ungleiche Verteilung von Männern und Frauen.

Der Hauptteil der Männer (57 Prozent) wurde in den Übernachtungsheimen gezählt, bei den Frauen befanden sich nur 11 Prozent in einem Aufnahmeheim; der mit 68 Prozent weitaus größere Teil der Frauen gehörte zur Stammklientel der Kontakt- und Beratungsstellen.

Anders ist die Geschlechterverteilung in den psychiatrischen Kliniken. Zwar überwiegen auch hier zahlenmäßig die Männer mit rund 70 Prozent, der Anteil der Frauen liegt aber mit 30 Prozent über dem Durchschnitt aller Einrichtungstypen.

Bezogen auf die Gesamtzahl der psychisch Kranken, die sich am Stichtag in Kölner psychiatrischen Kliniken befanden, lag der Anteile der Patienten, die wohnungslos waren, bei 7 Prozent. Dieser Anteilswert ist zwischenzeitlich auf rund 10 Prozent angestiegen und liegt demnach über dem vergleichbaren Werten anderer Kommunen. Das ist eine sehr hohe Zahl, wenn man berücksichtigt, dass dabei der Anteil derjenigen Klienten, die in jüngster Zeit (vor weniger als einem Jahr) wohnungslos wurden, bei rund 40 Prozent liegt.

Es wurde in den psychiatrischen Kliniken speziell zu diesem Aspekt noch zweimal um eine Überprüfung gebeten, wobei die nachfolgenden Zählungen deutlich höhere Zahlen ergaben, nämlich im September 1994 11 Prozent und im März 1995 13 Prozent wohnungslose Patienten in psychiatrischen Kliniken. Diese Zahlen und ihre Tendenz werden auch durch die laufende Statistik der Rheinischen Landesklinik Köln bestätigt.

Anders als in den Kliniken ist der Anteil derjenigen, die vor einem Jahr wohnungslos waren, in den Übernachtungseinrichtungen und den Kontakt- und Beratungsstellen eher gering. Diese Einrichtungen der Nichtsesshaftenhilfe werden überwiegend von »Langzeit-Obdachlosen« aufgesucht: 94 Prozent der Klienten in den Übernachtungsheimen (Kontakt- und Beratungsstellen: 88 Prozent) waren länger als ein Jahr ohne festen Wohnsitz, 51 Prozent (Kontakt- und Beratungsstelle: 45 Prozent) sogar länger als drei Jahre.

Eine Übernachtungseinrichtung in der Kölner Südstadt hatte einen sehr hohen Anteil an »Dauerbewohnern«. Für einen Teil dieser Bewohner ist es in der Zwischenzeit gelungen, Wohngemeinschaften zu installieren und hiermit auch die Aufnahmefähigkeit des Heims teilweise wieder herzustellen.

Bei dem Merkmal der Dauer der Obdachlosigkeit sind bei den oben eingeteilten Gruppen kaum Unterschiede festzustellen, dafür aber große Unterschiede in der Altersstruktur. In den Übernachtungsheimen überwiegt ganz eindeutig die Gruppe der 40- bis 60-Jährigen, während die Kontakt- und Beratungsstellen insgesamt eher von jüngeren Leuten unter 30 Jahren in Anspruch genommen werden.

Diese Verteilung hat ihre Ursache zum einen darin, dass sich jüngere Leute von den Übernachtungseinrichtungen mit ihrer derzeitigen Ausstattung eher abgestoßen als angesprochen fühlen, sodass sich mit der Zeit in den Übernachtungseinrichtungen eine bestimmte »Stammbelegschaft« gebildet hat. Zum anderen »sortieren« sich die Klienten auch gemäß der eigenen Problematik. Die Übernachtungsheime sind eher Domänen der Alkoholkranken und Drogengefährdeten, während die meist noch jüngeren Drogenabhängigen und Drogengefährdeten die Kontakt- und Beratungsstellen als Bezugspunkt wählen.

Die besondere Problematik der einzelnen Klienten wurde nach den Kategorien:

- psychisch krank,
- alkoholabhängig,
- drogenabhängig und
- somatische Krankheiten

erhoben, wobei Mehrfachnennungen möglich waren.

Gefragt war nicht nach einer ärztlichen Diagnose, sondern nach der Einschätzung der Mitarbeiterinnen und Mitarbeiter in den Einrichtungen. Diese Eingruppierungen stimmten in der überwiegenden Zahl der Fälle mit den Einschätzungen der Ärzte des Sozialpsychiatrischen Dienstes überein.

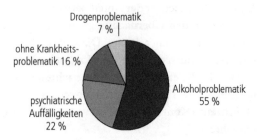

Drogenproblematik
7 %

ohne Krankheits-
problematik 16 %

psychiatrische
Auffälligkeiten
22 %

Alkoholproblematik
55 %

**Abbildung 2: Besondere Problemstellungen
(ohne Mehrfachnennung; n = 419)**

Den »typischen Nichtsesshaften«, der keine besondere Zusatzproblematik hat und der einfach durchs Land zieht, scheint es kaum noch zu geben. Von den 419 Personen der Stichprobe zählten insgesamt nur 70 zu jenen, die keine Problematik in den Bereichen »psychisch krank«, »alkohol-« oder »drogenabhängig« aufwiesen. Das sind lediglich 16 Prozent der Stichprobe! Bezogen auf die Gesamtheit der Fälle bedeutet dies, dass

- 22 Prozent der Klienten in den Übernachtungseinrichtungen psychisch krank waren,
- 55 Prozent eine Alkoholproblematik aufwiesen,
- 7 Prozent eine Drogenproblematik hatten sowie lediglich
- 16 Prozent ohne besondere Problematik waren.

Für die Kontakt- und Beratungsstellen liegen die Anteile noch höher:

- 47 Prozent der Klienten waren psychisch krank,
- 62 Prozent hatten Alkoholprobleme,
- 41 Prozent waren drogenabhängig bzw. drogengefährdet.

Bei allen Einrichtungstypen war der Anteil der somatisch Kranken mit 17 Prozent gleich hoch.

Da Mehrfachnennungen möglich waren, war es erforderlich, diese Zahlen weiter nach den einzelnen Problematiken und ihren Kombinationen aufzuschlüsseln, wobei die somatischen Krankheiten hierbei unberücksichtigt blieben.

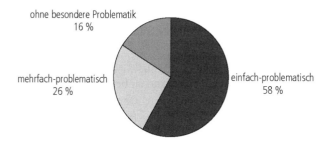

Abbildung 3: Anteil von Mehrfachproblematik (n = 419)

Neben den rund 60 Prozent der Klienten, für die nur eine Nennung erfolgte, wiesen 26 Prozent der Klienten eine Mehrfachproblematik auf (siehe Abbildung 4).

Von den 26 Prozent derjenigen Klienten, für die Mehrfachnennungen erfolgten, wurden angegeben:

- 54 Prozent psychisch krank zusammen mit Alkohol
- 8 Prozent psychisch krank und Drogen
- 19 Prozent eine Kombination von Alkohol- und Drogenproblematik
- 19 Prozent alle drei Problematiken.

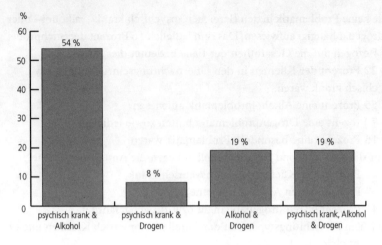

Abbildung 4: Mehrfachproblematiken (n = 109; 26 % von 419)

Zu diesen Ergebnissen lässt sich anmerken, dass gerade für den Personenkreis der Mehrfachbetroffenen kaum adäquate Hilfen angeboten werden, da insbesondere die Kombination von Sucht und Psychose das Rausfallen aus Einrichtungen sowohl der Sucht- als auch der Versorgungseinrichtungen für Psychotiker bewirkt.

Insgesamt betrug der Anteil der Klienten, die an (schweren) somatischen Krankheiten litten, 17 Prozent. Auffallend ist bereits die Korrelation zwischen somatischen Krankheiten und der Alkoholproblematik. Ferner fällt auf, dass in allen Bereichen (mit Ausnahme der Gruppe »Alkohol«) Frauen relativ gesehen häufiger vertreten waren als Männer.

Unter denjenigen Obdachlosen, bei denen die Mitarbeiter eine psychische Krankheit angaben, lag der Anteilswert für Frauen mit 63 Prozent sogar über dem Anteilswert für Männer (37 Prozent).

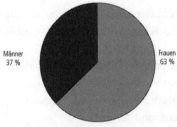

Abbildung 5: Geschlechterverteilung bei psychisch kranken Obdachlosen (n = 92; 22 % von 419)

Hilfebedarf

Ein wesentliches Ziel des Fragebogens war die Ermittlung des Hilfebedarfs mit den Schwerpunkten »Betreuung«, »gesellschaftliche Teilhabe« und »Wohnformen«.

Die Mitarbeiter der Einrichtungen sollten dabei einschätzen, welche Angebote von den Klienten als annehmbar angesehen würden. Mehrfachnennungen waren möglich und es ergab sich dadurch eine Vielzahl von Kombinationen.

Für den größten Teil der Klienten (83 Prozent) wird ein weiterer *Betreuungsbedarf* mit abgestufter Intensität geäußert. Ein weiterer Ausbau der ambulanten Betreuung nach den §§ 72 und 39 BSHG käme also den Bedürfnissen dieser Klienten entgegen und wird in Köln auch verstärkt praktiziert.

Im Bereich *gesellschaftliche Teilhabe* fallen lediglich die starken Unterschiede im Hilfebedarf von Männern und Frauen (siehe dazu die Beiträge in diesem Buch) auf. Bei Männern liegt der Schwerpunkt im Bereich Arbeit (52 Prozent), bei Frauen wurde Arbeit nur mit 13 Prozent angegeben.

Angebote wie Cafés, Wärmestuben und offene Gruppen sowie tagesstrukturierende Maßnahmen wie Gesprächsgruppen und aktivierende Angebote gehören zu den dringend benötigten Hilfemöglichkeiten.

Die *Obdachlosigkeit* ist ein allen Personen gemeinsames Problem und die Beseitigung dieser sowie die Unterbringung in einer geeigneten Wohnform ist der Dreh- und Angelpunkt einer jeden Hilfe.

Bei der Befragung wurden fünf verschiedene Wohnformen zur Auswahl gestellt:
- Übernachtungsmöglichkeiten,
- ein den Klientenbedürfnissen angepasstes Heim,
- Dauerwohnheime,
- Wohngemeinschaften,
- eigene Wohnung.

Auch hier wurden Unterschiede bei den Bedürfnissen von Männern und Frauen deutlich. Bei den Männern wurden in viel geringerem Umfang einfache Übernachtungsmöglichkeiten angegeben als bei Frauen. Für Männer wurden dafür öfter Wohngemeinschaften als sinnvoll eingeschätzt. Der Anteil, für den eine eigene Wohnung möglich scheint, war bei Männern und Frauen ungefähr gleich.

Dass auch diese Klienten »wohnfähig« sind und die Schaffung von bedürfnisgerechtem Wohnraum für die Lösung der weiteren Probleme erste Voraussetzung ist, wird hiermit bestätigt.

Eine intensivere Beschäftigung mit all diesen Problemen, wie sie von vielen Trägern, Arbeitsgruppen innerhalb der Verwaltung und in den Arbeitskreisen der PSAG betrieben wird, ist nach wie vor erforderlich.

Ausblick und Perspektiven

Das Thema »Menschen ohne festen Wohnsitz und zudem psychisch krank« darf kein Thema mehr sein, bei dem man am liebsten weghört oder sich höchstens resigniert versichert, dass dies die Entwicklung der Zeit sei und man sich als völlig hilflos erlebt. Vielmehr hat allein das gegenseitige Kennenlernen der Mitarbeiterinnen und Mitarbeiter von Übernachtungseinrichtungen, von Ärzten und Pflegepersonal des zuständigen Allgemeinkrankenhauses, von Mitarbeitern der sektorversorgenden psychiatrischen Kliniken, der Nichtsesshaften-Beratungsstellen, des Wohnungsamtes, der Sozialisierungshilfe des Sozialamtes, des Gesundheitsamtes dazu geführt, dass man Probleme gemeinsam lösen will, dass man sich kennt und auf schnellstem Weg ansprechen kann und dass sich, wenn viele daran arbeiten, etwas bewegt.

Das Gesundheitsamt der Stadt Köln hat 1993 einen mobilen medizinischen Dienst für Drogenabhängige aufgebaut, weil deutlich wurde, dass deren medizinische Versorgung im kassenärztlichen Versorgungsbereich in der praktischen Durchführung nicht gesichert war. Viele dieser Klienten sind nicht »wartezimmerfähig«, nehmen Termine einer weitergehenden Behandlung nicht wahr und erleben sich selbst auch als Ausgegrenzte. Krankheiten breiten sich bei ihnen aus, die durch ihre schlechte soziale Lage und durch die schwierigen hygienischen Bedingungen noch verschärft werden.

Diese subsidiäre, kompensatorische ärztliche Versorgung durch einen Arzt des Gesundheitsamtes, die zunächst für Drogenabhängige eingerichtet war, zeigte schnell den großen Bedarf auch im Bereich der Wohnungsloseneinrichtungen. Ein umgebauter Rettungswagen erlaubt inzwischen die ärztliche Beratung und Behandlung vor Ort, zum Beispiel »auf der Platte« oder bei Bauwagen und Containern. Inzwischen sind außer dem Arzt und der Krankenschwester – die zunächst im Versorgungsbereich Drogenabhängiger eingesetzt waren – in mehreren Zwischenschritten drei weitere Ärzte und ein Krankenpfleger hinzugekommen. Im Drogenbereich arbeiten eine Ärztin halbtags und eine Krankenschwester ganztags inzwischen im Rahmen des Landes Projekts »Drogentherapeutische Ambulanz« in den niedrigschwelligen Drogenkontaktcafés mit.

Eine wichtige Aufgabe war es, mit den originären Kostenträgern Refinanzierungen auszuhandeln, nach dem ermittelt werden konnte, dass bei mindestens 50 Prozent dieser Klientengruppen Krankenkassenzugehörigkeit bestand.

Notwendige Kontaktanbahnungen und Behandlungen sprengen den zeitlichen Rahmen der Gebührenordnung und verlangen bei eingeengter Compliance ein niedrigschwelliges therapeutisches Angebot. Die Kassenärztliche Vereinigung finanziert inzwischen mit einem Festbetrag 50 Prozent der Kosten, wobei die anderen 50 Prozent das Sozialamt der Stadt trägt. Vorher musste nachgewiesen werden, dass die niedergelassenen Praxen diese Aufgaben nicht leisten können, wobei die Kassenärztliche Vereinigung ihre Versorgungspflicht nach SGB V klar anerkannte. Diese Verträge sind auf jeweils zwei Jahre befristet.

Nachdem auch in anderen Städten unterschiedliche medizinische Versorgungssysteme für Wohnungslose aufgebaut wurde, soll in 2002 nach einer erneuten Untersuchung landesweit im Auftrag der Landesgesundheitskonferenz die Finanzierung besser gesichert werden.

Bei besserer ambulanter Versorgung zeigten sich schnell die Grenzen für stationäre Behandlungen. Durch auffälliges Verhalten der Patientinnen und Patienten – zum Beispiel Rauchen und Trinken – kam es häufig nur zu Kurzzeitaufenthalten und disziplinarischen Entlassungen oder zu eigenwilligem Verlassen des Krankenhauses vor ausreichender Stabilisierung und damit zu bedenklichen medizinischen Situationen. Direkte Kontakte des Mobilen Medizinischen Dienstes zu den Krankenhausmitarbeitern schon bei Einweisung und konkrete Hinweise auf die Besonderheiten des eingewiesenen Menschen brachten zwar Verbesserungen, zeigten aber doch, dass eine kleine Schwerpunktstation den veränderten Behandlungsbedingungen dieser Menschen besser gerecht werden könnte. Lange Verhandlungen einer Projektgruppe der Kölner Gesundheitskonferenz haben zwar Fortschritte im Gespräch mit den Krankenkassen als Kostenträgern gebracht, aber eine direkte Umsetzung steht leider immer noch aus.

Eine Krankenwohnung für nicht krankenhausbedürftige Behandlungen mit sechs Plätzen hat die Versorgung dieser Menschen weiter deutlich verbessert.

Außer dem Mobilen Dienst erfolgt jetzt seit Jahren auch eine psychiatrische Sprechstunde in der größten Wohnungsloseneinrichtung durch die Institutsambulanz der zuständigen psychiatrischen Institutsambulanz. Erforderlich sind viel Geduld und Akzeptanz und hohe Frustrationstoleranz; die angebotenen oder auch dringlich empfohlenen psychiatrischen Behandlungen werden nicht oder nur teilweise oder erst nach langer Latenz angenommen, aber es zeigen sich doch deutliche Erfolge bei äußerst schwierigen psychisch Kranken, die mit der Psychiatrie eigentlich nichts zu tun haben wollen.

Derzeit laufen konkrete Verhandlungen zur Umstrukturierung der größten Wohnungsloseneinrichtung in Köln – auch im Sinne des Aufbaus von niedrigschwelligen Wohnheimen nach § 39 BSHG sowohl für psychisch Kranke im engeren Sinne als auch für chronisch Suchtkranke. Dabei wird es sich um wesentlich anders geartete Wohnheime handeln müssen, als sie bisher in der Regel mit ihrem hohen oder doch deutlichen Rehabilitationsauftrag existieren. Hier wird sowohl die psychiatrische Nicht-Behandlung akzeptiert werden müssen als auch die gewollte Nicht-Abstinenz von chronisch Alkoholkranken oder Mehrfachkranken.

Eine wichtige Rolle bei dem gesamten Prozess spielte die Presse. Aufmerksam gemacht durch die Situation der »Bahnhofskinder« erfolgte Weihnachten 1993 im Kölner Stadtanzeiger eine große Berichterstattung über die Situation von Menschen (damals besonders Jugendliche und Kinder), die auf der Straße leben – verbunden mit einem Spendenaufruf und der Schaffung von Hilfemöglichkeiten. Außer einer Millionen DM Spendenaufkommen fanden sich auch viele Bürgerinnen und Bürger, die bereit waren, konkrete Hilfe für Obdachlose anzubieten. Beispiele für diese Hilfsbereitschaft sind Essen kochen und austeilen, etwa abends einmal in der Woche. Unterstützung bei konkreten Problemen entstand durch Angebote von Krankenschwestern und Ärzten zur stundenweisen medizinischen Tätigkeit »auf der Platte«, die sich inzwischen sogar zu einem eigenen Verein zusammengeschlossen haben. Die erste Spendenaktion wurde zur Einrichtung eines »Hauses der Hoffnung« für die »Bahnhofskinder« genutzt (10 Plätze für Kinder und Jugendliche sowie 10 Plätze für junge Erwachsene). Ein erneuter Bericht über die Schwierigkeiten von obdachlosen Frauen und ein damit verbundener Spendenaufruf führte um die Weihnachtszeit 1994 erneut zu einem hohen Spendenaufkommen, das zum Aufbau eines Hauses zur Betreuung von Mädchen und Frauen genutzt wurde.

Außerdem konnten durch diese Aktion Politiker sensibilisiert werden. Trotz der Finanznot der Stadt wurde nach der nächtlichen Schließung der U-Bahnschächte im Winter 93/94 und 95 eine so genannte »Winterhilfe« organisiert und finanziert (Notschlafstellen, geheizte Garagen sowie Bauwagen und Container). In den letzten Jahren nahm die Gesamtversorgung so weit zu, dass nur selten »Winterhilfe« notwendig war.

Das häufige Herausfallen von chronisch psychisch kranken Wohnungslosen mit sehr ausgeprägtem Hilfebedarf aus Hotelunterbringungen führte zum Versuch eines so genannten *Hotel Plus*: In einem Hotel mit Einzelzimmern und eigenen Nasszellen bietet das Deutsche Rote Kreuz mit psychiatrisch ausgebildeten Mitarbeitern eine soziale Beratung und Unterstützung an. Diese weitgehend akzeptierende, aber trotzdem Hilfe anbietende Hotelversorgung erwies sich als so sinnvoll, dass es inzwischen drei *Hotel Plus* gibt, und zwar mit insgesamt 43 Betten und einer Warteliste. Die größten Schwierigkeiten gibt es dabei mit Menschen, deren Drogenabhängigkeit zurzeit krankheitsgemäß im Vordergrund steht und die zusätzliche psychische Erkrankung wiederum eine Versorgung in den Einrichtungen der Drogenhilfen nicht gelingen lässt. Hier muss noch nach weiteren Möglichkeiten gesucht werden (siehe auch den folgenden Beitrag).

Eine Analyse der Klinikaufnahmen insbesondere aus den großstädtischen Bezirken und denen mit den meisten sozialen Brennpunkten in Köln zeigt, dass zehn Prozent der in der Klinik behandelten Patienten akut oder mittelfristig ohne festen Wohnsitz sind. Um deren Eingliederung zu verbessern werden seit Jahren von den Klinken Hilfepläne ausgefüllt, wobei in einer Koordinationsrunde von Wohnungsamt, Sozialamt, Gesundheitsamt und Kliniken gemeinsame Hilfsmaßnahmen überlegt werden. Dabei zeigte sich, dass es notwendig ist, die Menschen schon möglichst in der Klinik kennen zu lernen, dort abzuholen und dann zu begleiten im Sinne eines Übergangs-Case-Managements bis sie im »Normalsystem« ankommen. Drei Mitarbeiter des Deutschen Roten Kreuzes, die als »Hotel Plus ambulant« bezeichnet werden, leisten dieses Übergangsmanagement. Es wird gut angenommen. Katamnestische Erhebungen stehen allerdings noch aus.

Insgesamt haben unsere Erfahrungen mit den verschiedenen Projekten gezeigt, dass die Professionellen aus der Psychiatrie bis vor Jahren stark darauf fixiert waren, psychiatrische Behandlungen als Grundbedingung für die Betreuung zu sehen, aber in der engen Zusammenarbeit mit den Kollegen der Wohnungslosenhilfe inzwischen gelernt haben, viel selbstverständlicher ihre Klienten erst einmal so zu nehmen, wie sie sind. Der Weg scheint mir in Köln zunehmend zu gelingen.

HERMANN GENZ, BIRGIT GUNIA, NORBERT KRÜTT-HÜNING,
MICHAEL SCHLEICHER, ULLA SCHMALZ, ARND SCHWENDY

Das Kölner Kooperationsmodell

Die Hilfe für psychisch Kranke im Bereich der Hilfen nach § 72 BSHG und der Obdachlosenhilfe kann nur dann wirkungsvoll verbessert werden, wenn in einer Kommune drei Voraussetzungen erfüllt werden:

1. die Entwicklung einer Philosophie der akzeptierenden Hilfe,
2. die Einführung von Case-Management,
3. die Entwicklung einer Organisation innerhalb der Stadtverwaltung, die Kooperation zwischen allen beteiligten Ämtern allgemein und im Einzelfall möglich macht sowie den Hilfesuchenden das Tor zum Wohnungsmarkt öffnet.

Alarmiert durch die – auch im Straßenbild für jedermann sichtbare – Zunahme der durch Krankheit, Arbeitslosigkeit und Wohnungsverlust bedingten Notlagen, setzte die Gesundheits- und Sozialdezernentin der Stadt Köln, Dr. Ursula Christiansen Ende 1993 eine Projektgruppe aus Vertretern des Sozial-, Wohnungs- und Gesundheitsamtes ein, die – in enger Abstimmung mit den Initiativen und Trägern der Wohnungslosenhilfe – ein Programm zur Verbesserung der Strukturen und Hilfen erarbeitete.

Wir berichten entlang dieser Leitlinien über die Erfahrungen, die seit Mai 1994 bei der Umsetzung der »Konzeption zur Weiterentwicklung der Hilfen für Nichtsesshafte« im Dezernat für Soziales und Gesundheit der Stadt Köln gemacht wurden.

Akzeptierende Hilfe

Das von der Projektgruppe entwickelte Programm basiert auf der Philosophie der »akzeptierenden Hilfe«, wie sie bereits 1993 vom Rat der Stadt Köln in der Vorlage zur »Drogenproblematik in Köln« einstimmig festgelegt wurde. Die akzeptierende Hilfe basiert auf einer Praxis der sozialen und behördlichen Arbeit, die die Notleidenden weitgehend vorbehaltlos unterstützt und begleitet, um ihre gesundheitlich-soziale Verelendung zu mildern oder zu beheben. Andererseits strebt sie an, die mit dem Anwachsen des Problems verbundene Negativwirkung auf die Bevölkerung (Gefährdung der öffentlichen Ordnung etc.) soweit wie möglich einzuschränken. Konzeptionell drückt sich dies vor allem im Ausbau so genannter niedrigschwelliger Angebote aus. In der Beziehung zwischen Bevölkerung und Betroffenen wird die Akzeptanz deutlich in vielfältigen Unterstützungsaktionen (Spendenaktionen der Lokalzeitungen, ehrenamtliche Mitarbeit, öffentliches Eintreten für die Belange der Betroffenen etc.).

Akzeptanz darf dabei nicht als Laisser-faire-Politik verstanden werden. Inakzeptable Zusammenballungen von Punks, Junkies und anderen Notleidenden auf öffentlichen Plätzen (Dombereich, Neumarkt) wurden im Rahmen dieses Konzepts daher im Einvernehmen von Sozialverwaltung, Ordnungsamt und Polizei aufgelöst. Die »Vertreibung« erfolgte dabei stets erst nach angemessenen Vorlaufzeiten, die den Betroffenen die Chance boten, alternative Hilfen in Anspruch zu nehmen.

Die Duldung von Massenlagern auf der Straße hat – das zeigen die Kölner Erfahrungen der letzten Jahre – nur sehr vordergründig etwas mit Humanität und Toleranz zu tun. Sie leistet vielmehr der gesundheitlichen und sozialen Gefährdung und damit der Verwahrlosung der meist jungen Leute Vorschub. Es ist für sie das falsche Signal, wenn die Öffentlichkeit ihr Treiben einfach achselzuckend oder Geld spendend akzeptiert.

Das Konzept der akzeptierenden Hilfe erfordert somit von den Verantwortlichen ein ständiges Ausbalancieren zwischen Duldung und Begrenzung störenden Verhaltens. Hilfe und Kontrolle in der sozialen Arbeit sind in dieser Philosophie nicht Gegensätze, sondern Gegenpole, zwei Seiten einer Medaille. Ständige Kontakte zwischen Sozialwesen, Polizei und städtischem Ordnungsdienst sind erforderlich, um das für das Ausbalancieren notwendige gegenseitige Verständnis zu erreichen.

Kontinuierliche begleitende Hilfe

Kernstück der 1994 verabschiedeten Konzeption ist die kommunale Förderung ambulant tätiger Fachkräfte der Träger der Nichtsesshaftenhilfe. Die Sozialarbeiterinnen und Sozialarbeiter werden von der Fachstelle des Sozialamtes für allein stehende Männer und Frauen im Einzelfall mit der Übernahme der ambulanten Begleitung beauftragt. Die Kostenerstattung ist so kalkuliert, dass eine Fachkraft im ersten Jahr durchschnittlich zwölf, im zweiten Jahr 18 und ab dem dritten Jahr 30 Personen zu begleiten hat. Das Hilfespektrum ist breit gefächert: Es reicht von Streetwork zur Kontaktaufnahme mit Betroffenen, die »Platte machen«, bis zur Hilfestellung im Wohn- und Arbeitsbereich. An die Kooperationsbereitschaft der Hilfe-empfänger wird bewusst eine minimale Anforderung gestellt, um die Aus-grenzung »Nichtmotivierter«, die sonst üblicherweise auf der Strecke blei-ben, zu vermeiden. Auch Abbrüche der Klientenkontakte – typisch für das häufig scheue Verhalten von Menschen, die lange Jahre auf der Straße le-ben – führen nicht automatisch zur Einstellung der Hilfe.

Der Zugang zu den ambulanten Hilfen erfolgt entweder über die Träger der Angebote oder über die städtischen Dienststellen. Die Bewilligung (Beauftragung) erfolgt in jedem Fall durch den städtischen Fachdienst auf Basis eines Hilfeplans, der für die verschiedenen Lebensbereiche (Woh-nen/Arbeit/soziale Kontakte/Gesundheit etc.) möglichst konkrete und nachvollziehbare Ziele formuliert. Die Sachbearbeiter der Fachstelle des Sozialamtes haben damit ein Instrument in der Hand, das ihnen Kontrol-le und Nachvollzug der vereinbarten Hilfen möglich macht. Ähnliches gilt für die Dienst- und Fachaufsicht der beauftragten Träger.

Die begleitende Hilfe soll in der Regel (mit dem Hauptziel der »Sess-haftmachung« im Sinne von § 72 BSHG) ein Jahr dauern, wobei im Ein-zelfall Verlängerungen möglich sind. Dabei bleibt noch zu klären, ob die Personen, die mittel- und längerfristig einer begleitenden Hilfe bedürfen, nicht Anspruch auf Hilfe nach der Eingliederungshilfeverordnung zu § 39 ff. BSHG haben. Nicht selten liegt den längerfristigen Schwierigkei-ten der Betroffenen, den Alltag allein zu meistern, nämlich eine Behinde-rung als Folge einer chronischen Krankheit (insbesondere Sucht) zugrunde (siehe auch den Beitrag von Heuser/Zimmermann in diesem Band). Die sozialrechtlich erforderliche Präzisierung, auf welcher Grundlage ambu-lante Hilfe geleistet wird, darf – darüber besteht in Köln Einigkeit – aber keinesfalls zu einem Wechsel des Betreuungssystems führen. Das bedeu-tet, dass Träger, die ihren Schwerpunkt in der Hilfe nach § 72 BSHG ha-ben, künftig verstärkt auch nach den Bestimmungen der Eingliederungs-hilfe tätig werden müssen, was einige Träger in Köln bereits praktizieren.

Dem Ausbau der ambulanten Hilfe vorausgegangen war die Grundsatz-entscheidung, qualitative und strukturelle Mängel sowie Angebotslücken nicht durch eine Erweiterung des stationären Angebots anzugehen. Köln verfügt mit fünf Heimen und insgesamt 600 Plätzen über ein ausreichen-des Heimangebot. Die ambulante Hilfeform reicht in den meisten Fällen aus, sie ist lebensnäher und kostengünstiger. Im Idealfall muss der Hilfe-empfänger seine Wohnung nicht wechseln, wenn die ambulante Begleitung endet.

Den Trägern in Köln ist es erstaunlich schnell gelungen, kompetentes und engagiertes Personal für diese schwierige Aufgabe zu gewinnen. Inzwischen befinden sich an einem bestimmten Stichtag 350 bis 400 Personen in ambulanter Begleitung, darunter auch (ehemalige) Psychiatriepatienten. Mit den Trägern wurde im Jahr 2000 vereinbart, das Hilfesystem nicht weiter auszubauen, sondern mit dem bisherigen Angebot zunächst einmal Erfahrung zu sammeln. Die Erfahrungen mit der neuen Hilfeform sind durchweg positiv. Eine wesentliche Ursache für den Erfolg sieht die Sozialverwaltung in der Zielgruppenorientierung der Projekte. So gibt es Träger, die sich speziell um obdachlose Drogenabhängige, um Trebegänger aus dem Bahnhofsmilieu oder um Mädchen und junge Frauen, die von der Prostitution leben, kümmern.

Das Hotel-Konzept

Ermutigt durch den Erfolg einer zielgruppenorientierten Versorgung wohnungsloser Menschen wurden nach und nach drei Hotels *(Hotel Plus)* mit jeweils maximal 16 Plätzen für Psychiatriepatienten angeboten, die die üblichen sozialpsychiatrischen Hilfen ablehnen, sei es, weil sie sich nicht für psychisch krank halten, sei es, weil sie den therapeutisch-rehabilitativen Anforderungen dort nicht gewachsen sind. Die Mitarbeiterinnen und Mitarbeiter der Rheinischen Klinik Köln können sehr anschaulich darüber berichten, dass es eine erhebliche Zahl von Patienten und Patientinnen gibt, die lieber auf die Straße, in ein Hotel oder in eine Obdachloseneinrichtung gehen, als sich dem Regelwerk einer sozialpsychiatrischen Institution zu »unterwerfen«.

Die bisherige Versorgung dieser Personengruppe erfolgte meist im Zuge einer Unterbringung gemäß Ordnungsbehördengesetz (OBG) in kleinen, preiswerten Hotels. Häufig entstand dann eine Situation, die bei vielen der Betroffenen neue krankheitsverstärkende Ängste auslöste und zu Verhaltensauffälligkeiten führte, und die wiederum eine schnelle Kündigung zur Folge hatten. Die Biografien dieser Menschen sind daher meistens von ständig wechselnden Unterbringungen und wiederkehrenden Klinikaufenthalten gezeichnet.

Ziel des Projektes war zunächst, den Kreislauf des Rotierens zwischen Klinikaufenthalt und Notunterbringung in der Wohnungslosenhilfe zu durchbrechen. Die Idee und die Hoffnung der Planer war, den Bewohnerinnen und Bewohnern einerseits die von ihnen gewünschten Rückzugsmöglichkeiten zur Verfügung zu stellen, andererseits behutsam Krisenintervention zu leisten und die Bereitschaft zur Annahme fachkompetenter Hilfe zu wecken.

So entstand die Idee eines *Hotel Plus*: ein vom Wohnungsamt belegtes Hotel mit der Standardversorgung und einem »Plus« an zusätzlicher Betreuung durch psychiatrisch versierte Mitarbeiter. Im Juni 1997 gelang es dem Amt, einen Hotelier, der bislang Kapazitäten zur Unterbringung von Wohnungslosen zur Verfügung stellte, für das Projekt zu gewinnen.

In dieses Hotel sollten Menschen eingewiesen werden, die:

- sämtliche psychiatrischen Versorgungssysteme durchlebt und dort keine adäquate Hilfe gefunden hatten;
- noch niemals in psychiatrischer Behandlung waren, da sie sich selbst nicht als krank erleben, jedoch massiv auffällig im sozialen Umfeld sind;
- mit chronischen und unbehandelten Psychosen sehr isoliert leben und verelenden, weil sie keine Hilfe annehmen können;
- sehr aggressiv sind und mit ihrem gestörten Sozialverhalten überall anecken.

Der Charakter einer Hotelunterbringung sollte unbedingt beibehalten werden, gleichzeitig jedoch ein ambulant zugehendes Begleitungsangebot für die Bewohnerinnen und Bewohner vor Ort vorhanden sein, das freiwillig und ohne Zwang genutzt werden kann. Mit dieser konzeptionellen Gestaltung wurde in erster Linie den existierenden Vorbehalten der Wohnungslosen gegen jegliche Form von psychiatrischen Hilfen Rechnung getragen.

Um die Lebensbedingungen in den Hotels nicht zu belastend werden zu lassen, wurden Personen mit einer Abhängigkeit von illegalen Drogen, mit Pflegebedürftigkeit sowie vorrangig chronischer Alkoholabhängigkeit von der Aufnahme ins *Hotel Plus* ausgeschlossen. Diese Vorgehensweise hat sich bis zum heutigen Tage bewährt und wird nach wie vor praktiziert.

Im Verlauf der Betreuungsarbeit stellte sich heraus, dass die Vermeidung einer weiteren Verschlechterung, bestenfalls eine Stabilisierung der Lebenssituation bei vielen der Bewohnerinnen und Bewohner schon als Erfolg zu werten ist. Für einige mag es ein Ziel sein, wieder völlig selbstständig in einer eigenen Wohnung zu leben, für andere, endlich einmal für Wochen oder Monate konstant an einem Ort zu verweilen. Für den einen mag ein Ziel sein, überhaupt auf Kontakte einzugehen und diese zuzulassen, für einen anderen, endlich eine psychiatrische Behandlung zu erfahren. Die Ziele sind so vielfältig und verschieden wie die Menschen selbst.

Begleitende Analysen der Arbeit in den Hotels bilden die Grundlage für eine konzeptionelle Weiterentwicklung. Demnach wurde festgestellt, dass die Geschlechterverteilung bei 77 Prozent Männern zu 23 Prozent Frauen liegt. Die Altersverteilung bei den Männern ist von 26 bis 50 Jahren fast gleichmäßig. Auffallend ist, dass die Hälfte der Frauen älter als 46 Jahre ist, während rund drei Viertel der Männer zwischen 31 und 45 Jahre alt sind.

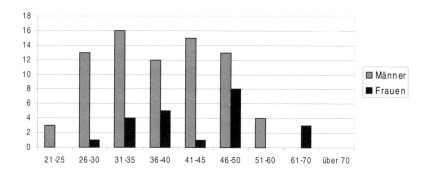

Abbildung 1: Anzahl und Alter wohnungsloser Personen

Insgesamt 52 Personen (58 Prozent) wurden in dem Zeitraum von 1997 bis 1998 wohnungslos. In der Praxis bedeutet dies, dass hier Hilfe relativ früh einsetzen kann und noch gute Chancen auf eine Veränderung der Situation bestehen. Über 10 Prozent aller Personen leben hingegen länger als 9 Jahre in ständig wechselnden Unterbringungsformen.

Die Aufenthaltsdauer der 31 Bewohnerinnen und Bewohner, die sich zum Stichtag im *Hotel Plus* befanden, ist insgesamt relativ hoch: Über die Hälfte leben länger als ein Jahr im Hotel. Das längere Verweilen an einem Ort und das Zulassen eines Betreuungskontaktes sind in diesem Zusammenhang als großer Erfolg zu werten.

Da die Mitarbeiter wie auch die Bewohner ein Minimum an Struktur benötigen, haben sie sich im Laufe der Arbeit auf folgende Eckpfeiler geeinigt:

- eine überschaubare Bewohnerzahl pro Objekt, um eine effektive und intensive Begleitung zu ermöglichen und die Belastung der Nachbarschaft erträglich zu machen;
- Unterbringung in Einzelzimmern;
- ein Minimum an Hausregeln (Hotelhausordnung);
- Unterstützung in lebenspraktischen Bereichen;
- Präsenz des Trägers im Hotel;
- Beratung zur Bewältigung von krankheitsbedingten Beeinträchtigungen;
- bei Bedarf Vermittlung von ambulanten oder stationären Hilfen;

- keine Begrenzung der Aufenthaltsdauer;
- Toleranz gegenüber extremem Verhalten, ohne dies kontrollieren zu müssen, es sei denn, es besteht unmittelbare Gefahr.

Im Jahr 2002 konnte auch der Übergang zwischen Klinikentlassung und der Sicherung der Unterbringung von wohnungslosen Psychiatriepatienten durch die Installierung des Teams des so genannten »ambulanten Hotel Plus« entscheidend verbessert werden. Entlassungen aus den Kliniken finden geplant und koordiniert statt. Den Betroffenen werden bereits vor der Entlassung ambulante Begleitungen vermittelt.

Deutlich wurde aber auch, dass für komorbide Personen und primär Alkoholkranke, die unter die genannten Ausschlusskriterien fallen bzw. die Eingliederungshilfen gemäß § 39 BSHG erhalten oder aber eine Unterbringung in einem der Hotels ablehnen, keine Angebote zur Verfügung stehen.

Diese und ähnliche Problemkonstellationen machten es notwendig, neue Überlegungen anzustellen und die bisherigen Lösungsansätze kritisch zu hinterfragen. Im Zuge der Evaluation entwickelten die Ämter das Konzept des *Hotel Plus Mobil*, das seit Januar 2002 ambulante Begleitung für Menschen, die im Anschluss an eine stationäre Behandlung in einer psychiatrischen Fachklinik eine Nachsorge benötigen, anbietet. Es handelt sich hier um eine aufsuchende Hilfe, die für psychisch kranke Wohnungslose, gleich welcher Lebenssituation, in Frage kommt. Die aufsuchende Arbeit kann an allen Orten erfolgen. Wichtig ist, dass eine Beziehung zu den Klienten aufgebaut wird, die von dem Betroffenen als Hilfe und Unterstützung angesehen wird.

Ziel des *Hotel Plus Mobil* soll sein, den bisherigen Lebensablauf des beschriebenen Personenkreises zu ändern, neue Impulse zu setzen und eine Lebensplanung mit den Betroffenen zu beginnen, um langfristig eine menschenwürdige und angemessene Zukunftsperspektive entwickeln zu können. Im Einzelfall – hier gilt das für die *Hotel Plus* bereits Gesagte – kann aber auch die Verhinderung einer Verschlechterung des physischen und psychischen Zustandes einen Erfolg darstellen. Dabei bedeuten der Aufbau einer vertrauensvollen Beziehung und die Stabilisierung der Wohnsituation für viele eine ganz entscheidende Veränderung ihres bisherigen Lebens.

Schon heute ist abzusehen, das für den Personenkreis der psychisch kranken und/oder suchtkranken Wohnungslosen darüber hinausgehende Überlegungen zur Weiterentwicklung des Angebotes angestellt werden müssen. Dank der ämterübergreifenden Zusammenarbeit mit den psychiatrischen Fachkliniken und dem DRK, die in ihrer Intensität beispielhaft ist, konnte eine Plattform geschaffen werden, auf der Ideen entfaltet und Analysen entworfen werden. Aus Sicht der Beteiligten ist die Evaluation ein gemeinsamer Auftrag für die Zukunft.

Die knapp umrissenen Projekte machen die Strategie der Kölner Konzeption deutlich: Es wird nicht primär angestrebt, dass sich das ausdifferenzierte und eigenen, durchaus sinnvollen Spielregeln gehorchende System der Gemeindepsychiatrie der Patienten dieses Milieus annimmt (damit wäre es wahrscheinlich überfordert); vielmehr ist das Ziel, psychiatriekompetente Fachkräfte in den Bereich der Hilfen nach § 72 BSHG und den Obdachlosenbereich einzubetten, die Menschen also da abzuholen, wo sie, unter welchen elenden Umständen auch immer, leben wollen. Eine solche Strategie birgt die Gefahr, dass isoliert voneinander in einer Stadt zwei Psychiatrie-Systeme entstehen mit unterschiedlichen fachlichen Standards und Konkurrenzverhalten. Dem wird in Köln entgegengewirkt durch einen speziellen Arbeitskreis der Psychosozialen Arbeitsgemeinschaft, der sich intensiv um die Verbindung beider Hilfebereiche bemüht.

Ohne Beschäftigungsperspektive haben die Fachkräfte der ambulanten Begleitung wenig Chancen, ihre Klienten dauerhaft zu integrieren. Möglichkeiten, auf dem Arbeitsmarkt Fuß zu fassen, bietet in Köln das Modellprojekt »Jobcenter«. In diesem Projekt wurde speziell für die Zielgruppe eine Clearingstelle installiert, die der neu gefassten DVO zu § 72 BSHG Rechnung trägt und den Menschen Perspektiven in den Punkten Arbeit, Qualifizierung, Beschäftigung und Rehabilitation vermittelt, gleichzeitig aber verhindern soll, dass der Personenkreis durch die Arbeitsangebote überfordert wird. Die Offerten dieses Programms werden umfangreich genutzt; unter anderem auch für die Herrichtung von Wohnraum für den eigenen Bedarf. Insgesamt ist die Lage auf dem Kölner Arbeitsmarkt aber so katastrophal, dass es eine Illusion wäre, davon auszugehen, dass für alle eine dauerhafte Eingliederung ins Arbeitsleben noch erreichbar ist.

Punker sowie Gruppen jüngerer Obdachloser fordern auch in Köln die Bereitstellung von Gelände für Bau- und Wohnwagensiedlungen. Die Stadt hat in den letzten Jahren bittere Erfahrungen mit mehreren solcher Plätze gemacht. Positiv an derartigen Projekten ist, dass sie den Einstieg bieten können in ein gemeinschaftliches, stärker selbstverantwortliches Leben. So ist es – wenn auch mit erheblichen Schwierigkeiten – gelungen, im Rahmen der Auflösung der Plätze (die öffentlichen Grundstücke waren immer nur für befristete Zeit zur Verfügung gestellt), die Bewohner in kleineren Wohnprojekten unterzubringen. Es überwiegen jedoch aus städtischer Sicht die Negativeffekte: Derartige Plätze haben eine starke Sogwirkung. Die Platzbewohner sind überfordert, den Zugang zu kontrollieren, d.h. den

Zuzug zu stoppen. Wenn nicht ständig energisch gegengesteuert wird, entstehen schnell Slums mit ständig wechselndem Publikum und unverantwortlichen hygienischen Verhältnissen.

Psychisch Kranke, die in ein solches Milieu geraten, haben kaum Überlebenschancen. Man »toleriert« ihr krankhaftes Verhalten, häufig bis es zu spät ist. Suizidale Handlungen können dann nicht ausgeschlossen werden.

Wenn Ämter zusammenarbeiten

Die Basis des Kölner Modells ist die Kooperation der beteiligten Ämter. Ausgrenzung Benachteiligter wird begünstigt, wenn Behörden (und Dienste der Wohlfahrtsverbände) sich so organisieren, dass »Zuständigkeitslücken« oder Sackgassen entstehen.

Die Kölner Sozialverwaltung beansprucht auf diesem Gebiet für sich bundesweit eine Art Vorreiterrolle, denn hier wurde bereits vor 20 Jahren mit der Neuorganisation der Obdachlosenhilfe begonnen. Kern dieser Neuorganisation war die Übertragung der Wohnhilfen nach § 15 a BSHG vom Sozialamt auf das Wohnungsamt.

Das Wohnungsamt ist gleichzeitig Unterbringungsbehörde nach dem Ordnungsbehördengesetz und übernimmt damit eine Aufgabe, die andernorts entweder beim Ordnungsamt oder beim Sozialamt angesiedelt ist. Das Ordnungsbehördengesetz beinhaltet die stärkste Bindung der Kommunen zur Wahrnehmung der Pflichtversorgung auch für psychisch Kranke. Die Kommune ist danach nämlich verpflichtet, jedem, der auf der Straße lebt, eine menschenwürdige Unterkunft zu gewähren. Dieser Unterbringungsverpflichtung genügt man durch ein Minimalangebot, daher ist es entscheidend, möglichst schnell zu prüfen, ob der Obdachlose wegen Krankheit, Behinderung oder besonderen sozialen Schwierigkeiten einen darüber hinausgehenden Hilfebedarf nach BSHG hat.

Die Integration aller wohnungswirtschaftlichen Kompetenzen beim Wohnungsamt, wie sie wegen der guten Kölner Erfahrungen der Deutsche Städtetag allen Kommunen ans Herz legt, eröffnet den Wohnungslosen, Obdachlosen und Nichtsesshaften den Zugang zur allgemeinen kommunalen Wohnraumversorgung (sozialer Wohnungsbau). Kommunen, die die Wohnraumversorgung von Personen im Sinne des § 72 BSHG und von Obdachlosen nicht so bündeln, schaffen ausgrenzende Sackgassensysteme. So gibt es beispielsweise zwischen den Heim- und Wohnungsangeboten – die Sozialämter für ihre Problemgruppen in vielen Kommunen vorhalten und der Wohnungsvermittlung durch das Wohnungsamt im Rahmen des sozialen Wohnungsbaus – kaum Verbindungen und damit keine Chancen, den Weg vom ordnungsbehördlichen »Obdach« in eine öffentlich geförderte »normale« Wohnung zu schaffen.

Das Kölner Wohnungsamt begreift seine Aufgabe der Hilfe für Obdachlose dabei nicht nur wohnungswirtschaftlich und administrativ. Es hat vielmehr einen dezentralen Sozialdienst aufgebaut, der sozialarbeiterisch in den Stadtteilen arbeitet, Gemeinwesenarbeit initiiert, Wohnprojekte begleitet und vor allem in der Prävention, d.h. Vermeidung von Obdachlosigkeit, aktiv ist.

Von daher war es nahe liegend und organisch, die Fachdienste des Sozialamtes und den Sozialdienst des Wohnungsamtes bei der Weiterentwicklung der Hilfen für allein stehende Wohnungslose durch die neue Konzeption zu einer noch engeren und verbindlicheren Kooperation zu verpflichten. Dafür gilt folgende grobe Kompetenzverteilung:

1. Die Verpflichtung zur Erstversorgung bei Wohnungsnotfällen, unabhängig davon, welcher Zielgruppe sie angehören, liegt beim Wohnungsamt. Es verstärkte deshalb seinen Notdienst durch den Kölner Betten-Service (KöBeS). Dieser rund um die Uhr erreichbare Telefondienst kann von Polizei und Fachdiensten jederzeit in Anspruch genommen werden, wenn ein Hilfebedürftiger ein Dach über den Kopf benötigt. Nur am Rande sei hier angemerkt, dass die Erweiterung dieses Dienstes sich innerhalb einer Woche realisieren ließ, nämlich durch Anschaffung einiger Handys und Motivation plus Überstundenregelung für die beteiligten Mitarbeiter.

2. Die Spezialversorgung der Personen mit besonderen sozialen Schwierigkeiten (§ 72 BSHG) obliegt den Fachdiensten des Sozialamtes, darin eingebettet ist durch Kooperation mit dem Gesundheitsamt die Abklärung der Frage, ob aus sozialmedizinischer oder sozialpsychiatrischer Sicht spezielle zusätzliche Hilfen (Krankenhilfe, Behindertenhilfe etc.) indiziert sind.

In der Praxis bedeutet dies, dass kurzfristig nach der Erstversorgung die beteiligten Fachdienste klären, was – nach der Notversorgung der ersten Nacht – der fachlich geeignetste Platz für den Betroffenen für die Zukunft ist. Dabei steht den Fachdiensten ein gestuftes System zur Verfügung:

- Notschlafstellen
- Hotels
- Einzelwohnung und Gruppenwohnungen
- Stationäre Einrichtungen nach § 72 BSHG

Entscheidend für die Effektivität des Hilfesystems insgesamt und das Wohl der Betroffenen individuell ist die ständige einzelfallbezogene Abstimmung zwischen den Teams der beteiligten Ämter und den freien Trägern, soweit sie mit der begleitenden Hilfe beauftragt sind. Dies geschieht in einer Vielzahl von Team- und Dienstbesprechungen, am häufigsten aber auf dem kurzen Dienstweg, nämlich telefonisch oder per Fax. Wegen der Vielzahl der Fälle, die inzwischen in diesem ämter- und trägerübergreifenden System über längere Zeiträume begleitet werden, wird derzeit überlegt, wie eine zentrale Steuerung mit EDV-Unterstützung eingeführt bzw. ausgebaut werden kann.

Und dennoch ist Köln kein Paradies ...

Erfreulich an der Entwicklung der letzten Jahre ist, dass die Professionalisierung der Hilfen für Menschen, die auf der Straße leben, nicht zu einem Verdrängen von Selbsthilfe und Bürgerengagement geführt hat, sondern diese im Gegenteil gestärkt hat. Die Presse hat den Ausbau der Hilfen durch viele Reportagen und Spendenaktionen gefördert. Vor allen Dingen in den kalten Wintermonaten entstanden in vielen Vierteln und Kirchengemeinden Initiativen zur Hilfe für die Obdachlosen.

Gleichwohl kann nicht verschwiegen werden, dass ein »optimiertes Hilfe- und Kooperationssystem«, wie es hier skizziert wurde, an den Ursachen der zunehmenden Verelendung (insbesondere der dauerhaften Massenarbeitslosigkeit und Chancenlosigkeit von nicht mehr voll leistungsfähigen Menschen) kaum etwas ändert. Die so genannten Nichtsesshaften, die man in allen größeren Städten sieht, sind denn auch mehrheitlich nicht mehr zugewanderte »Tippelbrüder«, sondern zu ca. 75 Prozent Einheimische, die als Folge einer Kombination von Arbeitsplatzverlust, Überschuldung, Mieterproblemen, Unterhaltsproblemen, Familien- und Eheproblemen sowie körperlichen und seelischen Erkrankungen buchstäblich auf der Straße landen. In der Regel gelingt es diesen Menschen, ca. 6 bis 12 Monate nach Verlust der Wohnung (oder Verlassen der Familie in einer Krise) sich bei Bekannten und Freunden durchzuschlagen, bis sie dann beim Sozial- oder Wohnungsamt um Hilfe nachfragen. Die präventiven Maßnahmen (z.B. Regulierung von Mietschulden, Sicherung der Wohnung durch Beschlagnahme etc.) greifen bei diesen Menschen nicht, weil sie in ihrer Krise offenbar nicht in der Lage sind das Hilfesystem rechtzeitig und effektiv für sich zu nutzen.

Auch kann nicht verschwiegen werden, dass die Unterbringung der Wohnungslosen häufig alles andere als komfortabel ist, insbesondere Notschlafstelle für Männer wirken oft so abschreckend, dass viele das Übernachten draußen vorziehen. Schließlich stoßen die Eingliederungsbemühungen an Grenzen, die die vierbeinigen Begleiter der Betroffenen setzen:

Vor allem jüngere Leute hängen an ihren Hunden, Nachbarn und Vermieter aber sind weniger tierliebend.

Nicht verschwiegen werden darf weiterhin, dass ein so schnell reagierendes Hilfesystem zu »Mitnahmeeffekten« einlädt: So gibt es in Köln und um Köln herum psychiatrische Kliniken, die ihre Patienten ganz gezielt ins Kölner Milieu entlassen – ohne vorher mit jemandem aus diesem Hilfebereich abzuklären, ob und wie man beispielsweise eine ambulante Begleitung aufbaut. Aus Sicht der Psychiatrie mag dies ein Beitrag zur Normalisierung sein, aus Sicht eines verantwortlichen Umgangs mit schutzbedürftigen Menschen ist diese Praxis mehr als fragwürdig.

Die Psychosoziale Arbeitsgemeinschaft Köln hat daher schon vor mehreren Jahren postuliert, dass die gezielte Entlassung in das Wohnungslosen- und Obdachlosenmilieu zu unterbleiben habe, es sei denn, es handele sich um die »Heimkehr« von Bewohnern aus diesem Bereich, also um Patienten, die seit Jahren in diesen Milieus leben.

THEO WESSEL, CHRISTIAN ZECHERT, ANDREAS KÄMPER

Kommunale Wohnungspolitik für psychisch kranke und suchtkranke Menschen

Obdachlosigkeit als kommunales Problem

Der erste »Armuts- und Reichtumsbericht der Bundesregierung, Lebenslagen in Deutschland« (Berlin 2001), konstatiert, dass Wohnungslosigkeit
und Wohnungsnotstände häufig die Folge anderer Schwierigkeiten wie
Arbeitslosigkeit, Überschuldung, mangelnde berufliche Qualifizierung,
Krankheit, Suchtprobleme und schwere persönliche oder familiäre Kon-
fliktsituationen sind und sich für wohnungslose Menschen besondere gesundheitliche Probleme ergeben.

Im Dezember 2001 waren beispielsweise in Bielefeld, einer Stadt mit
325.000 Einwohnern und 166.000 Haushalten, 4.870 (zwei Prozent) der
Haushalte als wohnungssuchend gemeldet, davon 3.850 als dringende
Wohnungsfälle. 547 Personen waren in Unterkünften untergebracht, davon
70,4 Prozent in Notunterkünften, 2,2 Prozent in von der Kommune an-
gemieteten Objekten und 24,3 Prozent waren Unterbringungen nach § 19
OBG bei Privateigentümern. Nachdem Anfang der neunziger Jahre eine
erhebliche Steigerung der wohnungssuchenden Haushalte zu verzeichnen
war, ist mit Ende der neunziger Jahre ein Rückgang feststellbar. 1994
mussten 1.740 Personen untergebracht werden, in 2001 waren es nur noch
547. Diese dringenden Wohnungsnotfälle verteilen sich auf 343 Haushalte. Außerhalb der verschiedenen Obdachlosenunterkünfte lebten im Som-
mer 2001 ca. 20 (1994 ca. 40) bekannte Personen langfristig auf der Straße, im Winter waren es ca. 15 Personen, die ohne Unterkunft auf der Straße
lebten und von zwei Beratungsstellen für allein stehende Wohnungslose
betreut wurden (Stadt Bielefeld 2001).

A. Kämper erstellte ein kommunales Dokumentationssystem, mit dem
seit 1987 die generelle Entwicklung bei Haushalten mit Kündigungen,
Räumungsklagen und Zwangsräumungen in Bielefeld erfasst wird. Neben

den statistischen Zahlen zur Entwicklung der jährlichen Zahl von Räumungsklagen und Zwangsräumungen werden ergänzend die Ursachen wie Mietschulden, Eigenbedarfskündigung des Vermieters, der Haushaltstyp etc. dokumentiert.

Der Anteil der akut behandlungsbedürftigen somatischen Erkrankungen ist bei Wohnungslosen im Vergleich zur sonstigen Bevölkerung besonders hoch. Es zeigt sich eine erhebliche allgemeinmedizinische und medizinisch-psychiatrische Unterversorgung bei diesem Personenkreis. Wie G. Trabert 1999 auf dem Kongress »Armut und Gesundheit« in Berlin ausführte, benötigen 80-90 Prozent dringend ärztliche Behandlung. 60–70 Prozent der Personen haben zwei Erkrankungen und 40 Prozent sogar drei oder mehr (TRABERT 1999).

Die meisten Wohnungslosen haben keinen Kontakt zu Gesundheitshilfeangeboten. Das Ausmaß an chronifizierten Krankheitsverläufen ist groß. Die angebotenen Hilfen gehen meistens über die bloße Existenzsicherung oder Überlebenshilfen nicht hinaus. Fachdienste, wie die der ambulanten und stationären Suchtkrankenhilfe, erreichen diesen Personenkreis in der Regel nicht, zumal es in dem Bereich noch zu wenige aufsuchende Hilfen und geregelte Fallverantwortungen (Case-Management) gibt.

I. EICHENBRENNER (1998) wies darauf hin, dass Wohnungslosigkeit psychisch Kranker »Elend« und »Integrationsmöglichkeit« zugleich darstellt. Auflösung von Langzeitstationen und Enthospitalisierungsprogramme haben in Einzelfällen diese eher ungünstige Lebenslage befördert. Der Wechsel in das System der Hilfen nach § 72 BSHG ermöglichte es oft, den Anforderungen der Gemeindepsychiatrie auszuweichen, ohne die durch Langzeithospitalisation erworbene Versorgungshaltung aufgeben zu müssen. Viele zögen das Etikett »wohnungslos« dem Etikett »psychisch krank« vor. Diese als geringer erlebte Stigmatisierung ist auch eine Chance, die die gemeindepsychiatrisch orientierte Hilfegestaltung aktiv berücksichtigen muss, ohne die Problemlage an ein fachlich weniger ausgestattetes Versorgungssystem der Obdachlosenhilfe »zu delegieren«.

Isolierte und unmittelbar auf Wohnungslosigkeit bezogene Interventionen durch die psychiatrischen Abteilungen und Krankenhäuser sind auf Grund der begrenzten Ressourcen nur teilweise möglich und sinnvoll. Zwar wird in den psychiatrischen Abteilungen und Kliniken das Problem wohnungsloser Patienten deutlich, ein sinnvoller Lösungsweg ist es jedoch eher, die klinischen Ressourcen mit denen der freien Wohlfahrtsträger und kommunalen Einrichtungen unter Einbeziehung der Verwaltung zu verknüpfen.

Die Auswirkung von Obdach- und Wohnungslosigkeit in einem psychiatrischen Krankenhaus sollten in den Behandlungsauftrag regelhaft einbezogen werden. Die Frage der Überlebenssicherung und der sozialen Stabilisierung sind in diesem Zusammenhang vorrangiges Interventionsziel. W. JOHN (1988) konnte in einer repräsentativen Untersuchung zeigen, dass ca. 8 Prozent von wohnungslosen Personen nach einer Fachklinik- bzw. Krankenhausbehandlung in die erste Obdachlosigkeit entlassen worden sind, J.C. RUHSTRAT und E.U. DERIVAUX (1991) weisen auf einen Anteil von 18,6 Prozent ihrer Untersuchungsgruppe in Niedersachsen hin.

Gemeinsame praktische Initiativen in dieser Richtung sind in Deutschland selten. Ein gelungenes Beispiel für die Integration verschiedener Anbieter liefern G. Längle u.a. Die Autoren führen im Rahmen exemplarischer Fallstudien schwer chronisch psychisch Kranker mit Aufenthalt in der Wohnungslosenhilfe den Nachweis, dass ein hoch individualisiertes außerstationäres Betreuungs- und Behandlungssetting, an dem die Universitätsklinik, die Wohnungslosenhilfe, das Sozialamt, eine Sozialstation sowie ein niedergelassener Arzt beteiligt sind, zu einer für den Patienten zufrieden stellenden Lösung führt. Insgesamt kommt es durch die geschickte Integration von Teildienstleistungen sehr verschiedener Anbieter und dem Verzicht auf eine Heimunterbringung außerdem zu erheblichen Kosteneinsparungen, und zwar ohne die subjektive Lebensqualität einzuschränken (LÄNGLE u.a. 2000; 2001). Kommunale Steuerung und Koordination im Zusammenhang mit einem Gemeindepsychiatrischen Verbund in der Region Bielefeld erweisen sich als effektiv, um das immense Ausgrenzungsrisiko zu senken, das Menschen auf der Straße ohne privaten Wohnsitz zwischen Psychiatrie, Suchtkrankenhilfe und Wohnungslosenhilfe erfahren müssen (WESSEL 1999).

Kommunale Fachstellen für Wohnungshilfen, die unter anderem Schuldnerberatung einbeziehen, haben sich als ein wichtiges und erfolgreiches Modell für diejenigen bewährt, bei denen akut der Wohnungsverlust droht (LAG ... NRW 1987). Landesprogramme gegen Obdachlosigkeit scheinen sich in den letzten Jahren durchaus bewährt zu haben. Zur Sicherung dauerhaften Wohnens werden in Nordrhein-Westfalen seit ca. fünf Jahren bis zu 44 kommunale Projekte zur Vermeidung und Bekämpfung von Wohnungslosigkeit gefördert. Dazu gehören neben der Finanzierung von Beratungsstellen soziale Maklerprojekte, die bei Konflikten zwischen Vermietern und Mietern vermitteln, Krankenpflege auf der Straße und Streetwork. In Nordrhein-Westfalen wurden 4,2 Millionen DM in 2001 für solche gezielten Projekte bereitgestellt. Städte, die sich an dem Programm beteiligten, verzeichneten einen überdurchschnittlichen Rückgang der Obdachlosigkeit mit bis zu 40 Prozent.

Ansätze zur Überwindung von Wohnungslosigkeit

Ausgangspunkt für alle Überlegungen zur Überwindung der Wohnungslosigkeit ist das Phänomen, dass Menschen trotz eines mehr oder minder quantitativ gut ausgebauten Hilfesystems wohnungslos bleiben. Manchmal erfrieren Wohnungslose, ohne die verschiedenen Einrichtungen, Angebote und Institutionen der Hilfe in Anspruch zu nehmen, obwohl diese ihnen – theoretisch – zur Verfügung stehen. Oder, wie Th. Reker fragt: »Warum bleiben Wohnungslose wohnungslos?« Er weist darauf hin, dass der Verlust der eigenen Wohnung ohne Übertreibung auch als ein psychologisches Trauma verstanden werden kann, dessen Schlüsselfaktor die reale und erlebte gesellschaftliche Ausgrenzung ist: »Die neue Situation stellt erhebliche Anforderungen an die Bewältigungsmechanismen der Betroffenen, die bei länger andauernder Wohnungslosigkeit überfordert werden und einen Kontrollverlust über die Lebenssituation entstehen lassen.« (REKER 1999, S. 3)

Die Erfahrungen von obdach- und wohnungslosen Menschen im Bereich der Gesundheitsversorgung können in diesem Sinne durch folgende Vorstellungen geprägt sein:

- ohne Wohnung kann man sich keine Krankheitsbehandlung leisten;
- ohne Wohnung gelingen Genesungsprozesse nicht;
- ohne Wohnung ist man bei Anbietern von Gesundheitsleistungen nicht respektabel;
- ohne Wohnung gibt es keine fundierte medizinische Diagnostik und Behandlung;
- Ohne-Wohnung-Sein birgt beim Krankenhausaufenthalt die Erfahrung von Würdelosigkeit, etwa Aufdeckung der mangelnden Hygiene und fehlende Wechselgarderobe bei Aufnahme, außerdem werden die Auszahlungen des gesetzlich vorgeschriebenen Taschengeldes durch das Sozialamt bei Aufnahme gestoppt;
- Entlassungsvorbereitungen führen wieder in die Wohnungslosigkeit;
- ohne Wohnung gibt es keine traditionelle medizinische, psychiatrische Weiterbehandlung.

Das traditionelle System der Gesundheits- und Sozialversorgung obdach- und wohnungsloser Menschen erreicht die Klientel oft nur unzureichend. Die Bundesarbeitsgemeinschaft Wohnungslosenhilfe fordert zusätzliche Hilfen, ohne die medizinische Normalversorgung damit zu ersetzen. Notwendig wären aufsuchende, begleitende Hilfen zum medizinischen Hilfesystem, mobile medizinisch-pflegerische Teams in den Großstädten und kommunale Planung und Koordination der Hilfen.

Zur Qualifizierung der Hilfen für obdach- und wohnungslose psychisch Kranke und Suchtkranke sind verstärkte Öffentlichkeitsarbeit und interdisziplinäre Wissensvermittlung Voraussetzung, zum Beispiel innerhalb der Berufsausbildung des Fachpersonals, durch stärkere Integration und durch inhaltliche Aufwertung sozialmedizinischer Aspekte sowie Fragestellungen in der universitären Ausbildung von Medizinern. Dasselbe gilt für die Berufsgruppen in der Pflege und in der sonstigen Versorgung.

Die BAG Wohnungslosenhilfe (1992) sprach folgende Empfehlungen für die Arbeit mit diesen Personen aus:

- Hilfe bei der pflegerischen Umsetzung ärztlicher Verordnungen!
- Bildung interdisziplinärer aufsuchender Teams mit Arzt, Pflegekraft, Sozialarbeiter!
- Verbindliche Vernetzung der Wohnungslosenhilfe mit der medizinischen Versorgung!
- Wohnungslosen Frauen und Männern nach Krankenhausaufenthalt grundsätzlich einen Platz in einer Notunterkunft sichern!

Beispiele

Ein Beispiel niedrigschwelliger medizinischer Hilfe stellt das Projekt »Aufsuchende Gesundheitsfürsorge« dar, das von der Ärztekammer Westfalen-Lippe initiiert wurde und in den Städten Bielefeld, Bochum und Dortmund zusammen mit Trägern der Diakonie entwickelt worden ist. Zielgruppe sind Menschen, die ärztliche Hilfen von sich aus nicht (mehr) in Anspruch nehmen, diese Hilfe aber dringend benötigen. Dazu wird ein niedrigschwelliges Angebot mit ambulant-aufsuchendem Charakter außerhalb bestehender medizinischer Strukturen geschaffen, mit einem Team von zwei Ärzten und einem Sozialarbeiter. Zielsetzung ist der unbürokratische, für die »Patienten« kostenlose und an keine Vorbedingung geknüpfte Erstversorgung an sozialen Brennpunkten und die Re-Integration sozialer Randgruppen in die gängigen Gesundheitsstrukturen (Ärztekammer Westfalen-Lippe 1995).

In Esslingen ist mit der Bedarfserhebung und Planungsinitiative zur ambulant-komplementären Betreuung mehrfach geschädigter Langzeit-Abhängigkeitskranker im Rahmen der regionalen psychosozialen Arbeitsgemeinschaft ein beispielhaftes Vorgehen zur Veränderung der Versorgungsrealität dieses Personenkreises gelungen, mit einem Anteil von 64,4 Prozent der Langzeit-Abhängigkeitskranken ohne privaten Wohnsitz (Landkreis Esslingen 1993). Erst dadurch war es möglich, auf die massive Unterversorgung dieser Betroffenengruppe hinzuweisen und sozialpolitische Rahmenbedingungen zu schaffen.

Mobile, medizinisch-pflegerische Teams verknüpft mit Straßensozialarbeit und die Bereitstellung einer Krankenwohnung für Obdachlose wie in Berlin haben die Qualität von Basisversorgungsdiensten für diesen Personenkreis erheblich erhöht (MIELKE 1994).

In Kooperation mit kommunalen Ämtern (Wohnungs- und Ordnungsamt, Amt für Soziale Dienste) sollte die Möglichkeit der Einzelunterbringung in Obdachlosenunterkünften mit eher lockeren Betreuungsformen für diejenigen entwickelt werden, die Heimunterbringung und sozialpädagogisch begleitetes Wohnen (Betreutes Wohnen) ablehnen, wie in Bielefeld (siehe dazu auch den Beitrag über das Kölner Modell in diesem Buch).

Kommunale Fachstellen für Wohnungshilfen wie in Köln und Bielefeld, die unter anderem Schuldnerberatung einbeziehen, haben sich als ein wichtiges und erfolgreiches Modell für diejenigen bewährt, bei denen akut der Wohnungsverlust droht (LAG ... NRW 1987).

Diese Beispiele zeigen, dass durch Kooperation und Vernetzung von Diensten in der sozialpsychiatrischen und psychosozialen Versorgung, der Obdachlosenhilfe und der kommunalen Institutionen Wege gefunden werden können, wohnungslosen psychisch kranken und suchtkranken Mitbürgern einer Kommune überlebenssichernde und sozial stabilisierende Hilfen zur Verfügung zu stellen. Dazu ist es notwendig, auf kommunaler Ebene entsprechende Arbeitskreise zu initiieren, wie etwa den ämter- und verwaltungsübergreifenden »Arbeitskreis Wohnungslosigkeit von psychisch und suchtkranken Personen in Bielefeld« mit folgender institutioneller Beteiligung:

- Koordination: Amt für Wohnungsbauförderung und Wohnungshilfen;
- Amt für Soziale Dienste/Sozialpsychiatrischer Dienst;
- Sozialpsychiatrischer Dienst beim Gesundheitsamt;
- Jugendamt;
- Sozialamt;
- Dienste und Einrichtungen in der sozialpsychiatrisch bzw. psychosozialen Basisversorgung (Straffälligenhilfe, Wohnungslosenhilfe, Frauenhäuser, Drogenberatungsstelle, Frauengleichstellungsstelle);
- Psychiatrische Klinik mit Pflicht- und Regionalversorgungsauftrag.

Bei der Ausgestaltung von geeigneten Hilfen wird es von hervorragender Bedeutung sein, die Betroffenen an den Orten zu erreichen und mit ihnen Kontakt aufzunehmen, wo sie sich befinden. Niedrigschwelligkeit, klare Übernahme von Fallverantwortung mit aufsuchender Hilfe (Case-Management) und Betreuungskontinuität sind Leitprinzipien dieses Gestaltungsprozesses.

Im Bereich der Obdach- und Wohnungslosenhilfe haben sich zudem neue Ansätze entwickelt, die das Selbsthilfepotenzial der Betroffenen einbezieht. Zu nennen sind zum Beispiel die Mitarbeit und der Verkauf einer Stadtzeitung als Zuverdienstprojekt, wie es sie in vielen großen Städten inzwischen gibt. In Kooperation von Beschäftigungsinitiativen und Wohnungsbaugesellschaften ist die Idee der Mitarbeit bei der Renovierung oder sogar dem Neubau (Lehmhäuser) von Wohnraum entstanden. Hierbei erwirken die Betroffenen nach Beendigung der Arbeit das Erstmietrecht. Dieses praktische Beteiligtsein führt zu einer hohen Identifikation mit dem Haus, einem neuen Selbstbewusstsein, einer anderen Tagesstrukturierung und damit auch zu einer neuen »Sesshaftigkeit«.

Verhinderung von chronischer Wohnungslosigkeit

Nicht selten bestehen Unterkünfte für Wohnungslose aus Drei- und Vier-Bett-Zimmern mit zumeist spärlicher Ausstattung in abgewohnten und lieblos gestalteten Räumlichkeiten. Wird die Unterbringungssituation obdachloser Menschen sowohl quantitativ als auch qualitativ verbessert, verändert dies auch die Menschen positiv. So lässt sich die Qualität der Unterbringungsform allein dadurch verändern, dass aus Vier-Bett-Zimmern Zimmer mit einer Belegung von ein oder zwei Personen werden. Auch in der stationären Wohnungslosenhilfe können sich qualitative Verbesserungen ergeben, wenn Heimplätze in vermietbaren Wohnraum umgewandelt werden. Es konnte zum Beispiel in Bethel nachgewiesen werden, dass sich mit qualitativer Verbesserung der Unterkunft die Häufigkeit der Notaufnahmen reduzierte.

Zur Bewältigung der schwierigen Lebenssituation »Ohne Wohnung zu leben und krank zu sein« sind vielfältige und koordinierte Hilfen »not-wendig«. Diese werden in der Regel von verschiedenen Hilfeanbietern zur Verfügung gestellt: materielle existenzsichernde Hilfen, medizinisch-psychiatrische Hilfen und therapeutisch-psychosoziale Hilfen. Allerdings sind die Möglichkeiten in den verschiedenen Bereichen begrenzt, weil diese Angebote die Betroffenen erst in extremen Krisensituationen erreichen und nicht koordiniert, sondern auf verschiedene Dienste verteilt angeboten werden. Dabei sind die Betroffenen nur selten in der Lage, diese Hilfen selbst zu bündeln.

Die ausgrenzend strukturierte Hilfelandschaft verursacht Resignation und Überforderungserleben bei allen Beteiligten. Zwei Elemente können Veränderungsprozesse initiieren: Vernetzung und Koordination der Hilfeangebote sowie darauf aufbauende Fallverantwortung.

Um das Zusammenwirken kommunaler Sozial- und Wohnungspolitik, psychiatrischer und psychosozialer Dienste und Einrichtungen sowie von Wohlfahrtsverbänden zu gewährleisten, ist es erforderlich, eine entsprechende Arbeitsgruppe beim Amt für Wohnungshilfen oder dem zuständigen kommunalen Dezernenten einzurichten. Die Koordination und Steuerung dieser Arbeitsgruppe liegt somit im Bereich der Wohnungsversorgung und nicht im Bereich der gesundheitlichen Versorgung. Dieses betont den außerordentlich hohen Stellenwert von Wohnen für die Prävention und Verhinderung krankheitsbedingter Chronifizierung. Das Wiedergewinnen von Kontrolle über das eigene Leben ist eng verknüpft mit dem Verfügen über angemessenen Wohnraum.

Als noch ausstehend für die Psychiatriereform in Deutschland weist N. Pörksen (1994a; b; c) darauf hin, dass für die ambulante und komplementäre Versorgung psychisch Kranker, Abhängigkeitskranker und Behinderter ein »Sicherstellungsauftrag« festzuschreiben ist. Durch eine geregelte Übernahme von Fallverantwortung können dann die erforderlichen institutionsunabhängigen, individuellen und komplexen Hilfeleistungen für die Betroffenen verlässlich erbracht werden.

Case-Management

Geregelte Fallverantwortung im Sinne von Case-Management beinhaltet einen methodischen Ansatz der sozialen Einzelfallhilfe und bedeutet, dass Fallverantwortliche Betroffene begleiten, die nicht, noch nicht oder nicht mehr durch angebotsorientierte Hilfen erreicht werden können. Diese Hilfen sind häufig zu hochschwellig und durch eine »Komm-Struktur« gekennzeichnet. Warteliste und Terminberatung grenzen diese Betroffenen aus. Geregelte Fallverantwortung bedeutet, dass die Bezugsperson kontinuierlich über verschiedene Phasen des Stabilisierungsprozesses hinweg und durch die verschiedenen Instanzen des Versorgungssystems die Zuständigkeit nicht abgibt und Hilfeprozesse aufeinander bezieht.

Fallverantwortung bietet Unterstützung beim Erreichen und Bündeln verschiedener Hilfemaßnahmen, dokumentiert deren Verlauf und entscheidet bei konkreten Behandlungsschritten mit.

Hilfeangebote können integriert werden und das Auffinden und Aufsuchen dieser Dienste wird erleichtert. Es geht um »Netzwerke im Einzelfall«, um Unterstützungsmanagement (Wendt 1988).

Positive, aber auch widersprüchliche Erfahrungen mit der Case-Management-Methode bei psychisch kranken und suchtkranken Personen zeigt eine Reihe von nordamerikanischen Untersuchungen zur zielgruppen-

spezifischen Wirksamkeit dieser Hilfen bei Wohnungslosigkeit: siehe
TRABERT (1991) in NewYork; HARRIS u.a. (1990), GOERING u.a. (1992)
undWASSYLENKIE u.a. (1993) in Kanada; DUERELL u.a. (1993) in Madison; DIETZEN (1993) in Chicago sowie DIXON u.a. (1995) in Baltimore
(siehe auch DRIESSEN/DILLING 1997).

In Deutschland hat Case-Management bisher vereinzelt Eingang in die
Straffälligen- und Bewährungshilfe gefunden. Aufgabenfelder sind hier
Wohnungs- und Arbeitsbeschaffung, Unterstützung bei sozialen Kontakten, Schuldenregulierung sowie Kontrolle des Suchtmittelkonsums. Bei
zersplitterter Zuständigkeit von Diensten und Behörden droht der Klient
auf der Strecke zu bleiben, er braucht eine per Hilfeplan ausgewiesene
Perspektive und eine in seinem Sozialraum koordinierte Unterstützung.
Beispielhaft ist hier die »strukturelle Neuorganisation der Sozialen Dienste in der Straffälligenhilfe im Esslinger Modell« (LOCHMANN u.a. 1994)
zu nennen.

Ambulanzen und niedergelassene Ärzte

Ein Beispiel für berufsgruppenspezifische Weiterbildung stellt die vom
Präsidenten der Berliner Ärztekammer gegründete medizinische Obdachlosenhilfe dar. Die vom Bund und Land geförderte »Beschäftigungs- und
Qualifikationsgesellschaft Gesundheit« qualifiziert arbeitslose Ärzte für
medizinisch-soziale Arbeit und bietet ihnen Arbeitsmöglichkeiten in diesem Bereich in Form einer Ambulanz für Arme und Obdachlose an (BRÄU-
TIGAM 1995). Diese Ambulanz steht imWiderspruch zum Sicherstellungsauftrag der niedergelassenen Ärzteschaft und stößt eher auf Ablehnung bei
der Kassenärztlichen Vereinigung. Diese niedrigschwellige Ambulanz jedoch stellt für die Betroffenen akzeptierende und überlebenssichernde
Alternativen zur traditionellen ärztlichen Versorgung dar.

Im Bereich der gesundheitlichen Dienstleistungen bietet sich der Hausarzt in einer zentralen Rolle an. DerVorstandsvorsitzende des AOK-Bundesverbandes weist auf die fragmentierte und unzureichend vernetzte
Struktur des Gesundheitswesens hin mit Erschwernissen bei Gesundheitsförderung und Rehabilitation. Der Hausarzt sei als »Lotse« gefragt, der seine
Patienten durch das komplexe Versorgungssystem begleitet und auch für
die sozialen, psychischen und pflegerischen Problemlagen Antworten findet (TOPHOVEN 1995).

Die Bereitschaft sollte wachsen, für obdach- und wohnungslose psychisch
Kranke und Abhängigkeitskranke eine verlässliche und kontinuierlich
unterstützende Begleitung aufrechtzuerhalten, leicht zugängliche medizi-

nische und andere Dienste zur Verfügung zu stellen und niedrigschwellig zugängliche Wohnunterkünfte bereitzuhalten, in denen milieutherapeutische Prinzipien zur Anwendung kommen. Einrichtungen der Abhängigkeitskrankenbehandlung und -betreuung müssen flexibler werden und akzeptierende Suchthilfe integrieren. Nur das trägt zur Verbesserung der psychiatrischen Versorgung und der Lebenssituation von obdach- und wohnungslosen psychisch kranken und suchtkranken Bürgerinnen und Bürgern bei.

KLAUS NOUVERTNÉ

Neue Perspektiven

Das vorliegende Buch dokumentiert eine nach wie vor erschreckende Schieflage in der Versorgung psychisch Kranker. Ein nicht unerheblicher Teil dieser Menschen, die von den eigentlich zuständigen Institutionen fachlich nur mangelhaft betreut werden, gerät deshalb in Verwahrlosung oder lebt ohne adäquate Hilfe auf der Straße. Dies wiederum scheint die psychiatrische Fachwelt aus den unterschiedlichsten Gründen erst allmählich wahrzunehmen.

Teilweise spiegelt sich in den Beiträgen des Buches die Hoffnung wider, dass schon die Nennung der tatsächlichen Anzahl psychisch kranker Menschen, die auf der Straße oder im 72er Bereich (Einrichtungen, die nach § 72 BSHG finanziert werden) leben, zu Veränderungen bei den psychiatrisch Tätigen und den Kostenträgern führt. Dies ist der moralische Appell, dass bereits die Fakten und das Aufzeigen der Überforderung der Mitarbeiter innerhalb der Wohnungslosenhilfe konzeptionelle und strukturelle Konsequenzen haben sollen.

Manche Autoren sehen eine Perspektive in einer speziellen Einrichtung für Menschen mit einer Doppeldiagnose. Dies liegt nahe, da ein Großteil der psychisch Erkrankten im 72er Bereich gleichzeitig eine Suchtproblematik aufweist. Oft wird diese Suchtproblematik sogar als primärer Grund angegeben, da das Kernfeld der Psychiatrie keine adäquate Hilfe geleistet hat. Theo Wessel zeigt in seinem Beitrag über das »Bermuda-Dreieck« eindrucksvoll, wie Menschen doppelt ausgegrenzt werden, wenn sowohl die Psychiatrie als auch der Suchtbereich sich für nicht zuständig erklären. Sein Beitrag macht jedoch auch deutlich, dass es weniger um einen neuen Typus von Einrichtung, um eine weitere Spezialisierung gehen kann, als vielmehr darum, in den einzelnen Bereichen die Arbeitskonzepte zu ändern.

Damit ist eine Lösungsperspektive skizziert, die sich wie ein roter Faden durch das Buch zieht. Denn vor allen Dingen muss die Psychiatrie ihre Konzepte ändern, um hilfebedürftige Menschen nicht in dem Maß auszugrenzen, wie dies aktuell immer noch geschieht. Unklar bleibt jedoch, ob diese Konzeptänderung auf Einsicht der jeweiligen Leistungsanbieter erfolgt oder ob sie eben doch einer Steuerung, eines Drucks seitens der Kostenträger bedarf.

Von den Kostenträgern wird oft gesagt, die Tatsache, dass sich Klienten in den »falschen« Einrichtungen wiederfänden, könne durch geschicktere Weitervermittlung in fachkompetente Einrichtungen gelöst werden. Viele Ablehnungen von Kostenübernahmen für 72er Einrichtungen werden von den Kostenträgern damit begründet, dass diese nicht zuständig seien, sondern eine 39er Einrichtung eine fachspezifischere Hilfe geben könne. Hier wird die Naivität der Annahme deutlich, dass die individuelleren psychiatrischen Institutionen ihre Plätze ausschließlich nach Bedarf und Zuständigkeit verteilten und rechtliche Dispositionsmöglichkeiten hätten. Die Schieflage der psychiatrischen Versorgung zeigt sich jedoch gerade darin, dass jedes auch noch so »überfremdete« Angebot Nutzer finden wird, die das vorgegebene Konzept akzeptieren, oder besser ausgedrückt: das Konzept »verkraften«. Das bedeutet aber doch längst nicht, dass diese Hilfen wirklich angemessen sind. Vieles wird aber auch für nicht finanzierbar erklärt. Unter den gegenwärtigen gesellschaftlichen Verhältnissen ist der (finanzielle) Einsatz für die schwächsten Mitglieder nicht gerade eine politische Priorität.

Die Vielschichtigkeit der Problemlagen legt nahe, dass keine der aufgezählten Lösungsperspektiven für sich allein genommen befriedigend ausfiele. Vielmehr scheint eine Lösung in einer integrierten Verknüpfung unterschiedlicher Perspektiven zu liegen. Dies setzt jedoch voraus, dass sowohl der 72er Bereich als auch die Einrichtungen im Kernfeld der Psychiatrie sich in einer Beschreibung der Problemlagen einig werden und dann entsprechend handeln. Grundvoraussetzung eines solchen Prozesses ist ein kontinuierlicher Kommunikations- und Erfahrungsaustausch, der wahrscheinlich auch eine schmerzhafte Analyse der eigenen Arbeitsstile, Konzepte sowie der Mechanismen der Ausgrenzungen beinhaltet. Dies umso mehr, als die Art und Weise, wie die Einbeziehung gerade der »schwierigen« Patienten in das derzeitige psychiatrische Versorgungssystem erlebt wird, sehr abhängig vom jeweiligen Arbeitsplatzkontext ist. Die Zugehörigkeit zu einer Berufsgruppe ist offenbar weniger entscheidend als die speziellen Arbeitsbedingungen, der Arbeitsort und dessen gesellschaftliche Verankerung. Vor diesem Hintergrund wird die psychiatrische Versorgungsrealität sehr unterschiedlich erlebt.

Quantitative Beschreibung der Problemlagen

Das psychiatrische Hilfesystem erfasst weniger als die Hälfte der »behandlungsbedürftigen« psychisch Kranken, und zwar unabhängig vom Schweregrad ihrer Störung.

Die Sichtweise psychiatrisch Tätiger ist von der Annahme bestimmt, dass alle Menschen von einem gewissen Störungsgrad an auch wirklich vom Kernfeld der stationären oder der ambulanten Psychiatrie erreicht werden. Die Kliniken mit Pflichtversorgungsauftrag gehen verständlicherweise davon aus, dass sie mit den schwerer gestörten psychisch Kranken, die in ihrer Region leben, mit hoher Wahrscheinlichkeit in Kontakt kommen. Ebenfalls gehen ambulante Dienste des Kernfeldes der psychiatrischen Versorgung davon aus, eine entsprechend vollständige Wahrnehmung der Lebenssituation der chronisch psychisch Kranken in ihrer Region zu haben. Auch epidemiologische wissenschaftliche Untersuchungen, die Aussagen über die Verläufe von Psychosen machen, ziehen eher »Datenbeträge« aus dem Bereich des Kernfeldes der psychiatrischen Versorgung heran. Exemplarische Studien der Herausgeber in Regionen, in denen im Verlauf der Psychiatrieplanung eine systematischere Bestandsaufnahme der Wohnräume von psychisch Kranken erfolgte, zeigen, dass dies nur bedingt zutrifft. Zudem liegen die Vermutungen nahe, dass höchstens die Hälfte der psychisch Hilfebedürftigen von der Psychiatrie erreicht werden (jüngere Untersuchungen gehen sogar von einem noch geringeren Anteil aus).

Zusätzlich lässt sich sagen, dass – im Gegensatz zu früheren Annahmen – die Inanspruchnahme psychiatrischer Hilfen unabhängig vom Störungsgrad der jeweiligen Klienten erfolgt. In der Regel ist das soziale Bezugssystem ausschlaggebend für den Behandlungs- und Versorgungsort. Mehr noch: Weitaus mehr Menschen, auch mit schweren psychischen Erkrankungen, werden durch niedergelassene Ärzte der Allgemeinmedizin betreut als durch Nervenärzte oder Psychiater. Die geringere Zugangsschwelle zum praktischen Arzt ist wohl ein Grund dafür. Der praktische Arzt wird tätig, ohne von seinem Patienten ein Bekenntnis über das Vorliegen von Symptomen einer psychischen Erkrankung zu verlangen. In dieses Bild passen Untersuchungen, die belegen, dass bis zu 80 Prozent der hochpotenten Neuroleptika, die in der Regel nur zur Behandlung von Psychosen eingesetzt werden sollten, von praktischen Ärzten verschrieben werden. Auch die größere Mobilität praktischer Ärzte ist eine Bedingung dafür, dass sie mehr psychisch Kranke sehen als ihre spezialisierten Kollegen. Oft wird bei einem Hausbesuch die Behandlung eines psychisch erkrankten Familienmitglieds und die Beratung der Familienangehörigen integriert.

Ebenfalls ist die Zahl der psychisch Kranken, die als Fehlplatzierungen in Alten- und Pflegeheimen untergebracht sind, größer als die Zahl derjenigen in spezialisierten Wohnheimen oder im Betreuten Wohnen, wobei es sich dabei zum Teil um noch sehr junge Menschen handelt. Fehlende Angebote können also nicht die Ursache dafür sein, vielmehr laufen, bis es zu einem Aufenthalt in einem Pflegeheim kommt, komplizierte Selektions- und Ausgrenzungsprozesse ab.

Ein großer Teil der psychisch Kranken ist vollkommen unversorgt und nicht nur ohne jede fachliche, sondern sogar ohne jede soziale Unterstützung. Sie leben als so genannte »Eigenbrötler« vergessen in den Ghettos unserer Städte oder in vollkommen überforderten Familiensystemen, sodass die Angehörigen psychisch Kranker auch heute noch die Hauptlast der Versorgung tragen – auch eine Form von Pflichtversorgung. Diese von Politikern unter Stichworten wie Bürgerengagement oder Zivilgesellschaft häufig als sehr positiv bewertete Situation ist allein schon deshalb kritikwürdig, weil die Gesamtheit der Lebensbedingungen dieser Familien oft unverhältnismäßig und sogar dramatisch eingeschränkt sind.

Qualitative Beschreibung der Problemlagen

Gut gemeinte therapeutische Konzepte mit bestimmten Vorstellungen über psychische Gesundheit, die generalisiert werden, sowie Überforderung und Grenzerfahrung sind Gründe dafür, dass im ambulant-komplementären Bereich Selektionsmechanismen entstanden sind, die zur Ausgrenzung geführt haben und an deren Ende der Effekt steht, dass die als »gestörte« Menschen Bezeichneten auch als »störende« aus der Psychiatrie herausfallen. Zu dem Aspekt, dass das psychiatrische Versorgungssystem nur eine Minderheit der Klienten sieht, für die es sich zuständig fühlt, treten noch strukturelle und institutionelle Rahmenbedingungen hinzu, die einen starken Ausgrenzungseffekt haben. Ausschlaggebend ist dabei, dass Mitarbeiterinnen und Mitarbeiter in psychiatrischen Institutionen in der Regel nicht verantwortlich für Menschen und deren Lebensweg sind, sondern für Einrichtungen und deren ökonomisches Überleben. So sollten Regeln wie »Hier darf auf keinen Fall Alkohol getrunken werden« und »Wer Alkohol konsumiert hat, bekommt eine Abmahnung; drei Abmahnungen kommen einer Kündigung gleich« eine kritische Aufmerksamkeit erfahren. Eine pragmatischere Sicht unter angemessener Berücksichtigung der Klienten, die eine Hilfe in der Region am nötigsten hätten, wäre nämlich hilfreicher. Vor allem sind es die weniger »Pflegeleichten«, die Störenden, die Querulanten, die aus den jeweiligen Einrichtungen herausfallen. Die »Therapie-

resistenz« der Klienten scheint Ohnmachtsgefühle bei den Helfern auszu-
lösen, die für diese offenbar schwer auszuhalten sind. So integriert die
Psychiatrie zwar sehr verhaltensauffällige Leute, die »nett verrückt« sind
und dabei einen gewissen »Unterhaltungswert« haben, aber Menschen, die
wirklich schwierig oder oft sogar unausstehlich sind, haben in der Psychiatrie kaum eine Perspektive.

Der Interessenkonflikt

Die Interessen der Mitarbeiter in der Psychiatrie und die Bedürfnisse der
psychisch Kranken folgen oft einer unterschiedlichen Logik. Dabei ist
grundsätzlich ein Interessengegensatz nicht Hindernis für eine effektive
soziale Arbeit, sondern fast schon integraler Bestandteil, vorausgesetzt jedoch, die unterschiedlichen Interessen sind wahrnehmbar und es besteht
Verhandlungsbereitschaft auf beiden Seiten. Die Psychiatrie scheint allerdings anders zu funktionieren. Zum Teil erstaunlich konform mit dem jeweiligen gesetzlichen Auftrag, steht bei Mitarbeitern der Psychiatrie die
Integration und Rehabilitation psychisch Kranker im Vordergrund. Dieses Ziel steht dabei in Gegensatz zu den oft nur sehr subjektiv erschließ-
baren Bedürfnissen der psychisch Erkrankten selbst. Überspitzt ausgedrückt könnte man sagen, dass die Bedürfnisse der psychisch Kranken
genau umgekehrt kompatibel zu den Betreuungszielen der Mitarbeiter sind.
Dieser Interessenkonflikt wird aber im Grunde gar nicht erst wahrgenommen.

Nun gehört das In-Ruhe-gelassen-Werden zweifellos zu den Grund-
bedürfnissen des Menschen. Dieses Bedürfnis lässt sich also nicht nur aus
einer derzeitigen Lebenssituation und einer eventuellen psychischen Beeinträchtigung heraus erklären; es könnte genauso als eine Abwehr von
Änderungs- und Beglückungsbestrebungen von Seiten der Mitarbeiter
interpretiert werden. Oder aber es könnte eine Reaktion auf ein Versorgungssystem sein, in dem eine hohe soziale Stimulation schon fast die Regel
ist. Solange die Psychiatrie nicht dieses Bedürfnis nach Ruhe und die
Akzeptanz von Anderssein integriert, so lange bekommen natürlich Angebote eine Attraktivität, die diesen Bedürfnissen eher entsprechen.
Kann man also vom Schutz- und Schonraum »Straße« sprechen? Zweifellos nicht, denn soziale Desintegration und ständige Überforderung sind
hier die Regel. Auf der anderen Seite scheinen die Straße und auch die
72er Einrichtungen eine Individualität zu ermöglichen, die in der Psychiatrie verloren gegangen ist.

Die Problemlagen sind so vielleicht provokant formuliert, aber sie zur

Kenntnis zu nehmen ist wohl Voraussetzung für jeglichen Veränderungs-
prozess. Sie sollen jedoch sowohl Mitarbeitern, ganz gleich ob im 72er
Bereich oder im Kernfeld der Psychiatrie, als auch den Kosten- und Leis-
tungsträgern deutlich machen, dass es keine Lösungsstrategie sein kann,
einen neuen Typus von Einrichtungen zu kreieren. Allein die quantitative
Dimension des Problems muss ein solches Unterfangen als Illusion erscheinen lassen.

Perspektiven für eine veränderte psychiatrische Versorgungsstruktur

Eine gemeinsame Problemdefinition ist deswegen von Bedeutung, weil sie
die notwendige Auseinandersetzung und den Streit um neue Perspektiven in der psychiatrischen Arbeit, um veränderte Versorgungsstrukturen
von einer moralisierenden auf eine pragmatisch zu bewältigende Ebene
herunterschraubt. Die bereits skizzierten Problemlagen lassen Lösungsansätze, die sich nur auf einer Ebene abspielen, als Kosmetik erkennen.
Vielmehr wird es darum gehen, dass sich sowohl die Konzepte der derzeitigen psychiatrischen Einrichtungen und die persönlichen Arbeitshaltungen
und -strategien als auch die Vorgaben der Kostenträger ändern müssen.

Bei der Umsetzung des Konzepts einer gemeindenahen Psychiatrie bedarf es einer gemeinsamen Prioritätenliste des 72er und 39er Bereichs nach
einer Bestandsaufnahme der Versorgung, die ebenfalls beide Bereiche berücksichtigt. Zu Beginn eines Veränderungs- oder eines mancherorts auch
gerade erst in Gang kommenden Planungsprozesses sollte eine Bestandsaufnahme jener Art erfolgen, dass zunächst festgestellt wird, welcher Bedarf durch bestehende Angebote bereits befriedigt wird und welche Gruppen psychisch Erkrankter durch die »Maschen« des Versorgungsnetzes
fallen. Das zentrale Anliegen muss dabei sein, die Versorgungsleistung der
primär Versorgenden – wie Angehörige, Streetwork, Altenheime –, die für
die Betreuung psychisch Kranker nicht ausgestattet sind, mit einzubezie-
hen. Dabei lässt sich unschwer erkennen, dass eine Verdoppelung der
Kapazitäten psychiatrischer Institutionen notwendig wäre, um diese Pri-
märversorger zu entlasten. Darum kann es aber nicht gehen, vielmehr sollte
die Fragestellung lauten: Welchen Unterstützungsbedarf haben diese Pri-
märversorger, um ihrer Aufgabe kompetenter und effizienter nachkommen
zu können? Besonderes Augenmerk sollte darauf gerichtet werden, welche Menschen vollkommen unversorgt, hilflos und um ihr Überleben
kämpfend am äußersten Rande unseres sozialen Systems stehen.

Am Ende einer solchen gemeinsamen Bestandsaufnahme wird man sich von der These verabschieden müssen, dass alle psychiatrisch Hilfebedürftigen gleichermaßen betreut werden können. Es muss eine Prioritätenfestlegung nach gemeinsam erarbeiteten inhaltlichen Kriterien erfolgen. Gegenwärtig herrscht das Kriterium vor, nur diejenigen Klienten zu betreuen, die durch regelfinanzierte Einrichtungen aufzufangen sind. Im Vordergrund sollte aber vielmehr das Kriterium stehen, dass die schwer gestörten bzw. die störenden Klienten erste Versorgungspriorität haben und erst einmal ihnen größere Ressourcen gewidmet werden. Erst danach und in Abhängigkeit davon käme es dann zu einer Abarbeitung der weiteren, höherschwelligen Aufgaben der psychiatrischen Versorgung.

Sorge für Personen und nicht für Institutionen

Ein solcher Planungsprozess läuft leicht ins Leere und wäre allzu idealistisch, würden nicht auf der Ebene der Kostenträger Änderungen der Förderungspraxis erfolgen. Dabei muss die Perspektive Vorrang haben, nicht ein institutionenzentriertes, sondern ein personenzentriertes System zu finanzieren – hier hat es in anderen Bereichen der psychiatrischen Versorgung ja inzwischen Fortschritte gegeben. Im Gegensatz zu einer Pauschalfinanzierung wäre, auch unter Zugrundelegung der bisherigen Bestimmungen des sozialen Leistungsrechts, eine Einzelfallfinanzierung vorzuziehen, die allerdings die so genannten Vorhaltekosten bestimmter Angebote mit einbeziehen müsste. Die Vision eines zentralen Psychiatriebudgets, die unter den derzeitig gegebenen sozialrechtlichen Bedingungen Utopie bleibt, müsste durch ein effizientes Case-Management vor Ort unter Berücksichtigung der Kostenträger-Diversifikation ersetzt werden. Ein solches Konzept hieße, sich von dem Mitarbeiter zu verabschieden, der einer bestimmten Institution zugeordnet wird und dessen Gehalt sich über die Kostenerstattung für diese Institution refinanziert. An seine Stelle sollte jener Mitarbeiter treten, dessen Gehalt zwar grundsätzlich durch die Einrichtung gesichert ist, sich aber über die unterschiedlichsten Kostenträger, die für die Finanzierung gemeindepsychiatrischer Dienstleistungen in Frage kommen, finanziert, je nach dem, welche Leistungen er für einen Klienten erbringt.

Eine solche Lösung würde einen höheren Verwaltungsaufwand verursachen, sie ermöglicht jedoch einen enormen Gewinn an Know-how und macht sich durch die höhere Effizienz der Angebote wieder »bezahlt«. Die seitens der Kostenträger notwendige Voraussetzung dafür wäre, sich auf Mischfinanzierungsysteme, wenn auch mit sauberer Kostenabgrenzung, einzulassen.

Stärkung der Primärversorger

Wenn dem psychiatrischen Kernfeld schon lange nicht mehr der Hauptpart in der Versorgung psychisch Kranker zukommt und wenn auch ein Großteil der Klienten der Psychiatrie nicht mehr ohne weiteres zuzuführen ist (siehe das Dogma der Krankheitseinsicht), müssen Arbeitsstrategien verändert werden. Mitarbeiter mit hoher psychiatrischer Kompetenz werden in Zukunft ihren eigenen direkten Beitrag zur Versorgungs*praxis* reduzieren müssen und stattdessen die Angehörigen, den 72er Bereich und auch die niedergelassenen Ärzte fachlich psychiatrisch so beraten und stärken, dass diese den an sie gestellten Forderungen nachkommen können. D.h., man wird sich nicht nur mit dem Arbeitsalltag dieser Menschen und Institutionen auseinander setzen müssen, sondern die Arbeitskapazität psychiatrisch Tätiger wird teilweise in diesen Bereich hineinverlagert. Solch ein Prozess setzt jedoch die Bereitschaft zu inhaltlichen und strukturellen Veränderungen der eigenen Arbeit bei den psychiatrisch Tätigen voraus.

Die psychiatrischen Fachleute der Zukunft sind weniger Therapeuten als vielmehr Moderatoren. Damit verbindet sich ein verändertes Tätigkeitsbild: Der Klient steht nicht mehr unmittelbar im Mittelpunkt des Interesses, es geht vielmehr darum, verschiedene Gruppen, durchaus auch im systemischen Sinn, in ihrer Selbstorganisation und Selbstregulation zu unterstützen. Psychiatrischer Fachverstand sollte dann dazu genutzt werden, um zwischen den psychisch Erkrankten mit ihrer oft verschlüsselten Sprache und dem sozialen Bezugssystem, wie zum Beispiel den Angehörigen oder auch den Mitarbeitern der 72er Einrichtungen, Dolmetscherfunktion wahrzunehmen. Es bedarf eben oft eines Übersetzers, der es den psychisch Kranken ermöglicht, sich ihrer Umgebung verständlich zu machen, ohne Anpassungsdruck ausgesetzt zu sein. Ein solches »Übersetzen« kann durchaus simple Züge haben, etwa einem psychiatrisch unerfahrenen Sozialarbeiter zu erklären, dass der Betroffene nicht nicht antwortet, weil er provozieren will, sondern weil er nicht zuhören kann, weil gerade innere Stimmen oder andere Beeinträchtigungen der Wahrnehmung seine Konzentration stark einschränken, die von der Umwelt oft nicht wahrgenommen werden.

Psychiatrisches Handeln sollte darüber hinaus in Zukunft ein Bestandteil von Gemeinwesenarbeit sein. Die Fachleute sollten nicht nur über psychiatrische Qualifikationen verfügen, sondern diese gleichrangig durch Kompetenzen in der Gemeinwesenarbeit ergänzen, um Systeme zu schaffen, die es den Betroffenen ermöglichen, dauerhaft in der ihm jeweils eigenen Individualität zu leben. Gemeinwesenarbeit heißt auch, weniger an

Defiziten, an deren Bewältigung und Bekämpfung zu arbeiten, als vielmehr die dem einzelnen Menschen eigenen Ressourcen zu stärken und zu fördern. Ein psychisch Kranker, der zur Verwahrlosung neigt und simpelste lebenspraktische Verrichtungen nicht bewältigen kann, kann durchaus von einem anderen psychisch Kranken (gegen Bezahlung!) betreut werden, der zum Beispiel starke Lebensängste und psychotische Beeinträchtigungen hat, aber doch in der Lage ist ein Essen zu kochen. Es geht also letztendlich darum, den viel zitierten Primat der Selbsthilfe im psychiatrischen Handeln praktisch werden zu lassen und ihm den bisherigen Rang eines eher theoretischen Konstrukts zu nehmen. Natürlich bringt es die zunächst Angst machende Fähigkeit zur Selbsthilfe Betroffener mit sich, klassische Psychosekonzepte zu hinterfragen und vielmehr in das eigene Handeln zu integrieren, dass ein »psychotisches Leben« für manchen Menschen einen durchaus geglückten Selbsthilfeversuch darstellen kann – ohne dies hiermit übergeneralisieren zu wollen. In diesem Sinne sind die psychiatrischen Fachleute Beobachter, die lernen, die individuellen Möglichkeiten der Selbsthilfe von Betroffenen wahrzunehmen, zu unterstützen – ggf. auch zu modifizieren – und sich aus dem somit unbefriedigenden Status des Symptombekämpfers herauszuentwickeln.

Hierarchie von Versorgungszielen

Der hohe therapeutische Anspruch vieler psychiatrischer Einrichtungen ist, wie gesagt, mit ein Grund für die herrschende Ungleichheit von Überlebenschancen. Das Prinzip von Therapie und Rehabilitation birgt, bei allzu idealistischer Anwendung, die Gefahr, dass Menschen, die ihm nicht genügen, ausgefiltert werden. Dieses brisanteste Thema der Auseinandersetzung zwischen dem 39er und 72er Bereich darf in der aktuellen Diskussion nicht ausgespart werden. Natürlich hat das Argument eine innere Logik, derzufolge jeder seine Arbeit gut machen müsse und es nicht das eigene Problem sein könne, wenn der Staat nicht ausreichende Ressourcen zur Verfügung stellt, um andere wichtige Teilbereiche ebenso gründlich und gut abzudecken. Dieses Argument klammert die weißen Flecken in der derzeitigen Versorgungslandschaft jedoch aus und akzentuiert falsch. Statt fünf Menschen »psychische Gesundheit« bescheren zu wollen, kann es doch ein ebenso erstrebenswertes Ziel sein, zwanzig anderen Menschen mit psychischen Beeinträchtigungen überhaupt erst einmal eine materielle und psychische Existenzgrundlage zu verschaffen. Pointiert ausgedrückt: Unter den gegenwärtigen gesellschaftlichen Rahmenbedingungen kann es nicht vorrangig darum gehen, Gesundheit auszubauen und zu fördern, sondern oftmals Überleben zu sichern! Es gehört auch zu unserer Realität, dass Menschen auf Grund einer psychischen Erkrankung sterben, weil sie keine adäquate Hilfe bekommen haben und im Winter hilflos und verwirrt erfrieren. So betrachtet, kommt der psychiatrischen Arbeit für diese Personengruppe existenzielle Bedeutung zu.

Reduktion des therapeutischen Anspruches heißt, dass sich die Einrichtungen eines Ortes oder einer Region nicht nur auf Versorgungsprioritäten, sondern auch auf gemeinsame *inhaltliche* Zielsetzungen verständigen müssen. Konkret: Es sollte eine Hierarchie von Versorgungszielen geben, die beinhaltet, dass die Befriedigung eines Teilziels auf einer jeweils vorangegangenen Ebene gegeben sein muss, bevor auf der nächsten Ebene weitergearbeitet wird. Eine solche Hierarchisierung von Versorgungszielen könnte so aussehen:

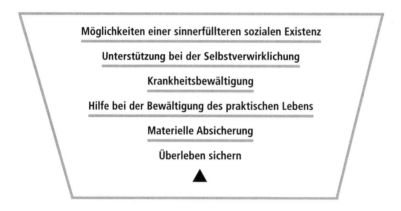

Diese Hierarchie ist nur *ein* Vorschlag. Wesentlich bleibt ein gemeinsames Grundverständnis sowohl des Sozialbereiches, zu dem die 72er Einrichtungen gehören, als auch des Gesundheitsförderungsbereiches, zu dem die Gemeindepsychiatrie vielerorts gehört. Es geht darum, dass die Verteilung von Ressourcen und die gemeinsame Zielsetzung bei der Psychiatrieplanung in Beziehung zu setzen sind.

»Andere« psychiatrische Angebote

Trotz der eingangs geäußerten Skepsis gegenüber der These, dass es weiterer Institutionen bedürfe, um die Versorgungsschieflage auszugleichen, bliebe eine Darstellung der Lösungsstrategien unvollkommen, würde sie nicht wenigstens die Modifikation von Einrichtungskonzepten einfordern.

Natürlich wird es darum gehen, dass klassische Wohnheime in Zukunft den Schwerpunkt auf individualisiertere Betreuungskonzepte legen, die an die Stelle der verbreiteten Gruppenangebote treten müssen. Ebenso natürlich sollte zur Regel werden, dass man in einem Wohnheim nicht am gemeinsamen Essen teilnehmen *muss*, sondern auch die Möglichkeit bekommt, die Mahlzeiten auf dem Zimmer einzunehmen, wenn die Gruppensituation belastend ist.

Ich glaube, dass nur durch Konkurrenz- und Alternativangebote, weniger durch Einsicht, eine Aufweichung der traditionellen Konzepte möglich wird. Dazu zählt die Möglichkeit, Klienten, die in 72er Einrichtungen leben, nach § 39 BSHG zu finanzieren – dadurch wäre auch ein flexiblerer Bestandschutz von 72er Einrichtungen gewährleistet. Dazu würde meiner Meinung nach aber auch gehören, dass für die schwer gestörten psychisch Kranken »therapielose« Konzepte initiiert und finanziert werden, die dennoch bei Bedarf Möglichkeiten der Unterstützung bereithalten – das Kölner Modell gibt hier ein gutes Beispiel, und es wurde inzwischen sogar als EU-Modellprojekt ausgezeichnet. An die Stelle des klassischen Wohnheims nach § 39 mit rehabilitativem Anspruch sollte das »Hotel« gestellt werden. Gerade die Kölner Erfahrungen belegen, dass die Zukunft in diesen niederschwelligen Angeboten, bei dem »reine Sozialarbeit« einen hohen Stellenwert hat, liegen wird. Für den Bereich der Akut- und Notfallpsychiatrie könnte so an die Stelle des hoch spezialisierten Kriseninterventionszentrums das Konzept eines »Weglaufhauses« gestellt werden.

Die Alternative liegt nicht in einer alternativen Therapie welcher Couleur auch immer, sondern darin, den Einzelnen *belassen* zu können, wenn auch unter Einbezug des Aspekts der Schadensbegrenzung für die Umwelt und ihn selbst. Konzepte, die dieses zum Inhalt haben, werden stark individualisiert sein und sich von der Ideologie einer »alternativen Gemeinschaft« verabschieden müssen.

Literatur

ABDUL-HAMID, W, COONEY, C (1996): The homeless. In: *Postgrad Med J*, 72, S. 667–670.

AHRENSBURG, SJ, BRANDT, P, VENDSBORG, PB (1990): Homeless individuals admitted to a psychiatric hospital. In: *Ugeskr Laeger*, 152, S. 1664-1667.

ALBRECHT, G, HOLTMANNSPÖTTER, H (Hg.) (1990): Lebensläufe. Von der Armut zur »Nichtsesshaftigkeit« – oder wie man »Nichtsesshafte« macht. Bielefeld.

ANTONOVSKY, A (1979): Health, stress, and coping. San Francisco.

ARANA, JD (1990): Characteristics of homeless mentally ill inpatients. In: *Hosp Comm Psychiatry*, 41, S. 674-676.

ARCE, AA, TADLOCK, M, VERGARE, MJ (1983): A psychiatric profile of street people admitted to an emergency shelter. In: *Hosp Comm Psychiatry*, 34, S. 812-817.

ARGERIOU, M, MCCARTHY, D, MULVEY, K (1995): Dimensions of homelessness. In: *Publ Health Rep*, 110, S. 734-741.

Armuts- und Reichtumsbericht der Bundesregierung 2001. Berlin.

AROLT, V, DRIESSEN, M, DILLING, H. (1997): Psychische Störungen bei Patienten im Allgemeinkrankenhaus. In: *Dt. Ärzteblatt*, 94, 20, A-1354-1358.

ÄRZTEKAMMER WESTFALEN-LIPPE (1995): Projekt »Aufsuchende Gesundheitsfürsorge«. Unveröffentlichtes Manuskript. Münster.

BACHRACH, LL (1984): The homeless mentally ill and Mental Health services: An analytical review of the literature. In: LAMB, HR (Hg.): The homeless mentally ill. Washington, S. 11-54.

BACHRACH, LL (1992): What we know about homelessness among mentally ill persons: an analytical review and commentary. In: LAMB, HR, BACHRACH, LL, KASS, FI (Hg.): Treating the homeless mentally ill. Washington, S. 13-40.

BACHRACH, LL, SANTIAGO JM, BERREN MR (1990): Homeless mentally ill patients in the community: results of a general hospital emergency room study. In: *Comm Ment Health J*, 26, S. 415-423.

BAG WOHNUNGSLOSENHILFE (2001): Zahl der Wohnungslosen. Bielefeld (www.bag-wohnungslosenhilfe.de).

BARROW, SM, HELLMAN, F, LOVELL, AM, PLAPINGER, JD, STRUENING, EL (1991): Evaluating outreach services: lessons from a study of five programs, in: COHEN NL (Hg.): Psychiatric outreach to the mentally ill. San Francisco, S. 29-45.

BAUR, W (1996): Zwischen Totalversorgung und Straße. Langenau-Ulm.

BAXTER, E, Hopper, K (1984): Shelter and housing for the homeless mentally ill. In: LAMB, HR (Hg.): The homeless mentally ill. Washington, S. 109-139.

BEBOUT, RR, DRAKE, RE, XIE, H, McHUGO, GJ, HARRIS, M (1997): Housing status among formerly homeless dually diagnosed adults. In: *Psychiatr Serv* 48, S. 936-941.

BHUGRA D (Hg.) (1996): Homelessness and mental health. Cambridge.

BODENMÜLLER, M. (1995): Auf der Straße leben. Mädchen und junge Frauen ohne Wohnung. Münster.

BODENMÜLLER, M, PIEPEL, G (2000): Jugendliche auf der Straße – Zugangs und Hilfemöglichkeiten von Streetwork. In: HINZ, P. u.a. (Hg.): a.a.O., S. 70-83.

BOZENHARDT, I, LINDENTHAL, L (2002): »Unter der Brücke rechts ...« – Freiburger Studie zur Wohnungsnot junger Menschen. In: *Theorie und Praxis der Sozialen Arbeit*, 2, S. 108-113.

BRÄUTIGAM, HH (1995): Eine Ambulanz für Obdachlose. *Zeit* vom 27.1., S. 37.

BREAKEY, WR (1992): Mental health services for homeless people. In: ROBERTSON, MJ, GREENBLATT, M (Hg.): Homelessness: A national perspective. NewYork/London, S. 101-109.

BREAKEY, WR, FISCHER, PJ, KRAMER, M, NESTADT, G, ROMANOSKI, AJ, ROSS, A, ROYALL, RM, STINE, OC (1989): Health and mental health problems of homeless men and women in Baltimore. In: *JAMA*, 262, S. 1352-1357.

BREAKEY, WR, FISCHER, PJ (1995): Mental illness and the continuum of residential stability. In: *Soc Psychiatry Psychiatr Epidemiol*, 30, S. 147-151.

BREWIN, CR, WING, JK, MANGEN, SP, BRUGHA, TS, McCARTHY, B (1987) Principles and practice of measuring needs in the long-term mentally ill: the MRC Needs for Care Assessment. In: *Psychological Medicine*, 17, S. 971-981.

BRITTEN, U (1995): Abgehauen. Wie Deutschlands Straßenkinder leben. Bamberg.

BRITTEN, U (1998): Straßenkinder und die Suche nach Identität. Ein Konzept und seine Anwendung. In: *Unsere Jugend*, 11, S. 511-518.

BRITTEN, U (2002): Notschlafstellen für Kinder und Jugendliche. In: *Soziale Arbeit*, 6, S. 213-217.

BRUNETTE, MF, DEAN, W (2002): Community mental health care for women with severe mental illness who are parents. In: *Community Ment Health*, 38, 2, S. 153-65.

BUNDESARBEITSGEMEINSCHAFT FÜR WOHNUNGSLOSENHILFE (1991): Krank ohne Wohnung. Empfehlungen zur medizinischen Versorgung wohnungsloser Menschen. Presseerklärung am 18. Dezember 1991 in Stuttgart.

BUNDESARBEITSGEMEINSCHAFT FÜR WOHNUNGSLOSENHILFE (1992): Krank ohne Wohnung. Empfehlungen der Bundesarbeitsgemeinschaft Wohnungslosenhilfe. In: *Gefährdetenhilfe*, 1, S. 13-15.

BUNDESARBEITSGEMEINSCHAFT FÜR WOHNUNGSLOSENHILFE (1994): Alkoholsucht, Wohnungslosigkeit und Wohnungslosenhilfe. Empfehlungen der BAG-Wohnungslosenhilfe. In: *Gefährdetenhilfe*, 2, S. 78-81.

BUNDESARBEITSGEMEINSCHAFT FÜR WOHNUNGSLOSENHILFE (BAG) e.V (1996): Pressemitteilung vom 5. Dezember 1996. In: *wohnungslos*, 38, S. 167.

BUNDESARBEITSGEMEINSCHAFT WOHNUNGSLOSENHILFE (2001a): BAG W-Informationen – Zahl der Wohnungslosen, Bielefeld.

BUNDESARBEITSGEMEINSCHAFT WOHNUNGSLOSENHILFE (2001b): BAG W-Informationen – Weibliche Wohnungsnot, Bielefeld.

BUNDESMINISTER FÜR FRAUEN UND JUGEND (Hg.) (1991): Allein stehende Frauen ohne Wohnung. Von M. Geiger, E. Steinert und unter Mitarbeit von C. Schweizer. Schriftenreihe des Bundesministers für Frauen und Jugend, Band 5, Stuttgart u.a.

BUNDESMINISTERIUM FÜR RAUMORDNUNG, BAUWESEN UND STÄDTEBAU/ BUNDESMINISTERIUM FÜR FAMILIE UND SENIOREN (Hg.): Wohnungssicherung und -versorgung für einkommensschwache Haushalte. Dokumentation einer Fachtagung am 2. und 3. Dezember 1993. Bonn.

BURNAM, MA, KOEGEL, P (1988): Methodology for obtaining a representative sample of homeless persons: the Los Angeles Skid Row Study. In: *Eval Rev*, 12, S. 117-152.

BURT, MR, COHEN, BE (1989): America's homeless: Numbers, characteristics and programs that serve them, Urban Institute Report 89-3. Washington.

BUSCH-GEERTSEMA, V, RUHSTRAT, EU (1992): Wohnungsnotfälle – Sicherung der Wohnungsversorgung für wirtschaftlich oder sozial benachteiligte Haushalte; im Auftrag der Bundesministerien für Raumordnung, Bauwesen und Städtebau und für Familie und Senioren, Bonn.

CANNON-SPOOR, HE, POTKIN, SG, WYATT, RJ (1982) Measurement of premorbid adjustment in chronic schizophrenia PAS. In: *Schizophrenia Bulletin*, 8, S. 470-484.

CATON, CLM, SHROUT, PE, EAGLE, P, OPLER, LA, FELIX, A, DOMINGUEZ, B (1994): Risk factors for homelessness among schizophrenic men: a case-Control Study. In: *Am J Public Health*, 84: S. 265-270.

CATON, CLM, WYATT, R, GRUNBERG, J, FELIX, A (1990): An evaluation of a mental health program for homeless men. In: *Am J Psychiatry*, S. 286-289.

CATON, CLM, WYATT, RJ, FELIX, A, GRUNBERG, J, DOMINGUEZ, B (1993): Follow-up of chronically ill men. In: *Am J Psychiatry*, 150, S. 1639-1642.

CHAFETZ, L, GOLDFINGER, SM (1984): Residential instability in a psychiatric emergency setting. In: *Psychiatr Qu*, 56, S. 20-34.

CHAU, S, CHIN, M, CHANG, J, LUECHA, A, CHENG, E, SCHLESINGER, J, RAO, V, HUANG, D, MAXWELL, AE, USATINE, R, BASTANI, R, GELBERG, L. (2002): Cancer risk behaviors and screening rates among homeless adults in los angeles county. In: *Cancer Epidemiol Biomarkers Prev*, 11, 5, S. 431-8.

COHEN, CI, TERESI, J, HOLMES, D, ROTH, E (1988): Survival strategies of older homeless men. In: *Gerontol*, 28, S. 58-65.

COHEN, CI, THOMPSON, KS (1992): Homeless mentally ill or mentally ill homeless? In: *Am J Psychiatry*, 149, S. 816-823.

COHEN, NL, MARCOS, LR (1992): Outreach intervention models for the homeless mentally ill. In: LAMB, HR, BACHRACH, LL, KASS FI (Hg.): Treating the homeless mentally ill. Washington, S. 141-158.

CUMELLA, S, GRATTAN, E, VOSTANIS, P. (1998): The mental health of children in homeless families and their contact with health, education and social services. In: *Health Soc Care Community*, 6, 5, S. 331-342.

DEUTSCHER BUNDESTAG (1994): 12. Wahlperiode, Ausschuss für Raumordnung, Bauwesen und Städtebau: Protokoll Nr. 85, öffentliche Anhörung zu dem Antrag der Abgeordneten Gabriele Iwersen u.a. (SPD) »Wohnungslosigkeit – Obdachlosigkeit und Wohnungsnotfälle in der Bundesrepublik Deutschland und Maßnahmen zu ihrer Bekämpfung«.

DEUTSCHER STÄDTETAG (Hg.) (1987): Empfehlungen und Hinweise zur Sicherung der Wohnungsversorgung in Wohnungsnotfällen und Verbesserung der Lebensbedingungen in sozialen Brennpunkten. In: *DST-Beiträge zur Sozialpolitik*, Reihe D, 21.

DEUTSCHER STÄDTETAG (Hg.) (1987): Sicherung der Wohnungsversorgung in Wohnungsnotfällen und Verbesserung der Lebensbedingungen in sozialen Brennpunkten. In: *DST-Beiträge zur Sozialpolitik*, 10.

DEUTSCHER VEREIN FÜR ÖFFENTLICHE UND PRIVATE FÜRSORGE (Hg) (1997): Fachlexikon der sozialen Arbeit, Frankfurt a.M.

DEUTSCHER VEREIN FÜR ÖFFENTLICHE UND PRIVATE FÜRSORGE (Hg.) (1990): Suchtkranke, die ungeliebten Kinder der Psychiatrie. Stuttgart.

DEUTSCHES ÄRZTEBLATT (1996): Entschließungen zum Tagesordnungspunkt I, Gesundheits- und Sozialpolitk, 25, C, S. 1189.

DEUTSCHES ÄRZTEBLATT (1998): Entschließungen auf dem 101. Deutschen Ärztetag in Köln, 23, S. 24.

DIETZEN, L., BOND, G. (1993): Relationship between case-manager contact and outcome for frequentley hospitalizied psychiatric patients. In: *Hospital and Community Psychiatry*, 9, S. 839-843.

DIXON, LB, KRAUSS, N, KERNAN, E, LEHMAN, AF, DEFORGE, BR (1995): Modifying the PACT model to serve homeless persons with severe mental illness. In: *Psychiatr Serv*, 46, S. 684-688.

DIXON, L. , KRAUSS, N., KERNAN, E., LEHMAN, A., DEFORGE, B. (1995): Modefying the PACT-MODEL to homeless persons with servere mentalillness. In: *Psychiatric services*, 7, S. 684-688.

DÖRNER, K, PLOG, U (1996): Irren ist menschlich. Bonn.

DRAKE, RE, OSHER, FC, WALLACH, MA (1991): Homelessness and dual diagnosis. In: *Am Psychol*, 46, S. 1149-1158.

DRIESSEN, M, DILLING, H (1997): Psychische Störungen bei Wohnungslosen – abgloamerikanische Untersuchungen zur Epidemiologie und Versorgungssituation. In: *Psychiatrische Praxis*, 14, S. 162-166,

DÜBGEN, R, ANDREAS-STILLER, P, STILLER, G, ZIETHEN, M (2002): Mehrfachbeeinträchtigte Abhängigkeitserkrankte: Reduktion stationärer Aufenthalte in der Psychiatrie durch ambulante Betreuung. In: *Sucht*, 48, 2, S. 124-129.

DUERELL, J., LECHTENBERG, B., CORDE, S., FRANCES, R.(1993): Intensive case management of persons with chronic mental illness who abuse substances. In: *Hospital and Community Psychiatry*, 5, S. 415-428.

DUFEU, P, PODSCHUS, I, SCHMIDT, LG (1996): Alkoholabhängigkeit bei männlichen Wohnungslosen. In: *Nervenarzt*, 67, S. 930-934.

EDLER, Chr, MIOGSA, M (2001): Dann hau ich eben ab. Verlassene Eltern – verlorene Kinder. Berlin 2001.

EICHENBRENNER, I (1998): Lebensraum Straße. In: BOCK, T, WIEGAND, H (Hg.): Handwerksbuch Psychiatrie, S. 120-135.

EIKELMANN, B, INHESTER, ML, REKER, T (1992) Psychische Störungen bei nichtsesshaften Männern. Defizite in der psychiatrischen Versorgung? In: *Sozialpsychiatrische Informationen*, 2, S. 29-32.

EIKELMANN, B (1998): Sozialpsychiatrisches Basiswissen. Grundlagen und Praxis. Stuttgart.

EVERS, J, RUHSTRAT, EU (1994): Wohnungsnotfälle in Schleswig-Holstein, Bremen, Gesellschaft für innovative Sozialforschung und Sozialplanung.

EVERS, J; RUHSTRAT, EU (1993): Abschied von der Eigenständigkeit der Hilfe für allein stehende Wohnungslose. In: *Gefährdetenhilfe*, 1.

FERBER, C v (1990): Armut und Krankheit – sozialmedizinische Zusammenhänge und Konsequenzen für Politik und Sozialarbeit. Materialien zur Wohnungslosenhilfe, 11, S. 5-8.

FERBER, Chr v, STEINERT, E, PÖRKSEN, N u.a. (1990): Armut und Leid, Politik und Sozialarbeit – Dokumentation der Bundestagung der BAG Nichtsesshaftenhilfe. Materialien zur Wohnungslosenhilfe, Heft 11, Bielefeld.

FERNANDEZ, J (1984): In Dublins fair city: The mentally ill of ›no fixed abode‹, In: *Bull R Coll Psychiatrists*, 12, S. 187-190.

FERNANDEZ, J (1996): Homelessness: An irish perspective. In: BHUGRA, D (Hg.): Homelessness and mental health. Cambridge, S. 209-229.

FICHTER, MM, KONIARCZYK, M, GREIFENHAGEN, A, KOEGEL, P, QUADFLIEG, N, WITTCHEN, HU, WÖLZ, J (1996): Mental illness in a representative sample of homeless men in Munich, Germany. In: *European Archives of Psychiatric and Clinical Neurosciences*, 246, S. 185-196.

FICHTNER, MM u.a. (1999): Psychische Erkrankungen bei obdachlosen Männern und Frauen in München. In: *Psychiatrische Praxis*, 26, S.76-84.

FISCHER, PJ, BREAKEY, WR (1991): The epidemology of alcohol, drug and mental disorders in the homeless. In: *Am Psychol*, 46, S. 1115-1128.

FISCHER, PJ, DRAKE, RE, BREAKEY, MB (1992): Mental health problems among homeless persons: a review of epidemological research from 1980-1990. In: LAMB, HR, BACHRACH, LL, KASS, FI (Hg.): Treating the homeless mentally ill. Washington, S. 75-93.

FISCHER, PJ, SHAPIRO, S, BREAKEY, WR, ANTHONY, JC, KRAMER, MK (1986): Mental health and social characteristics of the homeless: A survey of mission users. In: *Am J Public Health*, 76, S. 519-524.

GELBERG, L, LINN, LS (1989): Psychological distress among homeless adults. In: *J Nerv Ment Dis*, 177, S. 291-295.

GELBERG, L, LINN, LS, LEAKE, BD (1988): Mental Health, alcohol and drug use, and criminal history among homeless adults. In: *Am J Psychiatry*, 145, S. 191-196.

GELBERG, L, LINN, LS. (1992): Demographic differences in health status of homeless adults. In: *J Gen Intern Med*, 7, 6, S. 601-608.

GILLICH, St, NIESLONY, F (2000): Armut und Wohnungslosigkeit. Grundlagen, Zusammenhänge und Erscheinungsformen. Köln.

GILLICH, St (2002): Zur Selbsthilfe Wohnungsloser – Zwischen Ignoranz und Verkennung. In: *Theorie und Praxis der Sozialen Arbeit*, 3, S. 169-175.

GOERING, P., WASYLENKI, D., ONGE, M., PADUCHAK, D., LANCEE, W. (1992): Gender differencies among clients of a case management program for the homeless. In: *Hospital and community Psychiatry*, 2, S 160-165.

GOLDFINGER, SM, SCHUTT, RK (1996): Comparison of clinicians's housing recommendations and preferences of homeless mentally ill persons. In: *Psychiatr Serv*, 47, S. 413-415.

GOODMAN, L, SAXE, L, HARVEY, M (1991): Homelessness as psychological trauma: broadening perspectives. In: *Am Pychol*, 46, S. 1219-1225.

GREIFENHAGEN, A, FICHTER, M (1997): Mental illness in homeless women. An epidemiologic study in Munich, Germany. In: *Eur Arch Psychiatry Clin Neurosci*, 247, S. 162-172.

GROHALL, KH (1987): Arme Alleinstehende ohne Wohnung und Arbeit. Bielefeld, S. 5-33.

GROHALL, KH (1996): Zwischen den Stühlen! Über die Inkompatibilität von Hilfe- und Lebenssystem. In: *wohnungslos*, 38, S. 98-103.

HAMMEL, M (1995): Anspruch von Obdachlosen auf Erhalt und Beschaffung von Wohnraum – Gutachterliche Stellungnahme zur Verpflichtung von Ortspolizeibehörde und zuständigem Sozialhilfeträger. Materialien zur Wohnungslosenhilfe, Heft 27. Bielefeld.

HANSBAUER, P (1998a): Zielgruppenorientierte Planung für Straßenkinder. In: JORDAN, E, SCHONE, R (Hg.): Handbuch JugendHilfePlanung. Grundlagen, Bausteine, Materialien. Münster, S. 461-475.

HANSBAUER, P (Hg.) (1998b): Kinder und Jugendliche auf der Straße. Analysen, Strategien und Lösungsansätze. Münster.

HARRIS, M, BACHARACH, L (1990): Perspectives on homeless mentally ill women. In: *Hospital and Community Psychiatry*, 23, S. 253-254.

HEINISCH, M, LUDWIG, M, BULLINGER, M (1991) Psychometrische Testung der »Münchner Lebensqualitäts-Dimensionen Liste (MLDL)«. In: BULLINGER, M, LUDWIG, M, STEINBÜCHEL, N VON (Hg.): Lebensqualität bei kardiovaskulären Erkrankungen. Grundlagen, Messverfahren und Ergebnisse. Göttingen u.a. S. 73-90.

HENKE, M, ROHRMANN, E (1981): Als Stadtstreicher unterwegs. In: *Gefährdetenhilfe*, 2, S. 18-23.

HERMAN, DB, SUSSER, ES, JANDORF, L, LAVELLE, J, BROMET, EJ (1998): Homelessness among individuals with psychotic disorders hospitalized for the first time: Findings from the Suffolk County Mental Health project. In: *Am J Psychiatry*, 155, S. 109-113.

HERRMAN, H, McGORRY, P, BENNETT, P, RIEL, R, SINGH, B (1989): Prevalence of severe mental diesorders in disaffiliated and homeless people in inner Melbourne. In: *Am J Psychiatry*, 146, S. 1179-1184.

HERZBERG, J (1987): No fixed abode: a comparison of men and women admitted to an East London Psychiatric hospital. In: *Br J Psychiatry*, 150, S. 621-627.

HINZ, P, SIMON, T, WOLLSCHLÄGER, Th (2000): Streetwork in der Wohnungs-losenhilfe. Hohengehren.

HOGG, LI, MARSHALL, M (1992): Can we measure need in the homeless mentally ill? Using the MRC Needs fo Care Assessment in hostels for the homeless. In: *Psychol Med*, 22, S. 1027-1034.

HOLLAND, AC (1996): The mental health of single homeless people in North-ampton hostels. In: *Publ Health*, 110, S. 299-303.

HOPPER, K, JOST, J, HAY, T, WELBER, S, HAUGHLAND, G (1997): Homeless-ness, severe mental illness, and the institutional circuit. In: *Psychiatr Serv*, 48, S. 659-665.

JAHIEL, RI (1992a): The definition and significance of homelessness in the United States. In: JAHIEL, RI (Hg.): Homelessness: A prevention-orientated approach. Baltimore, S. 1-10.

JAHIEL, RI (1992b): Empirical Studies of Homeless Population in the 1980s. In: JAHIEL, RI (Hg.): Homelessness: A prevention-orientated approach. Balti-more, S. 40-56.

JAHIEL, RI (1992c): Health and Health Care of Homeless People. In: ROBERT-SON, MJ, GREENBLATT, M (Hg.): Homelessness: A national perspective. New York, S. 133-164.

JAINCHILL, N, HAWKE, J, YAGELKA, J (2000): Gender, psychopathology, and patterns of homelessness among clients in shelter-based TCs. In: *Am J Drug Alcohol Abuse*, 6, 4, S. 553-67.

JENCKS, C (1994): The homeless. Cambridge.

JOHN, W (1988): Ohne festen Wohnsitz – Ursache und Geschichte der Nicht-sesshaftigkeit und die Möglichkeiten der Hilfe Bielefeld, S. 445-448.

JOSEPH, PL, BRIDGEWATER, JA RAMSDEN, SS, EL-KABIR, DJ (1990): A psychiatric clinic for the single homeless in a primary health care setting in inner London. In: *Psychiatr Bull*, 14, S. 270-271.

KÄMPER, A (1993): Kommunale Dokumentation zum Wohnungserhalt und zur Wohnungssicherung. In: *Gefährdetenhilfe*, 3, S. 96-103.

KEBBEL, J (1996): Case-Management als unterschiedliche Aufgabe von Betreuerinnen/Betreuern und von Therapeutinnen/Therapeuten bzw. Pflegekräften. In: CREFELD, W, JAGODA, B, KUNZE, H, AKTION PSYCHISCH KRANKE (Hg.): Das Betreuungswesen und seine Bedeutung für die gemein-depsychiatrische Versorgung. Köln, S. 163-177.

KELLINGHAUS, C (2000) Wohnungslos und psychisch krank. Eine Problem-gruppe zwischen den Systemen. Münster.

KELLINGHAUS, C, LOWENS, S, EIKELMANN, B, REKER, Th (2000): Homeless men in inpatient psychiatric treatment – a controlled study. 1: Health status and self assessment at intake. In: *Psychiatr Prax*, 27, 1, S. 19-23.

KELLINGHAUS, Ch, EIKELMANN, B, OHRMANN, P, REKER, Th (1999): Woh-nungslos und psychisch krank. In: *Fortschritte der Neurologie Psychiatrie*, 67, 3, S. 108-121.

KIEBEL, H (fortlaufend): Bibliographie zur Wohnungslosigkeit (Bezug über: H.K., Girondelle 9, D-44799 Bochum).

KOBASA, S.C. (1979): Personality and resistance to illnes. In: *American Journal of Communitiy Psychology*, 7, S. 413-423.

KOCH, F u.a. (1992): Landessozialbericht, Band 2: Wohnungsnot und Obdachlosigkeit. Soziale Folgeprobleme und Entwicklungstendenzen. Expertise des Paritätischen Bildungswerkes Nordrhein-Westfalen im Auftrag des Ministeriums für Arbeit, Gesundheit und Soziales des Landes Nordrhein-Westfalen.

KOEGEL, P (1992): Through a different lens: an anthropological perspective on the homeless mentally ill. In: *Cult Med Psychiatry*, 16, S. 1-22.

KOEGEL, P, BURNAM, MA (1988): Alcoholism among homeless adults in the inner city of Los Angeles. In: *Arch Gen Psychiatry*, 45, S. 1011-1018.

KOEGEL, P, BURNAM, MA (1992): Problems in the assessment of mental illness among the homeless. In: ROBERTSON, MJ, GREENBLATT, M (Hg.): Homelessness: A national perspective. New York, S. 77-100.

KOEGEL, P, BURNAM, MA, FARR, RK (1988): The prevanlence of specific psychiatric disorders among homeless individuals in the inner city of Los Angeles. In: *Arch Gen Psychiatry*, 45, S. 1085-1092.

KOEGEL, P, MELAMID, E, BURNAM, A (1995): Childhood risk factors for homelessness among homeless adults. In: *Am J Public Health*, 85, S. 1642-1649.

KOMMUNALE GEMEINSCHAFTSSTELLE FÜR VERWALTUNGSVEREINFACHUNG (1989): Wohnungssicherung in Notfällen, KGSt-Bericht 11/1989, Köln.

KOVESS, V, MANGIN LAZARUS, C (1999): The prevalence of psychiatric disorders and use of care by homeless people in Paris. In: *Social Psychiatry and Psychiatric Epidemiology*, 34, S. 580-587.

KRAUSZ, M. (1990): Suchtmittelmissbrauch und Psychose. In: SCHWOON, D, KRAUSZ, M: Suchtkranke, die ungeliebten Kinder der Psychiatrie. Stuttgart, S. 95-105.

KRAUSZ, M, MÜLLER-THOMSEN, T (Hg.) (1994): Komorbidität. Freiburg i.Br.

KRAUSZ, M u.a. (1998): Prävalenz psychischer Störungen bei Opiatabhängigen mit Kontakt zum Drogenhilfesystem. In: *Nervenarzt* 69, S. 557-567.

KUHLMANN, TL (1994): Psychology on the streets: Mental health practice with homeless persons. New York.

KUNSTMANN, W u.a. (1996): Medizinische Versorgungsprojekte für Wohnungslose – Ursachen und Konzepte. In: *wohnungslos*, 3, S. 103-112.

KUNSTMANN, W, GERLING, S, BECKER, H (1996): Medizinische Versorgungsprojekte für Wohnungslose. In: *wohnungslos*, 38, S. 103-112.

KUNSTMANN, W, BECKER, H (1998): Methodische Probleme der Erhebung psychiatrischer Krankheitsprävalenzen unter Wohnungslosen. In: *wohnungslos*, 40, 3, S. 106-113.

LAM, JA, ROSENHECK, R (1998): The effect of victimization on clinical outcomes of homeless persons with serious mental illness. In: *Psychiatr Serv*, 49, S. 678-83.

LAMB, HR, LAMB, DC (1990): Factors contributing to momelessness among the chronically and severely mentally ill. In: *Hosp Comm Psychiatry*, 41, S. 301-304.

LANDESARBEITSGEMEINSCHAFT DER ÖFFENTLICHEN UND FREIEN WOHL-
FAHRTSPFLEGE IN NRW (1987): Sicherung der Wohnraumversorgung in
Wohnungsnotfällen und Verbesserung der Lebensbedingungen in sozialen
Brennpunkten (Empfehlungen und Hinweise). Düsseldorf.

LANDKREIS ESSLINGEN (1993): Räume schaffen für mehrfachgeschädigte
Langzeit-Abhängigkeitskranke in der Gemeinde. In: *Drogen-Report*, 5, S. 10-12.

LANDSCHAFTSVERBAND RHEINLAND/KOORDINATIONSSTELLE SUCHT (2000):
Versorgung und Diagnostik von Personen mit Komorbidität von Sucht- und
psychischen Erkrankungen: Problem- und Defizitanalyse und Anforderungen
an die Versorgung. Köln.

LÄNGLE, G, MAYENBERGER, M, GÜNTHNER, A (2001): Gemeindenahe Rehabilitation für schwer psychisch Kranke? In: *Die Rehabilitation*, 40, S. 21 – 27.

LÄNGLE, G, RENNER, G, GÜNTHNER, A, BUCHKREMER, G (2000): Die gemein-
depsychiatrische Versorgung schwerstkranker Schizophrener. Eine exemplarische Fallstudie. In: *Nervenarzt*, 11, S. 915-918.

BUNDESREGIERUNG (2001): Lebenslagen in Deutschland – Der erste Armuts-
und Reichtumsbericht der Bundesregierung. Berlin.

LEDA, C, ROSENHECK, R (1992): Mental health status and community adjustment after treatment in a residential tratment program for homeless veterans.
In: *Am J Psychiatry*, 149, S. 1219-1224.

LEDER, T, VOLK, S, GEORGI, K, PFLUG, B (1999): Eine Feldstudie zur psychosozialen Situation Wohnungsloser in Frankfurt am Main. In: *Nervenarzt*, 70,
S. 650-656.

LEHMAN, AF, DIXON, LB, KERNAN, E, DEFORGE, BR, POSTRADO, LT (1997):
A randomized trial of Assertive Community Treatment for homeless persons
with severe mental illness. In: *Arch Gen Psychiatry*, 54, S. 1038-1043.

LEIDEl, J, KIMONT, HG, BERGER, H (1998): Die medizinische Versorgung
Obdachloser. In: *Gesundheitswesen*, 60, Sonderheft 1, S. 541-546.

LESAGE, AD (1991): Standardized assessment of the needs for care in a cohort
of patients with schizophrenic psychoses. In: *Psychological Medicine* (Monogr.
Suppl.) 19, S. 27-33.

LEVINE, IS (1984): Service Programs for the homeless mentally ill. In: LAMB,
HR (Hg.): The homeless mentally ill. Washington, S. 173-199.

LEVINE, IS, ROG, DJ (1990): Mental health services for homeless mentally ill
persons. In: *Am Psychol*, 45, S. 963-968.

LIEBEL, M (2000): Straßenkinder gibt es nicht. Über die verschlungenen Wege
einer paternalistischen Metapher. In: *Soziale Arbeit*, Nr. 4 /2000, S. 122-130.

LINN, L, GELBERG, L, LEAKE, B (1990): Substance abuse and mental helth
status of homeless and domiciled low-income users of a medical clinic. In:
Hosp Comm Psychaitry, 41, S. 306-310.

LIPTON, FR, NUTT, S, SABATINI, A (1988): Housing the homeles mentally ill: a
longitudinal study of treatment approach. In: *Hosp Comm Psychiatry*, 39,
S. 40-45.

LOCHER, G (1990): Gesundheits-/Krankheitsstatus und arbeitsbedingte Erkrankungen von allein stehenden Wohnungslsoen. Bielefeld.

LOCHMANN, R, BAUMANN, H, CHILIAN, W (Hg.) (1994): Kooperation und Vernetzung in der Straffälligenhilfe. Bonn.

LOWENS, S, KELLINGHAUS, Ch, EIKELMANN, B, REKER, Th (2000): Wohnungslose Männer in stationärer psychiatrischer Behandlung. Teil 2: Gesundheitszustand und Lebensqualität vor und nach psychiatrischer Behandlung. In: *Psychiatr Prax*, 27, 1, S. 24-27.

MAIER-DIEWALD, W, WITTCHEN, H, HECHT, H, WERNER-EILERT, K (1983): Die Münchener Ereignisliste (MEL). München.

MARSHALL, EJ (1996): Homeless women. In: BHUGRA, D (Hg.): Homelessness and mental health. Cambridge, S. 59-77.

MARSHALL, M (1989): Collected and neglected: Are Oxford hostels for the homeless filling up with disabled psychiatric patients? In: *BMJ*, 299, S. 706 f.

MARSHALL, M (1992): Can we measure need in the homeless mentally ill? Using the MRC Needs for Care Assessment in hostels for the homeless. In: *Psychological Medicine*, 22, S. 1027-1034.

MATHIEU, A (1993): The medicalization of homelessness and the theater of repression. In: *Med Anthropol Q*, 7, S. 170-184.

McNAUGHT, A, BHUGRA, D (1996): Models of homelessness. In: BHUGRA, D (Hg.): Homelessness and mental health. Cambridge, S. 26-41.

MELLER, I, FICHTER, M, QUADFLIEG, N, KONIARCZYK, M, GREIFENHAGEN, A, WOLZ, J (2000): Inanspruchnahme medizinischer und psychosozialer Dienste durch wohnungslose psychisch Kranke. Ergebnisse einer epidemiologischen Studie. In: *Nervenarzt*, 71, 7, 543-551.

MIELKE, S (1994): Krankenwohnung für Obdachlose. In: *Heilberufe*, 8, S. 12-13.

MILBURN, NG, WATTS, RJ (1986): Methodological issues in research on the homeless and the homeless mentally ill. In: *Int J Ment Health*, 14, S. 42-60.

MINISTERIUM FÜR ARBEIT, SOZIALES UND GESUNDHEIT (1997): Antwort auf eine Kleine Anfrage der Abgeordneten G. Bill (Bündnis 90/Die Grünen) betr. Medizinische Versorgung wohnungsloser Frauen und Männer. Anfrage 0523 vom 18. Dezember 1996.

MINISTERIUM FÜR ARBEIT, SOZIALES UND GESUNDHEIT (1997): Stellungnahme des Ministeriums zur Medizinische Versorgung wohnungsloser Menschen in Rheinland-Pfalz sowie Ergebnisse einer bundesweiten Länderbefragung zu diesem Thema.

MINISTERIUM FÜR ARBEIT UND SOZIALES (2002): Qualifikation und Technologie des Landes NRW. Presseerklärung zur Obdachlosenstatistik für NRW. Düsseldorf.

MINISTERIUM FÜR ARBEIT UND SOZIALES, QUALIFIKATION UND TECHNOLOGIE (2000): Neue Obdachlosenstatistik für NRW: Zahl der Menschen ohne festen Wohnsitz rückläufig. Presseerklärung. Düsseldorf.

MINISTERIUM FÜR ARBEIT, GESUNDHEIT UND SOZIALES VON NORDRHEIN-WESTFALEN (MfAGS) (1993): Wohnungsnot und Obdachlosigkeit. Soziale Folgeprobleme und Entwicklungstendenzen (Landessozialbericht Bd. 2). Eine Expertise des Parität. Bildungswerks NRW. Bearbeitet von F. Koch, G. Hand und P. Tristan. Düsseldorf.

MORRISSEY, JP, LEVINE, IS (1987): Researchers discuss latest findings, examine needs of homeless mentally ill persons. In: *Hosp Comm Psych*, 38, S. 811-812.

MORSE, GA, CALSYN, RJ, ALLEN, G, KENNY, DA (1994): Helping homeless mentally ill people: what variables mediate and moderate program effects? In: *Am J Comm Psychol*, 22, S. 661-683.

MORSE, GA, CALSYN, RJ, KLINKENBERG, WD, TRUSTY, ML, GERBER, F, SMITH, R, TEMPELHOFF, B, AHMAD, L (1997): An experimental comparison of three types of case management for homeless mentally ill persons. In: *Psychiatr Serv*, 48, S. 497-503.

MORSE, GA, CALSYN, RJ (1992): Mental health and other human service needs of homeless people. In: ROBERTSON, MJ, GREENBLATT, M (Hg.): Homelessness: A national perspective. New York, S. 117-131.

MOWBRAY, CT, JOHNSON, VS, SOLARZ, A (1987): Homelessness in a state hospital population. In: *Hosp Comm Psychiatry*, 38, S. 880-882.

MOWBRAY, CT, JOHNSON, VS, SOLARZ, A (1987): Homelessness in a state hospital population. In: *Comm Psychiatry*, 38, S. 880-882.

MÜLBRECHT, B (1996): Sind Einrichtungen der Wohnungslosenhilfe psychiatrische Institutionen? In: *wohnungslos*, 38, S. 138-141.

MÜLLER, HR (1997): Muss Pädagogik sozialintegrativ sein? Einwände gegen einen allzu raschen Konsens in der neuen Straßenkinder-Diskussion. In: *Neue Praxis*, 2, S. 107-117.

NACE, EP (1987): Alcohol and other psychiatric disorders. In: NACE, EP (Hg.): The Treatment of Alcoholism. New York, S. 201-235.

NARDACCI, D, CARO, Y, MILSTEIN, V, SCHLEIMER, H, LEVY, RH, ERICKSON, E, BALDWIN, K (1992): Bellevue popoulation: Demographics. In: KATZ, SE, NARDACCI, D, SABATINI, A (Hg.): Intensive treatment of the homeless mentally ill. New York, S. 51-70.

NOORDSY, N u.a. (1992): Subjektive Erfahrungen Schizophrener mit Alkoholkonsum. In: SCHWOON, D, KRAUSZ, M (Hg.): Psychose und Sucht. Freiburg, S. 95-104.

NORDENTOFT, M, KNUDSEN, KC, JESSEN-PETERSEN, B, KRASNIK, A, SAELAN, H, BRODERSEN, AM, TREUFELDT, P, LOPPENTHIN, P, SAHL, I, OSTERGARD, P (1997): Copenhagen Community Psychiatric Project (CCPP): Characteristics and treatment of homeless patients in the psychiatric services after introduction of community mental health centres. In: *Soc Psychiatry Psychiatr Epidemiol*, 32, S. 369-378.

NORTH, CS, POLLIO, DE, THOMPSON, SJ, SPITZNAGEL, EL, SMITH, EM (1998): The association of psychiatric diagnosis with weather conditions in a large homeless sample. In: *Soc Psychiatry Psychiatr Epidemiol*, 33, S. 206-210.

NORTH, CS, SMITH, EM (1993): A comparison of homeless men and women: different populations, different needs. In: *Comm Ment Health J*, 29, S. 423-431.

NORTH, CS, THOMPSON, SJ, POLLIO, DE, RICCI, DA, SMITH, EM (1997): A diagnostic comparison of homeless and nonhomeless patients in an urban mental health clinic. In: *Soc Psychiatry Psychiatr Epidem*, 32, S. 236-240.

NOUVERTNÉ, K (1996): Wer sind die psychisch kranken Obdachlosen? In: INSTITUT FÜR KOMMUNALE PSYCHIATRIE (Hg.): Auf die Straße entlassen – obdachlos und psychisch krank. Bonn, S. 30-38.

NOUVERTNÉ, U (1996): Wohnungslosigkeit und psychische Erkrankung. Repräsentative Ergebnisse einer empirischen Großstadtstudie. In: INSTITUT FÜR KOMMUNALE PSYCHIATRIE (Hg.): Auf die Straße entlassen – obdachlos und psychisch krank. Bonn, S. 39-52.

PADGETT, D, STRUENING, EL, ANDREWS, H (1990): Factors affecting the use of medical, mental health, alcohol, and drug treatment services by homeless adults. In: *Med Care*, 28, S. 805-821.

PECHMANN, L (1993): Alleinstehende wohnungslose Frauen in Deutschland. In: *Gefährdetenhilfe*, 35, S. 125-126.

PERMIEN, H, ZINK, G (1998): Endstation Straße? Straßenkarrieren aus der Sicht von Jugendlichen. München.

PFENNIG, G (1996): Lebenswelt Bahnhof. Sozialpädagogische Hilfen für obdachlose Kinder und Jugendliche. Neuwied.

PHELAN, M, SLADE, M, THORNICROFT, G, DUNN, G, HOLLOWAY, F, WYKES, T, STRATHDEE, G, LOFTUS, L, MCCRONE, P, HAYWARD, P (1995): The Camberwell Assessment of Need: The validity and reliability of an instrument to assess the needs of people with severe mental illness. In: *British Journal of Psychiatry*, 167, S. 589-959.

PLANUNGSGRUPPE ALLEINSTEHENDE WOHNUNGSLOSE (1996): Allein stehende Wohnungslose in Mannheim – Sozialbericht 1996. Mannheim: Sozialamt der Stadt Mannheim, Dezernat 3.

POLLIO, DE, NORTH, CS, THOMPSON, S, PAQUIN, JW, SPITZNAGEL, EL (1997): Predictors of achieving stable housing in a mentally ill homeless population. In: *Psychiatr Serv*, 48, S. 528-530.

PÖRKSEN, N (1994): Die Empfehlungen der Expertenkommission zur Versorgung Abhängigkeitskranker – eine Bilanz. In: JAGODA, B, KUNZE, H, (Hg.): Gemeindepsychiatrische Suchtkrankenversorgung, Tagungsbericht der Aktion Psychisch Kranke, Band 21. Köln, S. 38-49.

PÖRKSEN, N (1994): Die »Unheilbaren«. Prüfstein für die Gemeindepsychiatrie. In: *Pflegezeitschrift*, 12, S. 674-677.

PÖRKSEN, N (1994): Fortschritte und Grenzen bei der Umsetzung der Psychiatrie-Enquete (1975) und der Expertenkommission (1988). In: KRUCKENBERG, P, JAGODA, B (Hg.): Personalbemessung im komplementären Bereich. Von der Institutions- zur personenbezogenen Behandlung und Rehabilitation. Dokumentation zu Informationstagung der Aktion Psychisch Kranke am 27. und 28. April 1994. Bonn, S. 21-28.

REIS, C (1994): Wohnungshilfe – Konturen eines neuen Arbeitsfeldes der Sozialarbeit. In: REIS, C, BRELIE-BRAUN, J v d (Hg.): Sicherung eines Grundrechts auf Wohnen. Frankfurt a. M., S. 141-168 (Eigenverlag des Deutschen Vereins für öffentliche und private Fürsorge).

REKER, Th (1999): Warum beschäftigt sich die Psychiatrie mit »den Wohnungslosen«? In: *Sozialpsychiatrische Informationen*, 3, S. 2-5.

REKER, Th, EIKELMANN, B (1997): Wohnungslosigkeit, psychische Erkrankungen und psychiatrischer Versorgungsbedarf. In: *Dt. Ärzteblatt*, 94, S. 1439 ff.

REKER, Th, EIKELMANN, B, FOLKERTS, H (1997): Prävalenz psychischer Störungen und Verlauf der sozialen Integration bei wohnungslosen Männern. In: *Gesundheitswesen*, 59, S. 79-82.

ROBERTSON, MJ (1992): The prevalence of mental disorder among homeless people. In: JAHIEL, RI (Hg.): Homelessness: A prevention-orientated approach. Baltimore, S. 57-86.

ROSENHECK, R, FRISMAN, L, GALLUP, P (1995): Effectiveness and cost of specific treatment elements in a program for homeless mentally ill veterans. In: *Psychiatric Sercices*, 46, S. 1131-1139.

ROSENHECK, R, LAM, JA (1997): Client and site characteristics as barriers to service use by homeless persons with serious mental illness. In: *Psychiatr Serv*, 48, S. 387-390.

ROSENHECK, R u.a. (2000): Cost-effectiveness of services for mentally ill homeless people: the application of research to policy and practice. In: *Am J Psychiatry*, 157, 10, S. 1563-70.

ROSENKE, WC (1996): Weibliche Wohnungsnot. In: *wohnungslos*, 38, S. 77-81.

ROSSI, PH (1990): The old homeless and the new homeless in historical perspective. In: *Am Psychol*, 45, S. 954-959.

ROSSI, PH, WRIGHT, JD, FISHER, GA, GEORGIANNA, W (1987): The urban homeless: Estimating composition and size. In: *Science*, 235, S. 1336-1341.

RÖSSLER, W, SALIZE, HJ, BIECHELE, U (1994): Psychisch kranke Wohnsitzlose – die vergessene Minderheit. In: *Psychiatr Prax*, 21, S. 173-178.

RÖSSLER, W u.a. (1997): Psychiatrie, Wohnsitzlosigkeit und andere unerfreuliche Dinge. In: *Psychiatrische Praxis*, 24, S. 161.

ROTH, D, BEAN, GJ (1986): New perspectives on homelessness: the findings from a statewide epidemiological study. In: *Hosp Comm Psychiatry*, 37, S. 712-719.

RUHSTRAT, EU, BURWITZ, H, DERIVAUX, JC, OLDIGS, B (1991): Ohne Arbeit keine Wohnung – ohne Wohnung keine Arbeit. Bielefeld.

RUHSTRAT, EU, DERIVAUX, JC (1991): Allein stehende Wohnungslose in Niedersachsen. In: *Gefährdetenhilfe*, 2, S. 37-47.

SALIZE, HJ (1998): Psychiatrische Wohnungslosenforschung in Deutschland – marginalisiert wie ihre Klientel? In: *wohnungslos*, 3, S. 103-105.

SALIZE, HJ, DILLMANN-LANGE, C, STERN, G, KENTNER-FIGURA, B, STAMM, K, RÖSSLER, W, HENN, F (2002): Alcoholism and Somatic Comorbidity among Homeless People in Mannheim, Germany. Addiction (im Druck).

SALIZE, HJ, HORST, A, DILLMANN-LANGE, C, KILLMAN, U, STERN, G, WOLF, I, HENN, F, RÖSSLER, W (2001a): Needs for Mental Health Care in Single Homeless People. In: *Social Psychiatry and Psychiatric Epidemiology*, 36, 4, S. 207-216.

SALIZE, HJ, HORST, A, DILLMANN-LANGE, C, KILLMAN, U, STERN, G, WOLF, I, HENN, F, RÖSSLER, W (2001b): Wie beurteilen psychisch kranke Wohnungslose ihre Lebensqualität? In: *Psychiatrische Praxis*, 28, S. 75-80.

SALIZE, HJ, MORENO, KÜSTNER, B, TORRES GONZALES, F, REINHARD, I, JIMÉNEZ ESTÉVEZ J, RÖSSLER, W (1999): Needs for care and effectiveness of mental health care provision for schizophenic patients in two european regions. In: *Acta Psyciatrica Scandinavica*, 100, S. 328-334.

SCHEFFLER, J (Hg.) (1987): Bürger und Bettler. Materialien und Dokumente zur Geschichte der Nichtsesshaftenhilfe in der Diakonie 1854 bis 1954. Bielefeld.

SCHWARTZ, SR, GOLDMAN, HH, CHURGIN, S (1982): Case management for the chronic mentally ill: models and dimensions. In: *Hosp Comm Psychiatry*, 33, S. 1006-1009.

SCHWERDTFEGER, F (1995): Psychose und Sucht. In: *Kerbe*, 4, S. 7-9.

SCHWOON, D (1992): Motivation – ein kritischer Begriff in der Behandlung Suchtkranker. In: WIENBERG, G (Hg.): Die vergessene Mehrheit. Bonn, S. 170-182.

SCHWOON, D, KRAUSZ, M (Hg.) (1992): Psychose und Sucht. Freiburg i.Br.

SCOTT, J (1993): Homelessness and mental illness. In: *Br J Psychiatry*, 162, S. 314-324.

SEDOS (1999): Jahresstatistik 1998. In: *Sucht*, 45, 10, Sonderheft 2, S. 93.

SEIDEL, MH (1994): Straßenkinder in Deutschland. Schicksale, die es nicht geben dürfte. Frankfurt a.M.

SHANKS, NJ (1981): Consistency of data collected from inmates of a common lodging house. In: *J Epidmiol Comm Health*, 35, S. 133-135.

SHERN, DL, TSEMBERIS, S, ANTHONY, W, LOVELL, AM, RICHMOND, L, FELTON, CJ, WINARSKI, J, COHEN, M (2000): Serving street-dwelling individuals with psychiatric disabilities: outcomes of a psychiatric reha-bilitation clinical trial. In: *Am J Public Health*, 90, S. 1873-1878.

SHLAY, AB, ROSSI, PH (1992): Social science research and contemporary studies of homelessness. In: *Ann Rev Sociol*, 18, S. 129-160.

SLADE, M, PHELAN, M, THORNICROFT, G (1998): A comparison of needs assessed by staff and by an epidemiologically representative sample of patients with psychosis. In: *Psychological Medicine*, 28, S. 543-550.

SLADE, M, PHELAN, M, THORNICROFT, G, PARKMAN, S (1996): The Cam-berwell Assessment of Need (CAN): comparison of assessments by staff and patients of the needs of severely mentally ill. In: *Social Psychiatry and Psychiatric Epidemiology*, 31, S. 109-113.

SMITH, EM, NORTH, CS, SPITZNAGEL, EL (1991): Are hard-to-interview street dwellers needed in assessing psychiatric disorders in homeless men? In: *Int J Meth Psychiatr Res*, 1, S. 69-78.

SMOOT, S, VANDIVER, R, FIELDS, R (1992): Homeless persons readmitted to an urban state hospital. In: *Hosp Comm Psychiatry*, 43, S. 1028-1030.

SNOW, DA, BAKER, SG, ANDERSON, L, MARTIN, M (1986): The myth of pervasive mental illness among the homeless. In: *Soc Probl*, 33, S. 407-423.

SOLOMON, P (1992): The efficacy of case management services for severely mentally disabled clients. In: *Comm Ment Health J*, 28, S. 163-180.

SPECHT-KITTLER, Th (1994): Die Gewalt nimmt zu – Abhängigkeit und

Gewalterfahrungen von wohnungslosen Menschen. In: *Gefährdetenhilfe*, 1, S. 32-41.

SPECHT-KITTLER, Th (1999): Statistikberichte 1999. Hg. von BAG Wohnungs-losenhilfe, Bielefeld.

SPERLING, F (1985): Medizinische Untersuchungen an 109 nichtsesshaften Männern. Münster.

STADT BIELEFELD, AMT FÜR WOHNBAUFÖRDERUNG UND WOHNUNGSHILFEN (1994): Wohnungsnotstandstatistik. Bielefeld.

STADT BIELEFELD, AMT FÜR WOHNBAUFÖRDERUNG UND WOHNUNGSHILFEN (2001): Wohnungsnotstandstatistik. Bielefeld.

STEIN, JA, GELBERG, L (1997): Comparability and representativeness of clinical homeless, community homeless, and domiciled clinic samples: Physical and mental health, substance use, and health service utilization. In: *Health Psychol*, 16, S. 155-162.

STEIN, LI, TEST, MA (1980): Alternative to mental hospital treatment: I. conceptual model, treatment program, and clinical evaluation. In: *Arch Gen Psychiatry*, 37, S. 392-397.

STEINER, RP, LOONEY, SW, HALL, LR, WRIGHT, KM (1995): Quality of life and functional status among homeless men attending a day shelter in Louisville. In: *J Ky Med Assoc*, 93, S. 188-195.

STEINMEIER, FW (1992): Bürger ohne Obdach – Zwischen Pflicht zur Unter-kunft und Recht auf Wohnraum. Bielefeld.

STUMPFL, F (1938): Geistige Störungen als Ursache für die Entwurzelung von Wanderern. In: Bayrischer Landesverband für Wanderdienst (Hg.): Der Nichtseßhafte Mensch. München, S. 275-308.

SULLIVAN, G, BURNAM, A, KOEGEL, P, HOLLENBERG, J (2000): Quality of life of homeless persons with mental illness: results from the course-of-home-lessness study. In: *Psychiatr Serv*, 51, S. 1135-41.

SUMERLIN, JR (1995): Adaptation to homelessness: Self-actualizaiton, loneliness, and depression in street homeless men. In: *Psychol Rep*, 77, S. 295-314.

SUSSER, E (1992): Working with people who are mentally ill and homeless: The role of a psychiatrist. In: JAHIEL, RI (Hg.): Homelessness: A prevention-orientated approach. Baltimore, S. 207-218.

SUSSER, E, CONOVER, S, Struening, EL (1990): Mental illness in the homeless: Problems of epidemiologic method in surveys of the 1980s. In: *Community Ment Health J*, 26, S. 391-414.

SUSSER, ES, LIN, SP, CONOVER, SA, STRUENING, EL (1991b): Childhood antecedents of homelessness in psychiatric patients. In: *Am J Psychiatry*, 148, S. 1026-1030.

SUSSER, ES, LIN, SP; CONOVER, SA (1991a): Risk factors for homelessness among patients admitted to a state mental hospital. In: *Am J Psychiatry*, 148, S. 1659-1664.

SUSSER, ES, STRUENING, EL, CONOVER, S (1989): Psychiatric problems in homeless men. In: *Arch Gen Psychiatry*, 46, S. 845-850.

SUSSER, ES, VALENCIA, E, CONOVER, S (1993): Prevalence of HIV infection among psychiatric patients in a NewYork City men's shelter. In: *Am J Publ Health*, 83, S. 568-570.

SUSSER, ES, VALENCIA, E, CONOVER, S, FELIX, A, TSAI, WY, WYATT, RJ (1997): Preventing recurrent homelessness among mentally ill men: a ›critical time‹ intervention after discharge form a shelter. In: *Am J Public Health*, 87, S. 256-262.

SUSSER, ES, VALENCIA, E, GOLDFINGER, SM (1992): Clinical care of homeless mentally ill individuals: Strategies and adaptations. In: LAMB, HR, BACHRACH, LL, KASS, FI (Hg.): Treating the homeless mentally ill. Washington, S. 127-140.

SWAYZE, FV (1992): Clinical case management with the homeless mentally ill. In: LAMB, HR, BACHRACH, LL, KASS, FI (Hg.): Treating the homeless mentally ill. Washington, S. 203-220.

TAUBE, CA, MORLOCK, L, BURNS, BJ, SANTOS, AB (1990): New directions in research on Assertive Community Treatment. In: *Hosp Comm Psychiatry*, 41, S. 642-647.

TIEDE, I (1997): Mädchenprostitution. Ein Versuch, aus dem Elternhaus auszubrechen. Reinbek.

TOPHOVEN, C (1995): Case-Management – Ein Weg zu mehr Qualität und Wirtschaftlichkeit im Gesundheitswesen. In: *Sozialer Fortschritt*, 7, S. 162 ff.

TRABERT, G (1995): Gesundheitssituation (Gesundheitszustand) und Gesundheitsverhalten von allein stehenden, wohnungslosen Menschen im sozialen Kontext ihrer Lebenssituation. Bielefeld.

TRABERT, G (1996): Gesundheitsversorgung Wohnungsloser. In: *wohnungslos*, 38, S. 62-64.

TRABERT, G (1997): Gesundheitsstatus und medizinische Versorgungssituation von allein stehend wohnungslosen Menschen. In: *Gesundheitswesen*, 59, S. 378-386.

TRABERT, G (1991): Hospitationsbericht eines Besuches des interdisziplinären medizinischen Versorgungsprogramms für obdachlose Menschen in New York City. In: *Gefährdetenhilfe*, 3, S. 98-100.

TRABERT, G (1999): Medizinische Versorgung Wohnungsloser – Anforderungen an Medizin, Staat und Wissenschaft. Presseeklärung zur Gesundheitssituation wohnungsloser Menschen anläßlich des 5. Kongresses Armut und Gesundheit in Berlin.

TRAUERNICHT, G (1981): Ausreißer und Trebegänger. Grenzsituationen sozialpädagogischen handelns. München.

TREUBERG, E v (1990): Mythos Nichtsesshaftigkeit. Zur Geschichte des wissenschaftlichen, staatlichen und privatwohltätigen Umgangs mit einem diskriminierten Phänomen. Bielefeld.

UEXKÜLL, T v (1996): Lehrbuch der psychosomatischen Medizin. München u.a.

UNGERLEIDER, TJ, ANDRYSIAK, T, SIEGEL, N, TIDWELL, D, FLYNN, T (1992): Mental health and homelessness: The clinician's view. In: ROBERTSON, MJ, GREENBLATT, M (Hg.): Homelessness: A national perspective. New York, S. 109-116.

VAHRT, R, BRITTEN, U (1997): Abgefahren. Mein Leben als Crash-Kid. Reinbek.

HAASTER, I v, LESAGE, AD, CYR, M, TOUPIN, J (1994) Problems and needs for care of patients suffering from severe mental illness. In: *Social Psychiatry and Psychiatric Epidemiology*, 29, S. 141-148.

VAZQUEZ, C, MUNOZ, M, SANZ, J (1997): Lifetime and 12-month prevalence of DSM-III-R mental disorders among the homeless in Madrid: a European study using the CIDI. In: *Acta Psychiatr Scand*, 95, S. 523-530.

VICTOR, CR (1997): The health of homeless people in Britain – a review. In: *Europ J Public Health*, 7, S. 398-404.

VON BODELSCHWINGSCHE ANSTALTEN (2000): Psychiatrische Basisdokumentation 1986-1999 der Psychiatrischen Klinik Gilead. Bielefeld. Unveröffentl.

WANDT, C (1993): Frauenschicksal Wohnungslosigkeit. In: *Gefährdetenhilfe*, 35, S. 27-128.

WARE, NC, DESJARLAIS, RR, AV RUSKIN, TL, BRESALU, J, GOOD, BJ, GOLD-FINGER, SJ (1992): Empowerment and the transition to housing for persons who are homeless and mentally ill: An anthropological perspective. In: *N Engl J Publ Policy*, 8, S. 297-314.

WASYLENKIE, D, GOERING, P, LEMIRE, D, LINDSEY, S, LANCEE, W (1993): The hostel outreach programm: assertive case management for homeless mentally ill persons. In: *Hospital and Community psychiatry*, 9, S. 848-853.

WENDT, WD (1988): Case-management-Netzwerke im Einzelfall. In: *Blätter der Wohlfahrtspflege*, 11, S. 267-269.

WENZEL, SL, ANDERSEN, RM, GIFFORD, DS, GELBERG, L. (2001): Homeless women's gynecological symptoms and use of medical care. In: *J Health Care Poor Underserved*, 12, 3, S. 323-341.

WESSEL, T, PÖRKSEN, N, ZECHERT, C (1997): Wohnungslose Patienten in der Psychiatrischen Klinik. In: *Psychiatrische Praxis*, 24, S. 167-171.

WESSEL, T, ZECHERT, C, KÄMPER, A (1996): Kommunale Wohnungspolitik für psychisch kranke und suchtkranke Menschen. In: Institut für kommunale Psychiatrie (Hg.): Auf die Straße entlassen – obdachlos und psychisch krank. Bonn, S. 181-200.

WESSEL, T (1999): Menschen auf der Straße – Hilfen für von Ausgrenzung bedrohte Menschen zwischen Psychiatrie, Suchtkrankenhilfe und Wohnungslosenhilfe. In: *Sozialpsychiatrische Informationen*, 3, S. 27-30.

WESTFÄLISCHES ÄRZTEBLATT (1996): Medizinische Integration sozialer Randgruppen, 1, S. 20-21.

WITTCHEN, HU, ZAUDIG, M, FYDRICH, T (1997): Strukturiertes Klinisches Interview für DSM-IV. Göttingen u.a.

WOLFF, N, HELMINIAK, TW, MORSE, GA, CALSYN, RJ, KLINKENBERG, WD, TRUSTY, ML (1997): Cost-effectiveness evaluation of three approaches to case management for homeless mentally ill clients. In: *Am J Psychiatry*, 154, S. 341-348.

WÜSTENROT (Hg.) (1994): Indikatoren der regionalen Wohnungsmarktentwicklung 1993-1994. Ludwigsburg.

ZEITDRUCK (Hg.) (1998): Wenn das Leben uns scheidet. Eltern von Straßenkindern in Deutschland reden. Berlin.

ZIETHEN, M, SILLER, G, DÜBGEN, R (1995): Ambulante Betreuung mehrfachgeschädigter Abhängigkeitskranker. Ein neues Hilfeangebot in Lüneburg. In: *wohnungslos*, 37, S. 149.

ZISKOVEN, M (1994): Was heißt Qualitätssicherung für Mitarbeiterinnen und Mitarbeiter der Diakonie? Unveröffentlichter Vortrag bei der Diakonischen Akademie in Stuttgart im November 1994.

Autorinnen und Autoren

Uwe Britten, Jahrgang 1961, Studium der Germanistik und Philosophie, Lektor und Autor. Anschrift: Psychiatrie-Verlag, Thomas-Mann-Straße 49a, 53111 Bonn.

Cornelia Dillmann-Lange, Dipl.-Psychologin, wissenschaftliche Mitarbeiterin der Arbeitsgruppe Versorgungsforschung am Zentralinstitut für Seelische Gesundheit Mannheim. Anschrift: I 5, 68159 Mannheim.

Bernd Eikelmann, Jahrgang 1953, Prof. Dr. med., 1993 bis 2000 Direktor der Westfälischen Klinik für Psychiatrie und Psychotherapie in Münster, seither ärztlicher Direktor der Klinik für Psychiatrie und Psychotherapie am Klinikum Karlsruhe. Anschrift: Kaiserallee 10 a, 76133 Karlsruhe.

Hermann Genz, Jahrgang 1952, Dipl.-Sozialpädagoge, ist Abteilungsleiter im Amt für Soziales und Senioren der Stadt Köln. Anschrift: Johannisstraße 66-80, 50668 Köln.

Birgit Gunia, Jahrgang 1965, Dipl.-Sozialarbeiterin, tätig in der Psychiatriekoordination des Gesundheitsamtes der Stadt Köln. Anschrift: Neumarkt 15-21, 50667 Köln.

Helma Hesse-Lorenz, Jahrgang 1951, Dipl.-Sozialarbeiterin, ist Heimleiterin im Übergangsheim für Frauen der Diakonie Düsseldorf. Anschrift: An der Icklack 26, 40233 Düsseldorf.

Klaus Heuser, Jahrgang 1944, Jurist, jahrelange Tätigkeit in einer Hauptfürsorgestelle, Mitinitiator verschiedener psychosozialer Dienste, seit 1994 Leiter des Landessozialamtes im LV Rheinland. Anschrift: 50663 Köln.

Heinrich Holtmannspötter, Jahrgang 1943, Dipl.-Soziologe, ist seit 1978 Geschäftsführer der BAG Wohnungslosenhilfe in Bielefeld. Anschrift: Postfach 13 01 48, 33544 Bielefeld.

Andreas Kämper, Jahrgang 1952, Dipl.-Soziologe, tätig im Amt für Wohnungsbauförderung und Wohnungshilfen der Stadt Bielefeld und zuständig für Planung und Projektmanagement. Anschrift: Postfach 10 01 11, 33501 Bielefeld.

Beate Kentner-Figura, Dr. med., wissenschaftliche Mitarbeiterin der Arbeitsgruppe Versorgungsforschung am Zentralinstitut für Seelische Gesundheit Mannheim. Anschrift: I 5, 68159 Mannheim.

Norbert Krutt-Rütting, Jahrgang 1958, Dipl.-Sozialarbeiter, ist Projektleiter im Amt für Soziales und Senioren der Stadt Köln. Anschrift: Johannisstraße 66-80, 50668 Köln.

Klaus Nouvertné, Jahrgang 1949, Dipl.-Psychologe, tätig in der Fortbildung und Beratung.

Thomas Reker, Jahrgang 1956, Prof. Dr. med., seit 2000 Direktor der Westfälischen Klinik für Psychiatrie und Psychotherapie in Münster. Anschrift: A.-Schweitzer-Straße 11, 48149 Münster.

Hans Joachim Salize, Dipl.-Soziologe, Dr. phil., Leiter der Arbeitsgruppe Versorgungsforschung am Zentralinstitut für Seelische Gesundheit in Mannheim. Anschrift: I 5, 68159 Mannheim.

Michael Schleicher, Jahrgang 1947, Dipl.-Sozialarbeiter, ist Abteilungsleiter im Amt für Wohnungswesen der Stadt Köln. Anschrift: Johannisstraße 66-80, 50668 Köln.

Ulla Schmalz, Jahrgang 1951, Krankenschwester, langjährige Tätigkeit in einem Sozialpsychiatrischen Dienst. Heute Leiterin des Kölner Projekts *Hotel Plus.* Anschrift: DRK-Kreisverband, Postfach 30 03 33, 50773 Köln.

Arnd Schwendy, Jahrgang 1937, Leiter des Amtes für Soziales und Senioren und zuvor Psychiatrie-Referent in Köln. Anschrift: Johannisstraße 66-80, 50668 Köln.

Inge Theisohn, Jahrgang 1941, Dr. med., ist Leiterin des Sozialpsychiatrischen Dienstes beim Gesundheitsamt Köln. Anschrift: Neumarkt 15-21, 50667 Köln.

Gerhard Trabert, Prof. Dr. med. und Dipl.-Sozialarbeiter. Anschrift: Fachhochschule Nürnberg, Fachbereich Sozialwesen, Bahnhofstraße 87, 90402 Nürnberg.

Theo Wessel, Jahrgang 1952, Dipl.-Psychologe, Dr. PH, war lange in der Wohnungslosenhilfe tätig und therapeutischer Leiter einer Klinikabteilung für Abhängigkeitskranke. Seit 2000 leitet er die Einrichtung Schloss Bettenburg, Rehabilitationszentrum für Drogenabhängige. Anschrift: Brückenstraße 16, 96450 Coburg.

Barbara Zacharias, Jahrgang 1967, Dr. med., Ärztin an der Ruland-Klinik für Rehabilitation in Reichenbach: Arbeitsschwerpunkte: Rehabilitation und Deinstitutionalisierung. Anschrift: Klinikum Karlsruhe, Kaiserallee 10 a, 76133 Karlsruhe.

Renate Zanjani, Jahrgang 1965, Dipl.-Sozialarbeiterin, jetzt tätig beim Diakonischen Werk im Kirchenkreis Niederberg e.V., Beratungsstelle für Wohnungslose. Anschrift: Berliner Straße 7, 42551 Velbert.

Christian Zechert, Jahrgang 1949, Dipl.-Soziologe und Sozialarbeiter, ist wissenschaftlicher Mitarbeiter für Statistik und medizinische Dokumentation der Psychiatrischen Klinik Gilead/Bethel. Anschrift: Remterweg 69-71, 33617 Bielefeld.

Andreas Zimmermann, Jahrgang 1961, Jurist und seit 1992 im Landessozialamt des LV Rheinland tätig. Anschrift: Dezernat 7, 50663 Köln.